KB193805

오강남의

생
각

오강남의 생각

초판 1쇄 발행 2022년 6월 24일
초판 2쇄 발행 2022년 10월 5일

지은이 · 오강남
펴낸이 · 조미현

책임편집 · 김호주
디자인 · 나윤영

펴낸곳 · (주)현암사
등록 · 1951년 12월 24일 (제10-126호)
주소 · 04029 서울시 마포구 동교로12안길 35
전화 · 02-365-5051   팩스 · 02-313-2729
전자우편 · editor@hyeonamsa.com
홈페이지 · www.hyeonamsa.com

ⓒ 오강남, 2022

ISBN 978-89-323-2224-7 (03200)

오강남의
생각

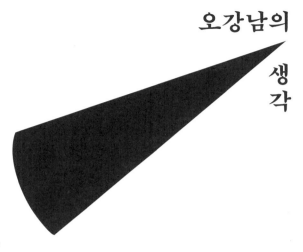

Out of My
Thought
and
Life

오강남 지음

ᄒ현암사

들어가는 글

"생각하는 백성이라야 산다." 함석헌 선생이 남기신 유명한 말입니다. 함 선생님은 여기서 생각을 '생각(生覺)' 곧 '깨달음의 생김'이라 하셨습니다. 이 책에 나온 글들은 그동안 제게 생긴 소소한 깨달음을 주로 소셜미디어 페이스북(Facebook)을 통해 발표한 것들입니다. 그 가운데 독자들로부터 많은 공감을 얻은 글들을 모아 책으로 내면 좋겠다는 현암사의 제안에 따라 그렇게 하기로 하였습니다.

처음부터 한 권의 책을 상정하고 쓴 글이 아니기 때문에 간혹 중복되는 이야기도 나오고, 전에 어디에 쓴 것 가운데 함께 나누었으면 좋겠다고 생각하여 넣은 글도 얼마 들어 있습니다. 일반인들을 위한 글이기에 구태여 인용문에 하나하나 출처를 밝히지 않았고 문헌 정보도 거의 언급하지 않았습니다. 한 가지 섭섭한 점은 제 글에 달렸던 그 많고 재미있는 댓글들과 관계된 사진들을 함께 싣지 못한 것입니다.

제가 50대 말에 쓴『예수는 없다』가 의외로 많은 독자들의 생각을 일깨우는 역할을 한 것처럼, 이제 한참 나이가 더 들어 쓴 이 생각의 단편들도 읽는 이들에게 무언가 '생각거리'를 제공할 수 있다면 좋겠습니다. 특히 당연하다고 생각하고 있던 상식을 깨는 일, 고정관념에서 벗어나는 일, 새로운 생각을 하게 하는 일에 도움이 된다면 저로서는 더할 나위 없이 즐거울 것입니다.

좀 엉뚱한 욕심을 낸다면 독자들이 이 글 모음을 프랑스어로 '생각'이란 뜻을 가진 파스칼의 책『팡세Pensées』를 읽듯이 읽어주셨으면 하는 바람입니다. 처음부터 읽으셔도 좋지만 반드시 차례대로 읽으실 필요 없이 특별히 관심 가는 글을 먼저 골라 읽으셔도 상관이 없습니다.

제 생각들을 모아 이렇게 책으로 낼 것을 제안해주신 현암사 조미현 대표, 일일이 글을 찾아 정리해준 김호주 님, 그리고 무엇보다 제 글에 공감을 표해주신 페이스북 친구 여러분에게 진심으로 감사드립니다.

2022년 6월

삼송(三松) 제월당(霽月堂)에서

오강남

차례

•

4 _____ 사회와 정치를 생각하며 _____

일러두기

- 본문에서 개신교 성경의 구절을 인용한 경우 '하나님' 표기를 따랐으며, 그 밖의 경우
  에는 '하느님'이라고 표기하였다.

1

기독교를

생각하며

새로운 기독교?

지난 늦여름 이곳 캐나다 밴쿠버 한인 연합교회 야유 예배에 참석했습니다. 그때 푸른 자연에 둘러싸여 부른 찬송에 깊이 감명을 받았습니다.

참 아름다워라 주님의 세계는 저 솔로몬의 옷보다 더 고운 백합화 / 주 찬송하는 듯 저 맑은 새소리 내 아버지의 지으신 그 솜씨 깊도다

참 아름다워라 주님의 세계는 저 아침 해와 저녁놀 밤하늘 빛난 별 / 망망한 바다와 늘 푸른 봉우리 다 주 하나님 영광을 잘 드러내도다

참 아름다워라 주님의 세계는 저 산에 부는 바람과 잔잔한 시냇물 / 그 소리 가운데 주 음성 들리니 주 하나님의 큰 뜻을 내 알 듯하도다

종교가, 특히 기독교가 이처럼 고운 백합화, 맑은 새소리, 아침 해와 저녁놀, 밤하늘의 빛난 별, 푸른 봉우리, 잔잔한 시냇물, 이런 자연과 우주의 신비스러움에 주목하고 이런 것에 대한 경외심을 더욱 강조하는 종교로 거듭날 수 있다면 얼마나 좋을까 하는 마음이 들었습니다.

기독교의 중심 교리는 십자가라고 합니다. 교회 지붕마다 십자가를 올려놓고 교회 강도상에도 십자가를 걸어놓고 교역자도 교인도 십자가 목걸이를 하고 다닙니다. 우리가 죄를 지어 하느님이 우리를 벌할 수밖에 없는데, 예수님이 우리를 대신하여 십자가에서 피 흘리심으로 그 보혈로 우리가 씻어져 구원을 받는다는 교리입니다. 이른바 대속 기독론(Substitutionary Christology) 혹은 대속 신학(Atonement Theology)입니다.

이제 서양의 많은 신학자들이 이런 대속 신학을 거부합니다. 사랑과 용서의 하느님이 꼭 그렇게 죄갚음을 받아야 하는가, 우리가 무슨 죄를 그렇게 지었다고 주야장천 '우리 죄를 사하여 주시옵소서,' '우리를 불쌍히 여겨주시옵소서' 하며 무릎을 꿇고 빌며 죄책과 두려움에서 살아야 하는가, 이것이 어떻게 "풍성한 삶"(요 10:10)을 주시겠다고 약속하신 예수님의 정신과 부합한다는 말인가 하는 등등의 이유에서입니다.

미국 성공회 주교였던 존 셸비 스퐁(John Shelby Spong) 신부는 대속 신학에 대해 다음과 같이 단호하게 말합니다.

예수님이 하느님의 손으로부터 내가 받을 형벌을 대신 지셨다. 예수님은 나의 죄로 인해 죽으셨다. 이런 가르침으로 우리 중 누가 기분이 더 좋아질 수 있겠는가? 이런 것은 하느님을 괴물로 만들고, 예수님을 마조히즘의 희생자로 만들고, 그리고 당신과 나를 양동이 속에 떨면서 죄책으로 가득한 연체동물로 만들고 있다. 이것은 본래도, 지금도, 그리고 영원히 기독교의 의미가 될 수 없다. 기독교에 미래가 있으려면 대속 신학을 방기해야만 한다. 기독교가 새로 등장하는 세대에 어필하려면, 그전에 대속 신학을 척결하는 것이 필연적인 첫 걸음이다.

— 『믿을 수 없는 것들Unbelivable』, 165-166쪽

그러면서 "이런 신학을 피할 수 있는 유일한 길은 기독교를 포기하고 교회로부터 영원히 걸어 나가버리는 것일 것이다. 오늘날 많은 사람들이 그 길을 택하고 있다"(164쪽)라고 강조합니다.

이제 이런 잔인하고 불합리한 교리를 강조하기보다 하느님이 주관하시는 이 우주에 가득 찬 신비스러움에 놀라며 이를 찬양하는 데서 삶의 기쁨을 누리는 종교로 탈바꿈해야 하는 것 아닌가 하는 생각입니다. 미국의 종교사회학자 필 주커먼(Phil Zuckerman)도 『종교 없는 삶Living the Secular Life』(2014년)이라는 책에서 미래 종교의 대안으로 모든 것을 경외(awe)의 눈으로 보는 경외주의(aweism)를 제안합니다.

얼마 전 김선주 목사님이 페이스북에 올린 글이 의미심장하여 첫 단을 인용해봅니다.(김선주 목사님이 위에 쓴 저의 글에 동의하

신다는 뜻은 아닙니다.)

　　나는 식물의 소릴 듣는다. 마음이 어지럽거나 몸이 힘들 때 식물 앞에 앉아 초록 물결에 내 마음을 기댄다. 그 생명 가운데 있는 하나님의 숨결이 나를 어루만지도록 맡겨둔다. 멍 때리는 게 아니라 내적인 대화를 한다. 그러면 초록의 생명이 내 마음을 적시고 몸을 씻는다. 참 편안해진다.

　　우리 주위에서 발견되는 이런 놀라운 일에서 하느님의 솜씨, 하느님의 영광, 하느님의 큰 뜻을 알아보고 "아하!"를 외칠 수 있는 감수성을 더욱 강조하는 새로운 기독교가 등장했으면 좋겠다고 희망해봅니다.

신비 중의 신비(玄之又玄)

앞의 글에서 우리가 십자가에서 흘리신 예수님의 피 공로로 죄 사함을 받는다는 대속 신앙 대신에 우주에 편만한 신비를 체득하면서 경외심을 가지고 즐겁고 밝은 삶을 사는 것이 더 훌륭한 신앙생활이 아닌가 하는 말씀을 드렸습니다.

오늘은 우주의 신비 중 어떤 면에서 놀라움과 신기함을 느껴야 할까 한번 생각해보려 합니다. 우리 주위를 둘러보면 정말 신비해할 것이 많습니다. 성경의 「시편」 기자는 우리 몸이 '신묘막측'하게 지어졌음을 감탄하고 있습니다. 그렇습니다. 우리 몸에서 일어나는 여러 가지 생리 현상은 너무나 신기하고 신비스럽습니다.

그러나 오늘 주목해보고 싶은 것은 우주 만물이 서로서로 연결되어 있다는 사실입니다. 영어로 interrelatedness, interdependence라 할 수 있는데, 상호연관, 상호의존이란 뜻입니다. 베트남 출신 틱낫한 스님의 말을 빌리면 모든 존재는 서로 연관된 존재라는 의미로 'interbeing'이라는 것입니다.

상수도가 없으면 하수도가 있을 수 없지만 하수도가 없어도 상수도가 있을 수 없습니다. 출발이 없으면 도착도 없지만 도착이 없으면 출발도 없습니다. 계곡이 깊은 것은 산이 높기 때문이지만 산이 높은 것도 계곡이 깊기 때문입니다. 훌륭한 상품을 만드는 사업가가 없으면 고객도 없지만 고객이 없으면 사업가도 있을 수 없습니다. 음악에 음표가 중요하지만 쉼표가 없으면 음표도 의미 없다는 것입니다. 음(陰)이 없으면 양(陽)도 없고 양이 없으면 음도 없습니다. 이런 쌍들은 서로 배타적이나 반대가 아니라 서로 보완적입니다.

제가 자주 쓰는 말로, 이것이냐 저것이냐 하는 '냐냐주의(either/or)'가 아니라 이것도 저것도 하는 '도도주의(both/and)'입니다. 거창한 용어로 하면 라틴 말로 'coincidentia oppositorum(대립의 일치, harmony of the opposites)'라 합니다.

조금 복잡한 예를 들어보겠습니다. 우리가 먹는 밥이 있기 위해서는 벼가 있어야 하고 벼가 크기 위해서는 땅도, 물도, 공기도, 해도 있어야 하지요. 벼를 기르는 농부도 있어야 하고 농부의 부모와 조상도 있어야 하고, 그들이 사용하는 농기구가 있어야 하고, 농기구를 만드는 대장간 사람도, 농기구의 쇠붙이를 캐내는 광부도 있어야 하고, 쇠붙이를 품고 있는 광산도 있어야 하고, 쇠붙이를 녹이는 불도 있어야 하고…… 끝이 없습니다. 그렇게 보면 쌀 한 톨 속에 온 우주가 다 들어 있다고 말할 수 있습니다. 쌀 한 톨 속에 우주가 다 있다면 내 속에도 우주가 다 들어와 있습니다. 우리는 홀로 외로이 떠다니는 부평초가 아니라는 뜻입니다.

예 한 가지만 더 들겠습니다. 문이 없으면 완전한 집이 성립하지 않습니다. 반대로 집이 없으면 물론 문이라는 것도 무의미합니다. 문과 집은 서로 연관되어 있습니다. 마찬가지로 창문이 없으면 집이 없고 집이 없으면 창문도 있을 수 없습니다. 문이나 창문이라는 말 속에는 집이라는 것이 포함되어 있고 집이라는 말에는 문이나 창문이 이미 포함되어 있습니다. 문이 없으면 집이 없고 집이 없으면 창문도 있을 수 없기 때문에 문에는 창문이, 창문에는 문이 들어가 있습니다. 그 외에 지붕, 벽 등과도 이 같은 관계가 성립합니다. 이 모든 것은 서로 연관되고 서로 의존하고 있습니다.

불교 화엄(華嚴) 철학에서는 이것을 '법계연기(法界緣起)'라는 말로 표현합니다. 우주의 모든 것은 서로서로 얽히고설켜서 일어난다는 뜻이지요. 화엄에서 쓰는 말로 상입(相入, interpenetration) 상즉(相卽, mutual identification)입니다. 노자의 『도덕경』에서도 이와 비슷한 세계관을 펼치고 있습니다. 신비 중의 신비(玄之又玄)라고 하지요.

이런 신비스러운 사실을 깨닫게 되면 나 혼자 잘났다고 독불장군처럼 거들먹거릴 수가 없습니다. 더욱 중요한 것은 우리 모두가 서로 연결되었다는 사실을 알면 이웃의 아픔이 나의 아픔이 되고, 내가 대접받기 원하는 대로 이웃을 대접하고, 내가 원하지 않는 것은 남에게도 하지 않는 마음이 생기는 것입니다.

궁극적으로는 사랑할 원수조차도 없어지기 마련입니다.

이런 놀라운(awesome) 진실을 깨닫는 사람들이 많으면 이 세상이 그만큼 평화스럽고 더 살기 좋은 곳이 되지 않을까 생각합니다. 이 경우 휴머니스트들이 말하는 "신 없이도 선할 수 있을까?"라는 질문에 뭐라고 대답해야 할까요.*

---

* 이 문제에 대해서는 Phil Zuckerman, 『*What It Means to Be Moral: Why Religion Is Not Necessary for Living an Ethical Life*(윤리적이 된다는 것이 뜻하는 것: 왜 도덕적 삶을 살기 위해서 종교가 필요하지 않은가)』(Counterpoint, 2019)를 참조할 수 있습니다.

조성진의 피아노 연주를 듣고

얼마 전에 피아니스트 조성진이 정명훈이 지휘하는 일본 오케스트라와 〈모차르트 피아노 협주곡 21번〉을 협연하는 영상을 보았습니다. 그 연주를 보며 해맑은 얼굴을 가진 1994년생 젊은이가 정말로 재능이 뛰어나구나 하고 감탄했습니다.

그러면서 언뜻 중국 고전 『장자(莊子)』 제3편에 나오는 포정해우(庖丁解牛) 이야기가 생각이 났습니다. 포정이라는 훌륭한 요리사가 문혜군(文惠君)을 위해 소를 잡았습니다. 그가 소의 각을 뜨는 모습을 책은 이렇게 묘사합니다.

손을 갖다 대고, 어깨를 기울이고, 발을 디디고, 무릎을 굽히고. 그 소리는 설컹설컹. 칼 쓰는 대로 설뚝설뚝. 완벽한 음률. 무곡(舞曲) 「뽕나무 숲(桑林)」에 맞춰 춤추는 것 같고, 악장(樂章) 「다스리는 우두머리(經首)」에 맞춰 율동하는 것과 같았습니다.

이런 기막힌 모습을 보고 문혜군이 "참, 훌륭하도다. 기술(術)이 어찌 이런 경지에 이를 수 있을까?" 하고 경탄했습니다. 이에 요리사는 칼을 내려놓고 "제가 귀히 여기는 것은 도(道)입니다. 기술을 넘어선 것입니다"라고 대답했습니다. 그러고는 자기가 처음 소를 잡을 때는 눈에 보이는 것이 온통 소뿐이었는데, 3년이 지나니 통째인 소가 보이지 않게 되고, 다시 얼마 지나 "지금은 신(神)으로 대할 뿐, 눈으로 보지 않습니다. 감각 기관은 쉬고, 신(神)이 원하는 대로 움직입니다"라고 하면서 자기가 소의 각 뜨는 것이 어느 경지에 이르렀는가 이야기해주었습니다.

이에 문혜군은 "훌륭하도다. 나는 오늘 포정의 말을 듣고 '생명을 북돋음(養生)'이 무엇인가 터득했노라"라고 했습니다.

포정의 경지는 도통(道通)한 경지, 신기(神技)의 경지입니다. 소 각 뜨는 것이 자기가 아니라 자기 속에 있는 도(道) 혹은 신(神)이 하는 일이라는 것입니다.

장자가 우리에게 말해주려는 것은 우리도 이런 경지에 이를 수 있고 이런 경지에 이를 때 생명을 북돋는 '양생(養生)'을 경험할 수 있다는 것입니다. 동서 종교의 밑바닥을 들여다보면 이렇게 우리 속에 있는 생명력, 활력을 최대한 끌어내는 것이 종교에서 추구하는 기본 목적이라고 가르칩니다.

이런 경지를 전통적인 용어로 하면 내 속에 있는 신성(神性), 혹은 불성(佛性), 나의 '참나'를 활성화(realize)한다고 하는 것입니다. 이런 것이 가능하기 위해서는 우선 껍데기의 나, 탐진치

(貪瞋癡)로 찌든 이 이기적인 나, 류영모 선생님의 용어로 '제나'를 잠재우는 것입니다. 이런 작업을 장자는 오상아(吾喪我, 내가 나를 여의었다), 좌망(坐忘, 앉아서 잊어버렸다), 심재(心齋, 마음을 굶기다)라고 표현합니다. 그래야 참된 의미의 '얼나'가 활성화되고 그것의 움직임을 감지할 수가 있다는 것입니다.

조성진만 그런 경지에 이른 것은 아닐 것입니다. 홈런을 향해 날아가는 공을 공중 부양하듯 점프해서 잡아내는 야구 선수, 첩첩이 에워싼 수비망을 뚫고 골대의 그물을 흔드는 축구 선수, 그 빠른 셔틀콕을 받아치는 배드민턴 선수 등 신기를 보여주는 운동선수들, 조성진이나 임현정 같은 피아니스트뿐 아니라 바이올린의 정경화, 사라 장 등 악기를 다루는 사람들, 그 긴 가사와 악보를 아름다운 목소리로 거침없이 재생해내는 조수미 같은 가수들, 이런 사람들은 그런 놀라운 경지를 하나하나 의식하면서 하는 것이 아니라 오랜 연습을 통해 습득된 것이 속에서 저절로 나오도록 하는 것입니다.

일상적인 의식을 넘어서는 이른바 '변화된 의식 상태(ASC, altered states of consciousness)'에서 그 무엇이 작동하도록 하여 이루어내는 것입니다. 영어로 'letting-go' 하는 것입니다. 우리는 이런 사람들을 볼 때마다 전율을 느끼고 감탄하게 됩니다.

제가 여기서 강조하고 싶은 것은 우리 범인들도 모두 정도 차이는 있지만 우리 속에 있는 활력, 생명력, 참나, 신성, 불성, 인성을 어느 정도 활용하고 있고, 또 조금만 주의하면 이를 감지할 수 있다는 사실입니다. 제 경험을 예로 들어보겠습니다.

저는 중학교 때 형님이 사주신 하모니카를 불기 시작했습니다. 처음에는 아무 노래도 되지 않았습니다. 그래도 불고 불고 또 불고 계속 불었습니다. 글을 백 번 읽으면 그 뜻이 저절로 이해된다는 독서백편의자현(讀書百遍義自現)이라는 말이 있듯이 저도 백번 천번 불었더니, 어느 날 이불 속에서 부는데 아는 노래가 되어 나오기 시작했습니다. 신기하다는 생각은 했지만 별다른 생각 없이 좀 불다가 그만두었습니다.

몇 년 전 서울에 갔을 때 우연히 낙원동 악기 상가를 지나다 옛날 생각이 나서 들어가 하모니카 하나를 샀습니다. 악기점에서 나오면서 불어보니 노래가 되어 나왔습니다. 50년도 더 지났는데 멜로디가 되어 나오니 너무나 놀라웠습니다.

그런데 옛날에는 아무 생각 없이 불었는데, 이번에는 어떻게 입이 저절로 올바른 곳으로 이동하여 음에 맞게 숨을 내쉬기도 하고 들이마시기도 하는지 새롭게 경이로움을 느꼈습니다. 이것은 분명 제가 의식적으로 하는 것이 아니라 제 속에 있는 뭔가가 작동하는 것 같았습니다. 비록 하모니카의 대가는 아니지만 이렇게 불 수 있다는 사실에서 새로운 무엇을 발견한 기분이었습니다.

이런 일은 우리 주위에 얼마든지 있습니다. 공원에서 공 던지기를 할 때 날아오는 공을 받는 것, 제기 차기 할 때 적절한 시간에 발이 올라가 제기를 차는 것, 컴퓨터 자판을 칠 때 손가락이 저절로 글자를 찾아 움직이는 것, 강연이나 강의를 할 때 혹은 글을 쓸 때 일단 시작하면 생각지도 않던 말이 떠올라 계속

이어가게 되는 것 등등이 모두 우리 속에 있는 어떤 힘이 작용하는 것 아닌가, 이것을 전통적인 말로 하면 내 속에 있는 신을 느끼는 것, 신명 나서 하는 것 아닌가 생각해보게 됩니다.

물론 신은 내 속에만 있는 것이 아닙니다. 뺨을 스치며 지나는 바람, 머리에 사뿐히 내리는 눈송이, 앙상하던 가지에서 움터 나오는 새잎, 대지를 뚫고 올라오는 새싹, 어릴 때 보던 냇가의 반딧불, 밤하늘을 가로지르는 별똥별, 태어난 모천(母川)으로 회귀(回歸)하는 연어 떼, 이 모든 것에서 신의 숨결과 손길과 움직임을 느낄 수 있습니다. 우주는 그야말로 신비로 가득 차 있습니다. 어쩌면 이렇게 신비로 가득하다는 것을 의식할 수 있는 것조차도 우리 속에 있는 신의 작용인지 모르겠습니다. 아무튼 조금이라도 이 세상을 다른 눈으로 보기만 하면, 좀 더 어려운 말로, '특수 인식능력을 활성화'하기만 하면, 우리는 우리 안에서, 그리고 우리 주위에서 계속 "아하!"를 외치지 않을 수 없습니다.

이런 감수성(sensibility), 감지능력(appreciation)을 계발하여 삶을 풍요롭게 하는 '아하이즘(ahaism)'이 21세기에 필요한 '종교 아닌 종교'가 아닐까 생각해봅니다.

부활절 아침에

오늘 부활절 아침에 떠오르는 것이 있어 함께 생각해보았으면 하고 컴퓨터를 켰습니다.

예수님은 "누구든지 나를 따라오려거든 자기를 부인하고 자기 십자가를 지고 나를 따를 것이니라. 누구든지 제 목숨을 구원하고자 하면 잃을 것이요 누구든지 나를 위하여 제 목숨을 잃으면 찾으리라"(마 16:24, 25) 하셨습니다.

노자님도 "하늘과 땅은 영원한데, 하늘과 땅이 영원한 까닭은 자기 스스로를 위해 살지 않기 때문입니다. 그러기에 참삶을 사는 것입니다. 성인도 마찬가지. 자기를 앞세우지 않기에 앞서게 되고, 자기를 버리기에 자기를 보존합니다. 나를 비우는 것이 진정으로 나를 완성하는 것 아니겠습니까?"(『도덕경(道德經)』 제7장)라고 하셨습니다.

위의 두 인용문은 세계 거의 모든 종교에서 주장하는 '죽음과 부활'의 종교적 역설을 말해주는 대표적인 예라 할 수 있습니다. 불교의 무아(無我)나 유교의 무사(無私) 혹은 무욕(無慾)

의 가르침도 마찬가지입니다. 지금의 자기(소문자 self)가 죽어야 참된 자기(대문자 Self)로 부활할 수 있다는 진리를 말해주고 있습니다. 다석 류영모 선생님의 표현을 빌리면 '제나'에서 죽어야 '얼나'로 '솟난다'는 이야기입니다.

예수님은 위의 말씀에 이어서 "사람이 만일 온 천하를 얻고도 제 목숨을 잃으면 무엇이 유익하리요"(막 8:36)라고 했습니다. 바울도 부활이 없으면 우리의 '믿음도 헛것'(고전 15:13, 14)이라 했고요.

부활절 아침 죽음과 부활의 또 다른 의미를 곰곰이 생각해보면 좋지 않을까 하여 두어 자 적어보았습니다.

부활 이야기
— 그 깊은 뜻

앞의 글에 이어 부활절을 지내면서 부활에 관한 생각을 나눠 보고자 이 글을 씁니다.

「요한복음」11장 1-45절에 보면 베다니에 살던 마리아와 마르다의 오빠 나사로가 죽어 동굴 무덤에 장사된 지 나흘이 지나 예수님이 그리로 가서 동굴 무덤을 향해 큰 소리로 "나사로야 나오너라" 부르니 나사로가 일어나 나왔다는 이야기가 나옵니다. 「요한복음」에는 제2장의 가나 혼인 잔치에서 물로 포도주를 만드는 기적으로 시작하여 11장까지 일곱 가지 기적 이야기가 나오는데, 나사로의 부활은 그중 최후 최고의 기적입니다. 이 나사로 부활 문제에 대해 몇 가지 생각해보고자 합니다.

첫째, 로마 사람들은 무엇이든지 꼼꼼히 기록해 놓는 것으로 유명한데, 왜 이렇게 죽은 사람을 살리는 것같이 경천동지(驚天動地)할 대사건에 대한 기록이 전혀 없을까 하는 것입니다. 어쩌면 로마 문헌 저자들에게는 그 당시 예수님이 그렇게 중요한 인물로 여겨지지도 않았고 또 유대 시골에서 있었던 일이니 그의 행적이 알려지지 않았을 수도 있습니다. 그런데 어찌하여 「요한복음」을 제외하고 마태 마가 누가, 이른바 공관복음서라고 하는 이들 복음서에는 이 사건에 대한 언급이 전혀 없는가 이상하지 않을 수 없습니다. 예수님의 생애에 초점을 맞춘 공관복음서 기자들은 예수님의 생애 마지막 부분에 행하신 이 중대한 사건에 대해 왜 침묵하고 있을까요? 기원후 100여 년에 쓰였다고 하는 「요한복음」보다 먼저 쓰인 공관복음 저자들 당시에는 이 이야기가 없었던 것이 아닌가 합니다.

둘째, 이 이야기는 예수님이 베다니(Bethany)에서 죽은 나사로(Lazarus)를 다시 살리셨다는 것입니다. 이집트의 『사자(死者)의 서』라는 책을 보면 아누(Anu)라는 이집트 도시에 죽음과 부활을 재현하는 예식이 매년 거행되었다고 합니다. 이 도시의 지명이 아누인데 아누를 히브리 식으로 부르면 '베들레헴(떡의 집)'이나 '벧엘(하나님의 집)'이라는 지명처럼 '집'이라는 뜻의 'Beth'가 앞에 덧붙여져 BethAnu가 되고 여기서 u가 y로 바뀌어 Bethany가 됩니다.

셋째, 이 예식에서 이집트 신 호루스가 죽은 자기 아버지 오시리스 신이 묻힌 동굴 무덤 안을 향해 "일어나 나오십시오" 하고 외치면 오시리스 신이 살아서 밖으로 걸어 나옵니다. 그런데 오시리스 신은 예전에 Asar 혹은 Azar라는 이름을 가지고 있었습니다. 이 이름에다 엘리야, 엘리사의 이름에서 보는 것처럼 '주님'이라는 뜻의 히브리어 'el'을 붙이면 El-Azar가 됩니다. 여기에다 라틴어 남성 명사 어미인 'us'를 끝에다 붙이면 El-Azar-us가 되고, 그 후 제일 앞에 나오는 모음 e가, 많은 경우에서 그렇듯 탈락되어 Lazarus가 되었다는 것입니다. 이 Lazarus를 우리말로 '나사로'라 음역했습니다.

그 외에 "울었다"는 것, 마리아와 마르다의 등장, 마리아가 예수를 모시고 나사로의 무덤으로 인도했다는 것 등 모두가 「요한복음」보다 5천 년 이상 오래된 이집트 이야기에 그대로 나타나 있습니다.

넷째, 그럼 이런 사실은 무엇을 말하는 것일까요? 나사로의 부활 이야기에서 중요한 것은 그것이 역사적 사실이냐 아니냐 하는 문제가 아니라는 것입니다. 「요한복음」의 저자가 이런 기적 이야기를 열거한 것은 우리에게 역사를 가르쳐주는 역사 교과서를 남기려 한 것이 아닙니다. 역사 기록이라면 나사로가 그 후 얼마를 더 살다가 죽었다 하는 기록이라도 있어야 하겠지만 그런 것은 관심 밖이었습니다. 저자가 말하려는 본의는 일차적으로 「이사야」 35장에서 "그때에 눈먼 사람의 눈이 밝아지고, 귀먹은 사람의 귀가 열릴 것이다. 그때에 다리를 절던 사람이 사슴처럼 뛰고, 말을 못 하던 혀가 노래를 부를 것이다"라고 한 것처럼 하느님의 나라가 임할 때 이루어지리라고 한 예언이 예수님에 의해 이루어졌다는 것, 따라서 하느님의 나라가 도래한다는 것을 말해주려는 것이었습니다. 여기서 우리는 이 이야기를 사랑과 공의로 다스려지는 예수님의 하느님 나라 운동에 동참할 때 우리의 껍데기 나는 죽고 우리 속에 있는 참된 자아, 참

'나'가 새사람으로 부활한다는 것을 상징적으로 일깨워 주는 것으로 이해하는 것이 좋습니다.

꼬리말: 「요한복음」의 기적은 사실 우리말 성경에 '표적'이라 되어 있습니다. 영어로는 'signs'입니다. 방향을 표시하기 위한 손가락 그림 ☞ 처럼 사인은 그 자체로 중요한 것이 아니라 그것이 가리키는 바가 중요합니다. 흔히 쓰는 말로 달을 가리키는 손가락처럼 손가락이 아니라 그것을 통해 달을 보는 것입니다. 「요한복음」의 표적들은 모두 이전 상태에서 새로운 상태로 이전하는 변화(transformation)를 말하려는 것이지 역사적이나 생물학적 정보(information)를 전해주려는 것이 아니었습니다.

성경은 신화인가

　제가 지난번에 「요한복음」에 나오는 나사로의 부활 이야기에 관한 글을 썼는데, 어느 분이 그렇다면 성경의 이야기들은 신화인가 하는 질문을 하셔서 오늘은 이 문제에 대해 이야기해 보고자 합니다.

　성경, 특히 복음서가 기본적으로 '신화적(mythological)'이라고 주장한 이는 20세기 최고의 신학자 중 하나인 독일 신학자 루돌프 불트만(Rudolf Bultmann)이었습니다. 말하자면 신화라는 것은 마치 호두와 같아서 그냥 그대로 먹을 수는 없고, 껍데기를 깨야만 속살을 먹고 영양분을 얻을 수 있는 것처럼 신화는 일단 깨어져야 한다는 거지요. 신화를 대할 때 '호두까기 인형'이 필요하다고 할까요. 이처럼 신화가 신화로 남으면 안 되고 깨어져야 하는데, 깨어져서 속살을 드러낸 신화를 '깨어진 신화(broken myth)'라고 합니다. 이처럼 속살을 드러내도록 하는 것을 불트만은 '비신화화(demythologization)'라고 했는데, 'de'가 없앤다는 뜻을 가지고 있기 때문에 마치 신화를 송두리째 없앤다는 뜻으로 오해될 수 있어서 폴 틸리히(Paul Tillich)라는 또 다른 신학의 거장은 그것을 '탈문자화(deliteralization)'라 표현하는 것이 좋겠다고 했습니다.

폴 틸리히는 성경을 문자주의(literalism)적으로 읽으면 안 된다고 강조하는 대표적 신학자라 할 수 있습니다. 그는 성경을 문자적으로 받아들이면 진지하게 받아들일 수 없고, 진지하게 받아들이려면 문자적으로 받아들일 수 없다고 했습니다. 그의 세 권짜리 저서 『조직신학Systematic Theology』을 보면 '상징(symbol)' 이라는 말이 제일 많이 나옵니다. '십자가의 상징', '천국의 상징' 등등 십자가가 정말로 무엇을 뜻하는가, 천국이 정말로 무슨 뜻인가 그 속살, 속내를 알아야 한다는 것이지요. 그가 쓴 『믿음의 역동성Dynamics of Faith』이라는 책 제2장을 보면 상징이라는 것이 무엇을 말하는가 잘 설명합니다. 그 장 첫 줄에 이런 말이 나옵니다.

인간의 궁극 관심은 상징적으로 표현되어야만 한다. 상징적인 언어만이 궁극적인 것을 표현할 수 있기 때문이다.*

여기서 '궁극 관심'이라는 것은 그가 말하는 '신앙(faith)'입

---

* Man's ultimate concern must be expressed symbolically, because symbolic language alone is able to express the ultimate.

니다. 이 문장이 나온 다음 문단에서 symbols와 signs가 다 같이 "그 자체를 넘어 다른 무엇을 가리킨다(point beyond themselves to something else)"라고 하지요. 상징이나 사인은 그 자체로서는 의미가 없고 그것들이 가리키는 너머에 있는 무엇을 봐야 한다는 말입니다. 달을 가리키는 손가락과 같다는 것이지요.

문자주의에 대해 끊임없이 경고하는 분으로 존 셸비 스퐁 신부를 들 수 있습니다. 그의 책 대부분은 문자주의에 대한 경고입니다. 우리 식으로 하면 불립문자(不立文字)를 외친 셈이지요. 가장 잘 알려진 책이 『성경을 근본주의로부터 구해내기 Rescuing the Bible from Fundamentalism』인데, 근본주의와 문자주의는 같은 것이라 봐도 무방합니다. 2016년에 「마태복음」 주석서로 쓴 책 『성경 문자주의: 이방인의 이단Biblical Literalism: A Gentile Heresy』* 이라는 책에서 기독교는 2천 년 가까이 성경을 문자적으로 읽느라 성경의 본의와 관계없이 헛다리를 짚었다고 주장합니다.

예를 들어, 유대인을 위해 쓰인 「마태복음」이 유대인이면 다 알아들을 수 있는, 옛이야기에 빗대서 현재를 설명하는 '미드라시(Midrash)'적 기법으로 기술한 이야기인데, 초대 교회에서 유대인들이 사라지고 이방인들이 주류로 자리매김하면서 이런 이야기들을 문자적으로 이해하느라 성경 저자의 종교적 메시지를 놓치고 엉뚱하게 문자적 뜻에 매달리게 되었다는 것이지요.

우리가 무슨 말을 하다가 "그건 호랑이 담배 피울 때 이야기

* 국내에는 '유대인 예배력에 따른 예수의 의미 마태복음'이라는 제목으로 출간.

야"라고 말하면 한국인은 그것이 오랜 옛날이라는 뜻으로 금방 알아듣지만, 우리말을 모르는 외국 사람이 이 말을 들으면 한국에서는 호랑이도 담배를 피울 수 있다, 호랑이는 담뱃대로 피울까 궐련으로 피울까, 궐련으로 피운다면 하루에 몇 갑이나 피울까 하는 등으로 시간을 보내는 것과 마찬가지라는 것입니다.

예를 들어「마태복음」에 예수님 탄생 시 아기들이 죽임을 당했다는 이야기가 있는데, 유대인들이라면 모세가 태어날 때도 아이들이 죽임을 당했기에 예수님도 모세와 같이 위대하다는 말이라고 금방 이해하지만, 모세 이야기를 모르던 이방인들은 이것을 문자적으로 이해해서 정말로 아기들이 죽었다고 오해한다는 것입니다. 이런 식의 문자주의가 오늘까지 내려오고 있다는 이야기입니다.

저도 글에서 제일 많이 강조하는 것이 문자에서 해방되라는 이야기입니다. 제 책『예수는 없다』제2부의 60페이지는 몽땅 문자주의를 경계하라는 이야기였습니다. 바울도 말했습니다. "문자는 사람을 죽이고, 영은 사람을 살립니다"(고후 3:6)라고.

천국이 어디 있는가?

기독교 초기에 여러 복음서가 있었지만 현재의 4복음서만 정경으로 채택되고, 정경에 포함되지 않은 복음서들이 있습니다. 이들 복음서 중 더러가 1945년 이집트 나그함마디 부근 땅 밑에서 발견되었는데, 「도마복음」도 그중 하나입니다.*

「도마복음」 제3절에 보면 세상에 널리 깔려 있는 종교 '지도자'들이라 하는 이들을 다 믿지 말라고 한 말이 나옵니다. 얼마 전까지 광화문에서 난리를 치던 어느 목사와 그 추종자들, 코로나19가 중국 우한에서 한국 선교사들을 추방해서 하느님이 중국에 벌을 내린 것이라고 주장하는 한국 일부 목사들, 코로나19가 동성애와 낙태 때문에 하느님이 내린 벌이라고 주장하는 미국 보수주의 기독교 간판 팻 로버트슨(Pat Robertson) 목사 등 이른바 종교 지도자들이라 하는 이들을 믿을 수 없는 것은 거의

---

* 「도마복음」에 대해서는 오강남, 『살아 계신 예수의 비밀의 말씀』(김영사, 2022) 참조.

자명한 일입니다.

그러나 이들뿐인가요? 종교적 가르침이 내포하고 있는 여러 가지 의미의 층들, 그 깊은 속내를 알지 못하고 표피적·문자적 의미에만 매달려 계속 그것만으로 사람들을 가르치는 이들은 자기들이 아무리 종교 지도자라 주장해도 우리를 오도하는 이들일 수밖에 없습니다.

참된 종교 지도자는 어떤 사람일까요? 유치원 아이들에게 착한 일을 하면 산타 할아버지가 와서 아이들이 걸어놓은 양말에 선물을 주고 간다고 가르치지만, 그 이야기의 더 깊은 뜻도 함께 알고 있어서 어린아이가 자라남에 따라 그 수준에 맞게 더 깊은 심리적, 사회적, 영적, 우주적 의미까지 말해줄 수 있는 지도자라야 참지도자라 할 수 있을 것입니다.

> 그러므로 하늘나라를 위하여 훈련을 받은 율법학자는 누구나, 자기 곳간에서 새것과 낡은 것을 꺼내는 집주인과 같다.(마 13:52).

이런 온고이지신(溫故而知新)하는 전체적인 안목 없이 표피적인 뜻이 전부인 줄 알고 가르치는 지도자를 따르는 것은 눈이 보이지 않는 사람이 눈이 보이지 않는 사람을 따르는 것과 같습니다. 조심할 일입니다.

그런데 특히 무엇을 어떻게 가르치는 종교 지도자를 믿지 말라고 했을까요? 「도마복음」 3절에 나오는 예수님의 말씀을 직접 인용해봅니다.

여러분의 지도자들이 여러분에게 '보라, 나라가 하늘에 있
다'고 하는데, 그렇다면 새들이 여러분들보다 먼저 거기에
가 있을 것입니다. 그들이 '나라가 바다에 있다'고 하는데, 그
렇다면 물고기들이 여러분들보다 먼저 거기에 가 있을 것입
니다. 천국은 여러분 안에 있고, 또 여러분 밖에 있습니다.

구체적으로 '하느님의 나라'에 대해 잘못 가르치는 지도자
를 믿지 말라고 했습니다. 그 나라는 공간적으로 하늘에 붕 떠
있거나 바다 어디에 둥둥 떠 있는 땅덩어리가 아니라는 뜻입니
다. '나라'를 뜻하는 성경의 낱말 '바실레이아'는 일차적으로 영
토가 아니라 '주권'을 의미합니다. 따라서 '하느님의 나라'는 하
느님의 주권, 하느님의 통치 원리, 하느님의 다스리심, 하느님
의 임재하심에 의해 움직이는 나라를 의미합니다. 영어로는 보
통 God's sovereignty, rule, reign, presence, dominion 등으로 번역
합니다. '나라'를 이렇게 볼 때 하느님의 나라는 바로 우리 속에
있는 신성의 원리, 하느님의 임재하심이라 보아야 합니다. 「누
가복음」에서는 이를 강조하여 "하나님의 나라는 너희 안에(혹
은 너희 가운데) 있느니라"(눅 17:21)라고 했습니다.

특히 「도마복음」에서는 하느님의 나라가 우리 안에도 있고
우리 밖에도 있다고 강조합니다. 내 안의 내 마음속에도 있고,
내 밖에 있는 내 이웃의 마음속에도 있다는 뜻이라 풀 수도 있

고, 절대적인 실재로서의 하느님의 주권이나 임재가 안이나 밖 어느 한쪽에만 국한되거나 제한되지 않고 안에도, 그리고 '동시에' 밖에도 존재한다는 것입니다. 기독교 용어로 하면 무소부재 (無所不在)요, 불교 화엄의 용어로는 주편함용(周遍含容)이라는 말로 이해할 수 있습니다. 신의 내재(內在)만을 강조하면 범신론(汎神論)에 빠지고, 신의 초월(超越)만 강조하면 초자연주의 유신론(有神論)에 빠지게 됩니다. 신은 내재하면서 '동시에' 초월이라는 역설의 논리로 이해해야 합니다. 아무튼 신을 이렇게 보는 것을 '만유재신론(panentheism)'이라고 하는데, 옥스퍼드의 존 매쿼리(John Macquarrie)나 옥스퍼드 출신으로 미국 오리건 주립 대학교에서 가르친 마커스 J. 보그(Marcus J. Borg) 같은 신학자에 따르면 서양 철학사나 기독교 사상사에서 이런 신관(神觀)이 초지일관 계속되어왔다고 합니다. 동양 사상에서는 말할 것도 없습니다. 신의 이런 양면성마저 바로 '천국 비밀'의 일부인지 모를 일입니다.

한 가지 알아두어야 할 것은 한국에서 기독교인들이 제일 많이 쓰는 '천국'은 오해 사기 쉬운 말이라는 사실입니다. '천국'이라는 말은 「마태복음」에서만 나오고 다른 복음서에는 모두 '신국(神國)/하느님의 나라'라는 말이 사용되고 있습니다. 「마태복음」은 유대인을 위해 쓰인 복음서였기 때문에 유대인들이 하느님의 이름을 함부로 부르는 것을 피하는 전통에 따라 '하느님의 나라'라는 말 대신 '하늘나라'라는 말을 썼습니다. '하늘나라'라고 해서 그 나라가 있을 장소로서의 하늘을 가리키는 것이 아니라 하느님이라는 말 대신에 쓰인 말이라는 사실을 분명히 알아야 합니다. 「도마복음」에는 모두 그냥 '나라' 혹은 '아버지의 나라'라고 나와 있고 '하늘나라'라는 말은 세 번밖에 나오지 않습니다. 우리가 편리를 위해 '천국'이라는 말을 쓰더라도 이런 배경을 염두에 두고 물리적 하늘이라는 개념에 사로잡히는 일 없이 하느님의 힘, 원리, 현존 등이 편만한 나라라는 사실에 역점을 두는 방향으로 이해하고 써야 합니다.

아무튼 하느님의 나라는 하늘에 있는 것이 아니라는 사실을 명심해야 합니다. 우리가 상식적으로 생각하던 그런 천국은 없습니다.

영국의 세계적 물리학자 스티븐 호킹 박사가 여러 해 전 한 매체와의 인터뷰에서 "천국과 내세에 대한 믿음은 인간이 죽음을 두려워해 지어낸 이야기"라며 사후 세계를 부정하는 발언을 한 적이 있습니다. 최고의 천체물리학자 스티븐 호킹 박사가 "천국은 없다"고 한 발언을 두고 충격적이라고 생각하는 기독교인들이 많을 것입니다.

특히 "예수 천국, 불신 지옥"을 외치던 기독교인들은 더욱 그럴 가능성이 높습니다. 그러나 가만히 생각해보면, 스티브 호킹 박사처럼 위대한 물리학자가 아니라 하더라도 하늘에 천국이 없다는 것쯤은 오늘날 기본 상식이 있는 사람이라면 심지어 초등학생이라도 다 아는 소리가 아니던가요?

성경이 쓰일 당시 '하늘'이란 일차적으로 우리가 보는 파란

하늘 위에 놓여 있는 무슨 장소쯤으로 생각했습니다. 말하자면 파란 하늘이 지구의 뚜껑이며 동시에 하늘나라의 마룻바닥이었던 셈입니다. 이제 지구가 판판하다고 본 성경의 세계관을 받아들이지 못하듯 성경에서 말하는 하늘나라라는 것도 문자 그대로 하늘 어디에 붕 떠 있는 땅덩어리쯤이라 생각하는 일이 불가능해졌습니다.

사실 지금뿐 아니라 오랜 옛날에도 종교의 심층에 접했던 사람들이라면 이런 물리적 천국이 없다는 것을 알고 있었습니다. 앞에서 언급했듯 지금의 성경에 포함되어 있지는 않지만 4세기까지 유통되던 「도마복음」이라는 복음서 제3절에 보면, 예수가 친히 그 제자들을 향해 "너희를 가르치는 자들이 너희에게 '보라, 그 나라가 하늘에 있다'고 하나, 그렇다면 새들이 너희보다 먼저 거기에 가 있을 것이라"고 하며 파란 하늘 위에 있을 하늘나라를 부인하였습니다.

스티븐 호킹 박사 같은 분이 천국이 없다고 했을 때 그것이 이런 물리적 천국의 부재를 뜻한 것이라면 그는 물리학자로서의 소임에 충실한 것입니다. 그러나 거기까지가 물리학자로서의 한계이기도 합니다.

그러나 기독교도 심층 차원의 기독교는 하느님의 나라가 정말로 있다고 주장합니다. 어디에 있다고 할까요? 하늘에 있는 것이 아니라 우리 속에 있다고 합니다. 「누가복음」에서는 아예 "하나님의 나라는 너희 안에 있느니라"라고 했습니다. 앞에서 말한 「도마복음」에서는 좀 더 구체적으로 "그 나라는 여러분 안에 있고, 또 여러분 밖에 있습니다"라고 하였습니다. 내 속에, 그리고 내 이웃의 속에 있다는 뜻입니다.

이 복음서는 계속해서 내 속에, 그리고 내 이웃의 속에 있는 하느님의 나라, 곧 하느님의 임재를 '깨달으라'고 합니다. 이렇게 될 때 하늘과 나와 내 이웃이 '하나' 되는 경험을 할 수 있고, 이것이 진정으로 하늘나라의 삶을 사는 것이라 가르칩니다. 오늘 우리에게 정말로 필요한 천국이란 바로 이런 것이 아닐까요.

천국과 김칫국

이왕 천국 이야기가 나온 김에 한 가지 덧붙입니다. 전에 예수 재림 시기를 정하고 기다리던 휴거파가 떠들썩할 때 쓴 글이지만 아직도 휴거파 비슷한 단체가 말썽을 일으키는 것을 보면 지금도 유효하지 않나 하여 가져옵니다.

떡 줄 사람(?)은 생각지도 않는데 김칫국부터 통으로 들이마시는 사람들이 많습니다. 예수님은 생각지도 않는데 자기들 마음대로 예수님의 여행 계획을 다 짜놓고, 언제 예수님이 꼭 오시는데 그렇게 되면 자기들은 공중으로 '들림'을 받아 거기서 예수님과 함께 왕 노릇하며 살리라고 부산을 떨던 '휴거파' 신도들 같은 광신적 종말론자들이 늘어가고 있다는 이야기입니다.

그런데 떡 줄 사람은 생각지도 않는데 김칫국을 마시는 사람들이 이런 휴거파 사람들이나 미국에서 집단 자살을 한 '하늘의 문' 신도들뿐일까요? 일반 종교인들은 어떤가요? 가만히 따져보면 상당수 종교인들이 김칫국 마시기 전문가인지도 모릅니다. 길거리나 지하철에서 "예수천당 불신지옥"을 외치는 전도자들의 말처럼 우리가 예수를 믿는 것이 오로지 천당에 가기 위한 것이라면, 우리는 우리의 기대와는 반대로 결코 천당에 들어갈 수 없을 것이고, 따라서 결국 모두 헛물켜고 말 팔자라고 하는 역설적이면서도 엄연한 사실 때문입니다.

"무슨 뚱딴지같은 소린가? 천당 지옥이 없다는 이야긴가?" 하고 물을지 모르겠습니다. 그러나 여기서 문제 되는 것은 천국 지옥이 있느냐 없느냐 하는 것이 아닙니다. 문제의 핵심은 천국이 이렇게 천국 가겠다고 기를 쓰는 사람들의 집합 장소일 수가 있는가 하는 것입니다.

왜 그런가요? 천국이라는 것이 종교에서 말하는 지고선(至高善)의 상징이라고 한다면, 그것은 오로지 자기를 부인하고 자기를 십자가에 완전히 못 박아 죽인 사람만이 얻을 수 있는 삶의 상태라 할 수 있습니다. 그런데 무슨 일이 있어도 누가 뭐라 하더라도 '나만은' 천국에 가서 영생복락을 누리며 잘살아 보겠다고 안간힘 쓰고 있다면, 그것은 아직도 내 마음속에 '나'라는 생각이 생생히 살아 있다는 증거입니다. 예수를 믿든 남을 도와주든 헌금을 내든, 무슨 좋은 일을 하든 간에 모두 '내가' 천국에서 얻을 '나의' 복락을 위한 투자라는 생각에서 한다면, 엄격히 따져서 아직도 '나 중심주의'의 삶에서 한 발짝도 벗어나지 못한 상태인 셈입니다.

생각해봅시다. 고통당하고 있는 동료 인간들을 외면한 채 나 먼저 천국에 들어가려고 애를 쓴다면, 설령 외면하지 않고 도와

준다고 하더라도, 그것이 내가 천국 가는 데 필요한 일이기 때문에 하는 일이라면, 이보다 더 이기적이고 반종교적인 마음가짐이 어디 있겠습니까? 천국이란 결코 이런 마음가짐을 가진 사람들이 들어갈 수 있는 곳이 아닐 터이고, 또 이런 마음가짐을 가진 사람들이 모인 곳이라면 어찌 그런 곳이 천국일 수 있을까요?

우리가 진정으로 기독교에서 말하는 사랑의 실천자라면 자기 먼저 천국에 들어가겠다고 발버둥치는 대신 지옥에서 고통당하는 사람들을 돕겠다는 정신으로 오히려 지옥행을 자원할 것이고, 설혹 천국을 생각하더라도 모든 사람들이 먼저 들어가도록 도와준 다음에야 비로소 자기도 마지막으로 들어가겠다는 결의를 다짐할 것입니다. 이런 마음을 가질 때 우리가 어디 있든지 그곳이 그대로 천국이 되는 것이고, 이런 마음을 가진 사람들이 모인 곳이 진정한 의미의 천국이 아닐까 합니다.

엄격한 의미에서 천국은 천국 가는 것 자체를 제일의 목표로 삼지 않은 사람들에게만 문이 열린 곳입니다. 그런 의미에서 천국에 관한 한 "구하지 말라. 그러면 주어질 것이오"가 더 정확한 표현일지도 모릅니다.

오, 주님, 제가 주님을 섬김이 지옥의 두려움 때문이라면 저를 지옥에서 불살라 주시고, 낙원의 소망 때문이라면 저를 낙원에서 쫓아내 주소서. 그러나 그것이 주님만을 위한 것이라면 주님의 영원한 아름다움을 제게서 거두지 마소서.

유명한 8세기 수피 성녀 라비아의 기도입니다.

물론 우리 주위에도 천국에 들어가려는 일념에서가 아니라 진정한 사랑과 자비의 마음으로 가난하고 억눌리고 억울한 일 당하는 사람들과 고통을 함께하려는 훌륭한 신앙인들이 많이 있을 것입니다. 유대 민족의 지도자 모세처럼 내 이름이 생명책에서 말소되는 일이 있더라도 그것이 내 민족을 구하는 데 도움이 되는 길이라면 그 길을 택하겠다는 충정의 마음을 가진 종교인들도 많을 것입니다. 원효대사의 환속도 그런 뜻이 아니었을까 합니다.

그러나 우리가 이런 마음가짐과는 상관없이 그저 '잘 믿어 천국 간다'는 식의 태도로 일관한다면, 아무리 우리만 잘 믿는다고 열성을 내고 진리를 전매특허나 낸 것처럼 선전해도, 결국 자기 비움을 목표로 하는 진정한 신앙의 방향과 반대가 되는 자기중심적 태도 때문에 안타깝지만 결국은 김칫국만 켜다 마는 셈이 되고 말 것입니다. 무서운 일이 아닐 수 없습니다.

우리의 신앙이 "너희는 먼저 그의 나라와 그의 의를 구하라"(마 6:33)라는 예수님의 말씀에 귀 기울이는 것일까요? 혹은 그 나라에 '들어가기만'을 위해 애쓰는 것일까요?

덧붙일 이야기.

1. 테레사 수녀님이 지옥에 있을지 모른다고 합니다. 자비의 마음 때문에 지옥에 있는 사람들을 돕기 위해 지옥행을 자원하셨을 것이라 생각할 수 있기 때문입니다.

2. 열반에 들 자격이 있지만, 다른 사람들을 다 열반에 들게 하고 나서 자기가 마지막으로 들겠다고 하여 열반에 들기를 늦추는 마음이 바로 '보살정신'입니다.

3. 조선시대 그리스도교가 조선에 처음 들어왔을 때, 조선 유학자들은 그리스도교에서 가장 혐오스러운 것이 천당 지옥의 가르침이라고 생각했습니다. 선한 일은 보상이나 형벌을 생각하지 않고 할 일이지 그것을 천당으로 유혹하고 지옥으로 협박하는 것은 이단사설(異端邪說), 곡학아세(曲學阿世)가 아닐 수 없다고 본 것입니다.

4. 명동 한복판에 천막을 치고 "예수천당 불신지옥"이라 영어, 일어, 중국어로 써 붙이고 선전하는 것은 국제적 수치가 아닐까 하는 생각이 듭니다. 무슨 조치를 취하면 그것도 '종교 탄압'일까요.

"하나님 여호와의 이름을 망령되게
부르지 말라"

우리가 잘 아는 바대로 유대교와 기독교에서 신봉하는 십계명 셋째 계명은 "너는 네 하나님 여호와의 이름을 망령되게 부르지 말라. 여호와는 그의 이름을 망령되게 부르는 자를 죄 없다 하지 아니하리라"(출 20:7)입니다.

새번역에는 "너희는 주 너희 하나님의 이름을 함부로 부르지 못한다. 주는 자기의 이름을 함부로 부르는 자를 죄 없다고 하지 않는다"라고 했습니다.

이 계명 때문에 유대인들은 '하느님'이라는 이름을 함부로 부르지 않습니다. 앞에서도 잠깐 언급했지만, 그래서 「마태복음」 이외의 다른 복음서에서는 '하느님의 나라'라고 되어 있는데, 유대인들을 위한 복음서였던 「마태복음」에서만은 '하느님'이라는 말 대신에 '하늘'이라는 말로 대체했습니다. 따라서 '하늘나라'는 '하느님의 나라'는 말 대신에 쓰인 말이지 하늘에 있는 나라라는 뜻이 아닙니다. 하느님의 나라는 하느님의 통치 원리가 작동하는 나라라는 뜻입니다.

유대인들은 자기들의 성경에 하느님이라는 낱말 'YHWH'가 나오면 하느님의 이름을 함부로 부르지 않는다는 원칙에 따라 이 낱말을 발음하는 대신 '나의 주님'이라는 단어 '아도나이(Adonai)'라고 했습니다. 본래 히브리어 글자에는 모음이 없어서 계속 이 이름을 부르지 않다가 그 이름의 본래 모음이 무엇인지까지 잊어버렸지요. 편법으로 YHWH 자음에다가 adonai에서 모음을 따와 Iehouah 혹은 Jehovah라 불렸는데, 한국에서는 그것을 '여호와'라 발음했습니다. 현대 학자들은 그 낱말의 본래 발음은 Yahweh(야훼)였으리라 추정합니다.

「시편」 23편 "YHWH는 나의 목자시니 부족함이 없으리로다"라고 한 것을 개역 성경에서는 "여호와는 나의 목자시니"라고 했지만 공동번역에서는 "야훼는 나의 목자"라 하고, 새번역에서는 유대인과 기타 여러 나라의 번역 방식에 맞추어 "주님은 나의 목자시니"라고 했습니다.

지금도 캐나다 대학의 유대인 학생들이 페이퍼를 제출할 때 보면 하느님이라는 말을 쓸 때마다 God대신에 G-d라고 씁니다. 하느님의 이름을 함부로 쓰지 않겠다는 의사 표시입니다.

제가 왜 이렇게 장황하게 유대인의 하느님 이름을 해설하고 있는 걸까요? "하나님 여호와의 이름을 망령되게 부르지 말라"고 하는 것이 이런 뜻만일까 하는 데 생각이 미쳐서입니다.

며칠 전 화창한 봄 날씨라 캐나다 밴쿠버 교외 포트 무디에 있는 집에서 걸어갈 수 있는 거리의 로키 포인트라는 바닷가 공원에 나갔습니다. 벤치에 비스듬히 누워 그림자를 드리운 큰 나무들을 쳐다보고 있었습니다. 나뭇잎이 산들바람에 하늘하늘 나부끼는 것을 보면서 갑자기 저 높은 잔가지와 잎들까지 어떻게 수분이 올라가 저렇게 싱그러운 초록색으로 아름답게 빛날 수 있을까 하는 생각이 들었습니다.

이런 질문에 가장 간단한 대답은 만물을 주관하시는 하느님이 그렇게 하신다는 것입니다. 그러면 더 이상 할 말이 없어집니다. 어느 공대 교수로부터 들은 이야기인데, 펌프로 땅에서 물을 길어 올릴 수 있는 한도는 10미터라고 합니다. 나무가 물을 빨아올리는 것은 펌프질하는 것과 같아 10미터 정도 올려주면 거기서 다시 펌프질을 하여 10미터 올리고 그러기를 반복하여 높은 데까지 수분이 올라갈 수 있다고 했습니다. 맞는 말인지 모르지만, 어찌하여 수분이 높은 나무 꼭대기까지 올라갈 수 있는가 하는 의문에 대한 답으로 "하느님이 그렇게 하시니까" 하는 것보다는 더 합리적인 설명입니다.

가만히 생각해보면 어떤 어려운 질문이든 거기다 '하느님'을 갖다 대면 말문이 막힙니다. 왜 코로나19가 이렇게 기승을 부리는가? "하느님이 그렇게 하시니까" 하면 병균의 발생, 전파 경로, 처리 방법 등 역학적 연구가 필요 없는 노고가 될 수밖에 없습니다. 왜 경제가 이렇게 어려운가 하는데, "하느님이 그렇게 하셔서"라고 하면 수요 공급이 어떻고 하는 경제학이 쓸데가 없어집니다. 왜 오늘 비가 오는가 하는 질문에 하느님이 비를 내리게 하셨다고 하면 기압골이 어떻고 고기압, 저기압 하는 기상학이 의미 없어집니다. 왜 세월호가 침몰했는가? 하느님이 그렇게 하셨다 하면 사고 원인이나 인명 구조의 난맥상 등에 대한 조사 연구가 쓸데없게 됩니다.

어떤 역사, 과학, 사회, 정치 분야의 학문적 발전은 모두 하느님을 빼고 설명하려 노력한 결과라 할 수 있습니다. 이런 분야의 질문에 대해서 그 대답으로 하느님의 이름을 갖다 대면 이성과 지성의 활용 자체가 무의미해집니다. 이것이 바로 "하느님 이름을 망령되게 부르는 것"이 아닌가 하는 것입니다.

아이러니하게도 이른바 믿음이 좋다고 하는 이들이 이렇게 무슨 문제에나 함부로 하느님의 이름을 들먹여 인간의 지적 발전을 저해하는 것, 이것이 바로 야훼가 "그의 이름을 망령되게 부르는 자를 죄 없다 하지 아니하리라"고 한 까닭일 것입니다.

공원에서 아름다운 나무를 보면서 문득 든 생각 한 조각이었습니다.

부처님 오신 날 일부 기독교인들의 행태

부처님 오신 날 조계사에서 봉축법요식이 있었는데, 같은 시간에 기독교인 일부가 일주문 앞에서 "오직 예수", "불교는 가짜다", "주 예수를 믿으라" 등을 소리치며 소란을 피웠다고 합니다.

일부 기독교인들의 이런 행태는 대단히 유감스러운 일입니다. 이런 현상은 기독교 중에서도 이른바 '근본주의'에 속하는 사람들 사이에서 일어납니다. 근본주의는 성경을 문자 그대로 역사적이고 사실적인 것으로 믿으려는 사람들입니다. 성경에 세상이 6일 만에 만들어졌다고 했으면 정말로 그렇게 만들어졌다고 믿는 사람들이지요. 이런 근본주의 문자주의 기독교는 유럽에서는 일찌감치 자취를 감추었고 기독교인들이 그래도 많은 편인 미국에서도 점점 소수로 전락하는 중입니다. 이런 근본주의가 대세를 이루는 한국 기독교는 사실 '별종 기독교'라 할 수 있습니다.

이런 사건은 진리가 어느 한 종교의 독점물일 수 없다는 자명한 사실을 모르는 데서 생기는 일입니다.

"온유한 자는 복이 있나니"(마 5:5)라고 가르치신 예수님이 이런 과격하고 불미스러운 일을 좋아하실까 생각해보지 않을 수 없습니다. 기독교인들은 우선 예의를 지켜야 합니다. 이런 무례하고 거친 행동은 결코 기독교에 이롭지 않습니다. 스스로는 선교를 위한 일이라고 생각할지 모르지만 이런 행태는 결코 선교에 이롭지 않고 오히려 방해가 될 뿐입니다.

기원전 3세기 인도에 아소카라는 성왕이 있었는데, 그는 그 당시 여러 종교들이 서로 다투는 현상을 보면서 이런 말을 했습니다.

> 자신의 종교를 선전하느라 남의 종교를 비하하는 것은, 그것이 맹목적 충성에서 나왔든, 자신의 종교를 더욱 돋보이게 하려는 의도에서 나왔든, 자신의 종교에 오히려 더욱 큰 해악을 가져다줄 뿐이다. 조화가 최선이라 모두 다른 사람의 가르침에 귀 기울이고 존경하도록 할지어다.

잘 알려져 있듯 마하트마 간디도 예수님을 사랑하고 예수님의 산상수훈을 마음에 새기며 살았습니다. 사람들이 당신도 크리스천이 아니냐 할 때 간디는 자기를 보고 그리스도와 같다(Christ-like)고 하는 것은 영광이지만 그리스도인(Christian)이라 하는 말은 받아들일 수 없다고 했습니다. 그 이유 중 하나는 간디가 인도에서 학교 다닐 때 교문 앞에서 인도 종교를 폄훼하고 기독교가 유일한 진리 종교라고 큰 소리로 선전하는 것을 보았기 때문이라고 했습니다.

한국에서 사람들이 싫어하는 종교 1위로 꼽히는 근본주의 기독교 신도들도 이런 사례를 참고하면 좋겠습니다. 한국 기독교인들도 자기 종교가 진리의 전매특허를 받은 것처럼 선전하는 데 에너지를 쏟는 배타주의적 태도 대신, 이웃 종교를 진리를 향해 함께 가는 길벗으로, 그리고 이 사회와 세계가 당면한 문제를 해결하기 위해 함께 일하는 협력자나 동역자로 여기는 분위기가 형성되기를 바랍니다.

가짜 목사를 경계하라

2019년 10월 3일 광화문 군중집회에 나온 어느 목사가 자기는 누가 뭐래도 '선지자'이기 때문에 앞일을 미리 다 알 수 있다고 주장했습니다. 그렇게 앞일을 미리 아는 능력 때문에 현 정권을 퇴진시키지 않으면 대한민국은 당장 망한다고 확언하더군요.

미래를 미리 알 수 있다는 뜻의 '선지자(先知者)'라는 말은 더 이상 쓰지 않습니다. 한국어 성경 중 옛날 번역판에는 '선지자'라고 했지만, 새번역, 공동번역 등 새로 나온 번역판에는 '선지자'라는 말 대신 '예언자'라고 합니다.

예언자를 구약에서는 주로 '나비(navi)'라고 하는데 '대언자(spokesperson)'라는 뜻입니다. 신약에서는 '미리(pre) 말하는 자'라는 'prephetes'가 아니라 '위하여(pro) 말하는 자'라는 'prophetes'입니다. 하느님을 위해서 말하는 사람이라는 뜻이지요. 하느님이 하시는 말씀이니 미래에 관한 것이 있을 수 있지만 예언자에게 앞을 내다보고 예언(豫言)하는 것을 가장 중요한 기능이라 인정하지 않는다는 이야기입니다.

한국어로 이 성경의 '예언자'를 한자로 쓸 때는 미리 말한다는 뜻의 '豫'言者가 아니라 맡겨진 말을 한다는 '預'言者입니다. 여기서 預는 예금(預金)이라는 말에서 보듯 맡긴다는 뜻이지요. '預言者'란 하느님이 주신 말씀을 맡아서 대신 전하는 사람이라는 뜻입니다.

한국의 다미선교회 이장림 목사처럼 예수님이 언제 오신다는 등 예언(豫言)한 사람들이 기독교 역사상 부지기수지만 그 예언이 그대로 성취된 일은 없습니다.

10월 3일 집회에서 스스로 '선지자'라고 주장한 그 목사에게 하느님의 말씀이 맡겨졌다고 생각하기는 곤란합니다. 기독교에서 받드는 하느님이 그렇게 험악하고 저질스러운 막말을 쏟아내는 입에 그의 말씀을 맡겼다고 생각하기 어렵기 때문이지요.

목사님들이 늘 하는 대로 저도 성경 구절 두 가지를 인용하며 마무리할까 합니다.

첫째 「마태복음」 7장 15절입니다.

"거짓 선지자들을 삼가라 양의 옷을 입고 너희에게 나아오나 속에는 노략질하는 이리라."

다음은 「요한1서」 4장 1절입니다.

"사랑하는 자들아 영을 다 믿지 말고 오직 영들이 하나님께 속하였나 시험하라 많은 거짓 선지자가 세상에 나왔음이니라."

종교인이 더 윤리적일까?

요즘 태극기를 흔들면서 거리를 누비는 사람들 대부분이 기독교인이라고 하는데, 이들이나 앞에서 말한 광화문 집회에서 험담을 쏟아내는 목사들의 말을 듣고 그 앞에서 "아멘! 아멘!"을 외치는 사람들을 보면 어떻게 종교를 가지고 있다는 사람들이 저럴 수가 있을까 의아해하는 이들이 많습니다.

이렇게 의아한 마음은 보통 종교를 가진 사람들이 더 윤리적이고 종교가 없는 사람들이 덜 윤리적일 것이라는 통념에서 나옵니다. 종교에서 일반적으로 가르치듯 죽어서 얻게 될 상벌 등 인과응보가 없다면 사람들이 자기 마음대로 행동하게 되기에 종교가 윤리적 행동을 하게 하는 데 중요한 역할을 하리라는 생각입니다. 그러나 우리 주위의 종교들을 보면 이런 통념이 그대로 통한다고 할 수 있을까요?

요즘 주변을 조금만 주의 깊이 살피는 사람들이라면 한국에서 종교가 지닌 순기능보다 역기능이 더 크지 않은지 물을 수밖에 없을 것입니다. 제가 쓴 『종교란 무엇인가』라는 책 서문에서도 "종교는 사회가 가야 할 길을 밝혀주는 횃불이나 등대의 역할을 한다고 믿어왔는데, 현재 한국 사회에서 종교는 문제의 해결책이기보다 오히려 문제 자체인 것처럼 여겨지고 있다"라고 했습니다. 이제 종교가 사회를 걱정하는 것이 아니라 오히려 사회가 종교를 걱정하는 형국이 되고 있습니다.

사실 이것이 한국만의 현상은 아닙니다. 기복 중심의 표층 종교, 독선적 종교는 어쩔 수 없이 여러 가지 부작용을 낳기 마련입니다. 유럽과 미국을 놓고 보면 이들 국가 중 종교열이 가장 강한 미국이 유럽 국가들보다 훨씬 높은 범죄율을 보이고 있습니다. 미국 내에서도 교회 출석률이 다른 어느 주보다 높은 남부의 루이지애나주가 미국 전국 살인 사건 발생 평균의 두 배에 이르고, 교회 출석률이 낮은 동북부 버몬트주나 서부 오리건주 등은 살인 발생률이 전국 평균치보다 낮다고 합니다. 미국의 5대 범죄 도시가 모두 이른바 남부의 바이블 벨트(Bible Belt)에 속한 도시들이고, 미국 교도소에 갇힌 수감자 가운데 무신론자는 0.5퍼센트에 불과한 반면, 나머지 99.5퍼센트는 모두 신을 믿는 사람들입니다. 미국 전체를 놓고 보면 신을 믿는다고 하는 사람이 전국 인구의 50퍼센트를 밑돕니다.

이런 통계 수치를 보면, 종교적이라고 해서 다 윤리적이 아니라는 사실을 알 수 있습니다. 오히려 종교의 특수한 가르침 때문에 인류의 보편적 윤리에 어긋나게 행동하는 경우도 허다합니다. 오래전 하버드 대학교 심리학자 고든 올포트(Gordon Allport)는 종교적으로 보수적이면 보수적일수록 인종차별 같은 사회 문제나 정치 문제에서 더욱더 심한 편견을 가지는 경향이 있다고 했습니다.

티베트 불교 지도자 달라이 라마도 2011년 저서『종교를 넘어*Beyond Religion*』에서 이제 인류는 개별 종교들이 제시하는 종교적 윤리가 아니라 종교와 관계없이 인간의 내면적 양심에 근거한 '세속적(secular)' 윤리를 계발해야 한다고 역설했습니다. 이제 인과응보 때문이 아니라 윤리적 삶 자체가 기쁨이라는 의식을 북돋워 주는 성숙한 종교, 심층적 종교가 필요하다는 뜻이 아닐까 합니다.

"생각하는 기독교인이라야 산다"

앞서 말씀드렸던 이상한 목사의 이상한 말을 들으며 그 앞에서 아멘! 아멘!을 외치는 그리스도인들이 있습니다. 이들의 경우 종교는 '믿는 것'이지 '생각하는 것'이 아니라고 여기는 사람들이 대부분일 것입니다. 심지어는 '덮어놓고' 믿어야지 생각하고 따지고 해서는 안 된다고 주장하는 사람도 있습니다. 얼른 보아 일리 있는 말 같기도 합니다. 그러나 아무리 '덮어놓고' 믿고 싶어도 우선 '덮어놓고' 믿는다는 것이 뭔지라도 알아야 그렇게 할 수 있는 것이 아니겠습니까?

함석헌 선생님은 "생각하는 백성이라야 산다"고 했습니다. 소크라테스도 "검토되지 않은 삶은 살 가치가 없다"고 했고요. 미국의 저명한 신학자 존 캅(John B. Cobb)도 '생각하는 그리스도인 되기(*Becoming a Thinking Christian*)'라는 제목의 책을 냈는데, 스스로 생각하는 그리스도인이어야 살아날 수고, 또 이렇게 독립적으로 사고하는 평신도가 많아야 그리스도교가 산다고 했습니다. 한국말로는 이경호 목사에 의해 『생각하는 기독교인이라야 산다』라는 제목으로 번역되었는데 책 내용에 맞게 잘 옮긴 제목이라 생각됩니다.

사실 그리스도인들뿐만 아니라 어느 종교인이든 각성도 없고 검토도 없는 믿음을 '덮어놓고' 받아들일 경우 그것은 헛된 믿음일 수 있고, 또 많은 경우 우리의 짧은 삶을 낭비하게 하는 극히 위험한 믿음일 수도 있습니다. 보십시오. 우리 주위에 횡행하면서 사람들을 죽음과 패망으로 몰아넣은 저 많은 사교(邪敎) 집단들을. 그리고 비록 신흥 사교 집단은 아니라 하더라도 일부 잘못된 지도자에 의해 변질되어 그 신도들을 속박하고 질식시키고 있는 저 많은 기성 종교 집단들을. 이렇게 파리 끈끈이 같은 데 가까이 가거나 수렁 같은 데 잘못 발을 들여놓았다가 패가망신하는 사람들이 얼마나 많은가요?

극히 최근세에 이르기까지 어느 사회나 인구의 절대 다수가 문맹이었습니다. 그런 시대에는 대부분의 사람들이 대부분의 경우 어쩔 수 없이 '덮어놓고' 믿을 수밖에 없었습니다. 예를 들어 중세 시대 어려운 신학적 문제는 오로지 성직자들 사이에서 라틴 말로만 논의되었고, 일반인들은 이들이 그림으로 그려준 그림책 정도를 보고 그대로 믿고 따르는 '그림책 신학'에 만족할 수밖에 없었습니다.

그러나 이제 시대가 바뀌었습니다. 이렇게 바뀐 시대를 반영하여 존 캅은 "일반 평신도들은 모두 신학자들"로서 스스로 생각하고 거기에 책임을 지는 그리스도인이 되어야 한다고 선언했습니다. 종교개혁가 마르틴 루터가 모든 사람들이 사제를 통하지 않고 직접 신에게 나아갈 수 있다는 것을 강조하여 '만인 제사장직'을 제창했다고 하는데, 사실 오늘같이 일반인들의 지식이나 의식 수준이 높은 시대에 우리는 어쩔 수 없이 '만인 신학자직'을 주장해야 할 것입니다.

신앙은 '이성을 넘어서는 것(supra ratio)'이지 '이성을 거스르는 것(contra ratio)'이 아닙니다. 사리를 분별하고 판단하는 일은 건전한 종교적 삶을 위해 필요한 전제 조건입니다. '무조건'이니 '덮어놓고'니 하는 말은 사실 인간에게 천부적으로 주어진 독립적 사고력이나 분별력을 포기하거나 몰수당하는 일입니다.

종교인이라고 생각 없이 덮어놓고 믿어야 하는 것이 아니라 종교인일수록 오히려 더욱 깊이 생각해야 합니다. 그러고 나서 자기 생각에 한계가 있음을 깨닫고 그 한계를 넘어서는 것, 이것이 참된 믿음이 지향해야 할 경지가 아니겠습니까.

"하나님을 시험하지 말라"

「마태복음」 4장에 보면 예수님이 성령에 이끌리어 마귀에게 시험을 받으러 광야로 가서 세 가지로 시험을 받는 장면이 나오는데, 기독교인이라면 다 알겠지만 그 대략은 다음과 같습니다.

첫째 시험에서는 40일을 밤낮으로 금식하신 후 마귀가 예수께 나아와서 "네가 만일 하나님의 아들이어든 명하여 이 돌들로 떡덩이가 되게 하라"고 했습니다. 이에 예수께서 "사람이 떡으로만 살 것이 아니요 하나님의 입으로 나오는 모든 말씀으로 살 것이라"라고 대답했습니다.

두 번째 시험에서는 (「누가복음」에서는 이것이 세 번째 시험으로 나옵니다) 마귀가 예수님을 성전 꼭대기에 세우고 "네가 만일 하나님의 아들이어든 뛰어내리라. 그가 너를 위하여 그의 사자들을 명하시리니 그들이 손으로 너를 받들어 발이 돌에 부딪치지 않게 하리로다"라고 했습니다. 이에 예수께서 "주 너의 하나님을 시험하지 말라"라고 응대했습니다.

세 번째 시험에서는 마귀가 예수님을 데리고 지극히 높은 산으로 가서 천하만국과 그 영광을 보이며 "만일 내게 엎드려 경배하면 이 모든 것을 네게 주리라"고 하였습니다. 이에 예수께서 "사탄아 물러가라. 주 너의 하나님께 경배하고 다만 그를 섬기라 하였느니라"고 대답했습니다.

첫째 시험은 경제적 유혹입니다. 이왕 신앙을 가질 거라면 그 덕택으로 떡이나 돈이 될 수 있는 능력을 발휘하라는 것입니다. 예수님은 이를 거절하고 떡이나 돈은 살아가는 데 필요조건은 되지만 충분조건은 될 수 없다. 삶에는 로고스(logos), '의미'가 있어야 한다고 합니다.(로고스를 '말씀'이라 번역해서 교회의 교리나 목사님의 설교로 오해되기 쉬운데, 로고스는 우주의 원리, 의미 등을 의미합니다. 빅터 프랭클의 의미요법 logotherapy가 여기서 나왔습니다.) 신앙은 돈벌이 수단이 될 수 없다는 뜻입니다.

둘째 시험은 초자연적 능력을 발휘해보라는 유혹입니다. 이왕 신앙을 가질 거라면 성전 꼭대기에서 뛰어내려도 다치지 않을 정도의 초자연적 능력을 가져보라는 것입니다. 예수님은 하나님을 시험하지 말라고 합니다. 신앙은 초자연적인 기적과 관계되는 것이 아니라는 것입니다.

셋째 시험은 정치적인 유혹입니다. 악의 세력에 엎드려 경배하면 천하만국과 그 영광을 다 주겠다는 것입니다. 예수님은 이런 것을 물리치시며 하나님께 경배하고 그만을 섬기라고 하였습니다.

요즘 어느 목사님의 언행을 보면 예수를 따른다고 하면서도 예수님이 모본을 보이며 물리치신 이 세 가지 유혹에 다 넘어간 것이 아닌가 하는 생각이 듭니다.

헌금 시간을 가장 기쁜 시간이라고 하며 헌금을 모아 경제적 이득을 도모하고, 믿음만 있으면 성령의 불길로 코로나 바이러스도 다 태워 없애는 초자연적인 현상이 있을 것이라 호언장담하고, 현실 정치 세력과 타협하고 합작하여 이 나라의 영광과 권력을 쟁취하려 하는 것처럼 보이기 때문입니다. 그가 특히 귀담아들어야 할 것은 자기 교회에서 대면 예배를 드려도 하나님이 도와주실 것이라고 하나님을 시험하는 것입니다. 예수님이 엄히 말씀하셨습니다. "하나님을 시험하지 말라."

몇 가지 질문

얼마 전 어느 사려 깊은 분이 고민을 토로하며 저와 다른 한 목사님께 여러 가지 질문을 했습니다. 자신은 현재의 기독교를 떠났지만 '참종교인, 참기독교인'으로 깨우침의 길을 가고 싶은데, 도저히 풀 수 없는 문제가 있다고 하면서 한 질문입니다. 많은 질문 중에서 제가 답할 수 있는 몇 가지를 골라 답을 했습니다.

제 답이 그분이 가진 문제에 대한 완벽한 대답일 수 없다는 것 이해합니다. 여러분은 어떻게 생각하실지 궁금하여 나눠보고자 합니다. 본래의 질문은 제가 짧게 요약했습니다.

질문: 영계의 존재를 부정할 수 없습니다. 병든 사람에게 "예수의 이름으로 사탄(병마)은 물러가라"하여 병이 사라졌음을 제가 직접 체험했습니다. 알라나 무함마드의 이름으로도, 부처나 기타 다른 이름으로도 이런 현상이 나타나나요.

대답: 병이 기적적으로 낫는 체험은 여러 종교에서 보편적으로 발견되는 현상입니다. 그러나 그 체험을 일단 설명하려 하면

즉시 그것은 자기가 속한 종교적 사회적 배경에서 나온 해석일 수밖에 없습니다. 기독교 배경을 가지신 분은 하느님이나 예수님이나 성령이 고쳐주신 것으로 설명하는 것이 어쩔 수 없는 일이지요. 그러나 스스로 상제라 주장하는 증산교 교주 강증산은 하느님이나 성령이라는 용어를 빌리지 않고도 병을 낫게 했습니다. 힌두교나 불교에서도 '싯디'라고 하여 기적적인 일이 일어난다고 합니다. 불교도 일반 신도의 경우는 하느님이나 예수의 이름이 아니라 부처님의 가피나 보살들의 도움에 의해 병이 낫는다고 생각합니다. 이 모든 경우 하느님이나 성령이나 악령의 개입이라고 하는 기독교의 유신론적 설명은 하지 않습니다.

물론 정통 기독교에서처럼 인격적인 신을 상정한 해석도 가능하지요. 그러나 그것이 유일한 해석이라 주장할 수는 없겠지요. 아시겠지만, 종교가 없는 분들은 암으로부터의 기적적인 치유를 '자연 소멸(spontaneous remission)'이라고 하면서 신이나 초자연적 힘의 개입 같은 것을 상정하지 않고 심리학적으로 설명하기도 합니다. 마치 옛날에는 간질병이 악귀가 들어서 생기는 일이라고 여겼지만 지금은 뇌세포의 변이에서 생긴 결과로 보는 것과 마찬가지입니다.

모든 면에서 신을 개입시키면 문제가 간단히 해결되는 것은 사실입니다. 왜 비가 오느냐, 왜 경제가 엉망이냐, 왜 병이 들기도 하고 낫기도 하느냐 하는 등의 문제에 신을 가정하면서 신이 그렇게 한 것이라고 하면 문제는 쉽게 풀리지요. 그러나 그럴 경우 기상학, 경제학, 의학, 과학 같은 것이 무의미하게 됩니다. 인류가 지금 같은 지식을 축적하게 된 것은 이런 알지 못했던 현상에 대한 설명 체계에서 신을 상정하지 않았기 때문이라 할 수 있습니다.

질문: 초대교회가 크게 일어나게 된 것은 예수의 부활승천 사건의 목격 때문이라고 생각합니다. 부활이 없다면 교회에 모든 것을 바치는 우리는 불쌍한 자들이라는 바울의 생각이기도 한데, 부활승천은 전혀 역사적 사실이 아닌가요?

대답: 「고린도전서」 15장에 바울이 부활이 없다면 우리의 믿음이 헛것이고 우리가 불쌍한 자들이라는 말을 했는데, 전체 문맥을 보아서 저는 육체적 부활보다 옛 사람에서 죽고 새 사람으로 부활하는 것을 더욱 강조한 것이 아닌가 여깁니다. 그 장 끝부분에 바울 스스로도 "형제들아 내가 그리스도 예수 우리 주 안에서 가진 바 너희에 대한 나의 자랑을 두고 단언하노니 나는 날마다 죽노라"라고 한 것을 보면 무덤에 들어갔다가 다시 나오는 것이 아니라 "날마다 죽는" 매일 영적 죽음과 부활의 기쁨을 누리는 삶을 산 것을 자랑으로 여긴 것 아닌가 생각됩니다. 이런 영적 죽음과 부활의 경험이 없는 삶은 헛것이라는 것이지요.

질문: 하느님을 믿는 것이 안 믿는 것보다 무한대로 더 낫다는 파스칼의 다소 건조한 논증에 대해서 어떻게 생각하시나요? 저는 믿는 것이 삶 속에서도 낫다고 봅니다. 심층 종교인이 누리는 평안 때문이지요.

대답: 신이 있다고 하는 데 걸었다가 없다고 해도 손해 볼 것이 별로 없는데, 신이 없다고 했다가 신이 있으면 완전히 망하게 되기 때문에 신이 있다고 믿는 쪽에 거는 것이 좋고 그렇게 믿고 사는 것이 좋다는 파스칼의 '도박 논증'을 말씀하셨는데, 우리가 하느님의 존재를 인정해드리는 것과 안 해드리는 것에 대해 하느님이 그렇게 신경 쓰실까 하는 문제가 있지요. 저는 하느님이나 천국 지옥을 믿을 수 있는 믿음이 있으면 어느 정도 초기에는 믿어도 된다고 생각합니다. 그러나 머리가 커지면서 믿기지 않는데 억지로 믿으려 할 필요는 없다고 봅니다. 억지로 믿으려 하는 데 따르는 부작용이 있는 것도 사실이니까요. 존 레넌의 〈이매진(Imagine)〉 노랫말처럼 천국도 지옥도 종교도 없으면 싸울 일도 목숨 바칠 일도 없고 세상에 평화가 온다고 믿는 사람들도 있으니까요.

질문: 신이 존재하고 내세 심판이 있어야 현재의 도덕적 생활이 가능한 것 아닌가요?

대답: 임마누엘 칸트의 실천이성에 의한 신 존재 증명을 말씀하시는 것 같습니다. 그런데 캐나다 브리티시컬럼비아 대학교의 심리학 교수 아라 노렌자얀(Ara Norenzayan)이 쓴 『거대한 신, 우리는 무엇을 믿는가*Big Gods*』를 읽어보시면 옛날에는 이런 신의 존재를 상정하는 것이 수렵채집 사회에서 공동사회로 발전하게 하는 데 도움이 되었다고 합니다. '위에서 지켜보는 신'이 있어야 도덕적 생활이 가능하고 이로 인해 공동체가 발전할

수 있었다는 것이지요. 그러나 이제 그런 신은 필요 없다고 합니다. 덴마크의 경우 그런 신이 없어도 훌륭한 사회를 이루고 있기 때문이라지요. 여러 연구 결과에 따르면 이런 신을 믿는 것이 오히려 독자적인 결정에 의한 윤리 생활에 방해가 되고, 가난한 사람이 있어도 그것이 신의 뜻이라 치부하므로 인간들이 스스로 해결해보려는 복지 사회로 가는 데도 장애 요소가 된다고 합니다.

필 주커먼이 쓴『종교 없는 삶』이나 기타『윤리적이 된다는 것이 뜻하는 것』류의 책들이 이런 주장을 뒷받침하는 책들입니다. 덴마크나 스웨덴 노르웨이 등 제일 경제적으로나 윤리적으로 건전한 나라들은 실질적으로 '신 없는 사회'(이것도 필 주커먼 책의 제목입니다)라는 것입니다. 그 반대도 성립하는데, 미국이 신을 믿는 사람들의 제일 많지만 유럽 국가들에 비해 범죄율, 도덕성, 문맹률 등 여러 면에서 뒤진다고 합니다.

또 미국에서 교도소에 있는 수감자들 중 무신론자는 극소수에 지나지 않는다고 합니다. 한국에서도 교도소에 있는 죄수들의 통계 수치를 보면 종교인의 비율이 높다고 합니다. 이런 점들을 봤을 때 신앙심을 통한 범죄 억지력은 높지 않다고 볼 수 있습니다.

성경과 동성애

　보수 기독교인들 중에는 동성애를 죄악시하는 이들이 있는데, 그 이유가 성경에 동성애를 금하고 있기 때문이라고 합니다. 여기서 이런 주장이 어떤가 한번 생각해보았으면 합니다.

　첫째, 성경 「레위기」 20장 13절에 보면 분명히 "남자와 남자가 관계하면 반드시 둘을 죽이라"고 했습니다. 보수 기독교인들은 "우리는 성경을 믿는 사람으로서 성경을 문자 그대로 따라야 한다. 성경에서 동성애를 금했으니 그것은 안 된다" 하는 입장입니다.

　그러나 "성경을 문자 그대로 따라야 한다"는 이런 생각은 두 가지 문제점을 안고 있습니다. 극단적인 말이긴 하지만 성경의 말씀을 정말 그대로 따른다고 한다면 동성애자를 교인이나 교회지도자로 받아들일 수 없을 뿐 아니라 반드시 "죽여야" 합니다. 그것이 성경을 철저히 따르는 태도이기 때문입니다. 죽이지 않고 다른 핑계를 댄다는 것은 이미 성경을 문자 그대로 따르지 않는다는 뜻일 수 있습니다.

다른 한 가지 더욱 중요한 문제점은 동성애를 금지한 「레위기」에 보면 동성애만 금한 것이 아니라 월경 중에 잠자리를 같이 하면 공동체에서 쫓아내라, 심지어 두 가지 재료로 직조한 옷을 입으면 안 된다, 장애인의 몸으로 제단에 나가면 안 된다 하는 등의 금지 조항이 있습니다. 그 외에 돼지고기나 바닷가재 같은 부정한 음식을 금하는 것, 절기를 지키는 것, 안식일을 지키는 것 등 수많은 준수 사항을 기록하고 있습니다.

　동성애 금지 조항을 불변하는 하나님의 절대적인 명령으로 받아들여야 한다면 그 금지 조항과 함께 등장하는 월경 중 동침하는 것, 혼방으로 된 옷을 입는 것, 장애인이 하나님의 전에 들어가는 것 등도 똑같이 금해야 할 것입니다. 그런데 똑같은 곳에 있는 명령을 어느 것은 그대로 지켜야 한다고 주장하고 다른 것은 무시하거나 지키지 않아도 된다고 하는 것은 이른바 '선별적 법 시행(selective enforcement)'으로서 법률적으로 불법적인 일로 취급됩니다. 동성애가 안 된다고 하는 사람은 다른 금지 조항도 다 같이 지켜야 할 것입니다. 지금 이런 조항들을 다 지키는 기독교인이 있을까요?

　둘째, 그래도 바울이 금했지 않느냐 하는 입장을 취할 수 있습니다. 바울은 「고린도전서」 6장 9절에 "불의한 자가 하나님의 나라를 유업으로 받지 못할 줄을 알지 못하느냐 미혹을 받지 말라 음란하는 자나 우상 숭배하는 자나 간음하는 자나 탐색하는 자나 남색하는 자나"라고 하고 또 「로마서」 1장 26절 이하에도 남색하는 것은 마음에 하나님 두기를 싫어할 때 생기는 온갖 죄악과 같은 선상에 두었습니다.

여기에 대해서도 두 가지를 생각해볼 수 있습니다. 그 하나는 바울이 말하는 '남색'이라는 것은 로마 시대에 성행하던 일종의 성행위로서 돈 많은 사람들이 어린아이들을 돈으로 사서 성적 쾌감의 대상으로 삼던 페도필리아(pedophillia, 미성년자에 대한 이상 성욕, 소아성애)를 지칭하는 것이었습니다. 오늘날 동성의 두 성인이 사랑의 관계를 가지고 지속적으로 살아가는 삶의 스타일을 염두에 둔 것이 아니라는 것입니다.

다른 한 가지는 어느 젊은이의 경우처럼, 자기의 동성애적 경향성을 발견하고 하나님께 매달리며 호소하고 제발 자기에게도 이성을 그리워할 수 있는 마음을 달라고 애원하는 신실한 그리스도인들이 많습니다. 이런 사람들을 두고 "마음에 하나님 두기를 싫어해서" 동성애자가 되었다고 말하기는 곤란하다는 것입니다. 물론 동성애자 중에는 성적으로 문란한 사람들이 있습니다. 그것은 이성애자 중에도 성적으로 문란한 사람들이 있는 것과 다를 바가 없습니다. 동성애자라고 모두 신앙을 버리거나 하나님과 등지고 산다고 생각하는 것은 무리라는 것입니다.

셋째, 결혼은 "생육하고 번식하라"는 하나님의 명령을 따라 자녀를 낳기 위한 수단인데, 동성끼리의 결혼은 이런 하나님의 명령을 수행할 수 없기에 안 된다고 하는 입장입니다. 이른바 '창조 질서'에 위배된다는 주장입니다. 그러나 이성 간에 결혼한 부부가 아기가 없다고 그 결혼을 포기하고 아기가 있을 때까지 계속 결혼해야 한다고 주장하는 사람이 있다고 상상해보십시오. 비록 결혼해서 자녀가 없어도 그 결혼은 신성한 것일 수 있습니다. 꼭 생육하고 번식하는 것이 절대적 기준이 될 수 없다는 뜻입니다.

다시 한번 말씀드립니다. 동성애를 반대하는 것, 자유입니다. 그러나 성경을 믿는 사람으로서 성경에 동성애를 금했기 때문에 금해야 한다는 말씀은 하시지 않았으면 좋겠습니다. 동성애를 반대하지 않는 사람이 반드시 성경을 믿지 않는 사람들이 아니기 때문입니다.

한 가지만 덧붙이면 지금 미국에서 기독교인들이 대거 교회를 떠나는데 그 이유 중 하나가, 미국의 종교사회학자 필 주커먼에 의하면 사회에서 받아들이는 성평등, 동성애, 낙태 등의 문제를 우파 정치가들과 합동으로 교회가 이를 반대하기 때문이라고 합니다. 이런 의미에서 한국 기독교가 동성애를 반대하는 것은 자기 무덤을 파는 일이 아닐까 하는 사람들도 있을 수 있을 것입니다.

오늘은 우선 이 정도로 그칩니다. 여러분의 성찰을 부탁합니다.

캐나다 연합교회
─ 열린 교회의 예

캐나다에는 '캐나다 연합교회(United Church of Canada)'라는 교단이 있습니다. 서양 기독교가 현재 어떻게 변하고 있는가를 보여주는 한 가지 좋은 예로, 한국 기독교인들에게 생각거리를 주는 이야기가 될 수 있지 않을까 여겨져 소개하고자 합니다.

캐나다 연합교회는 1925년 3분의 2는 장로교, 거기에 감리교와 회중교회가 연합하고, 1968년에는 복음주의 연합형제교회(Evangelical United Brethren Church)가 가입해서 형성된 캐나다 최대의 개신교 교단입니다. 한국인 이상철 목사님도 1988년 32차 총회에서 2년 임기의 총회장에 선출된 일이 있습니다.

캐나다 연합교회는 성경이 하나님의 영감을 받은 사람들이 쓴 것이지만 노예제도를 허용한 것 등 현대 생활과 맞지 않는 것을 그대로 다 받아들일 수 없다는 입장입니다. 성경 문자주의를 배격하고, '역사 비판적' 입장을 취합니다.

캐나다 연합교회는 하느님께로 가는 길이 여럿이라고 믿습니다. 연합교회가 모든 길을 다 안다고 할 수 없으므로 자기들만 진리를 독점하고 있다는 생각을 버리고 이웃 종교를 통해서도 하느님의 성령이 역사하신다는 것을 믿습니다. 종교다원주의를 주장하고 오래전에 일 년간을 교인들에게 종교 다원주의 홍보 기간으로 정하기도 했습니다.

이 교단은 여성들이 유산할 수 있는 권리를 인정합니다. 그러나 유산하지 않을 수도 있음을 알리기 위한 피임 방법, 성교육, 상담 등도 동시에 지원합니다.

1950년대 보편적 건강보험(universal health care)을 도입하고 중공 승인을 촉구하는 성명을 발표했습니다. 1980년에는 동성애자의 성직을 인정하고 혼전 성관계 허용을 제안했습니다.

1988년 총회에서 앞서 말한 것처럼 한국인 이상철 목사님이 총회장으로 선출되었습니다. 이 총회에서 "예수 그리스도를 믿는 신앙을 고백하는 사람은, 성적 지향과 관계없이 모두 캐나다 연합교회 교인이거나 교인이 되려 하는 것을 환영하고, 캐나다 연합교회 교인이면 누구나 목사 안수 대상자로 고려될 수 있는 자격이 있다"는 결의문을 채택했습니다. 이 결의문을 통해 동성애자인 남자나 여자도 목회를 할 수 있다는 것을 공식 선언한 것입니다. 이때 캐나다인 연합교회 교회뿐 아니라 캐나다 연합교회에 속해 있던 몇몇 한인 연합교회들도 교단을 떠났습니다.

1997년 36대 총회장에 선임된 빌 핍스(Bill Phipps) 목사가 신문 인터뷰에서 예수가 하느님의 아들이지만 우리도 하느님의 아들이다, 예수가 부활해서 우리 가슴속에 살아 계신다. 그러나 무덤에서 나와 걸어다녔다고 하는 것은 역사적이나 과학적 사실로 받아들일 수 없다고 했습니다. 연합교회 집행부에서는 자기들의 총회장이 어떤 생각을 가지든 아무 문제 될 것이 없다고 했는데, 일부 타 보수 교회에서 이를 문제 삼고, 특히 캐나다에 있는 한인 교인들이 놀라워했습니다.

《토론토 한국일보》에 어떻게 이런 이가 총회장은 둘째 치고 목사가 될 수 있는가 하는 식의 기고문이 계속 실렸습니다. 제가 이런 글을 보고 현재 서양에서 기독교가 어떻게 변해가고 있는가 하는 것을 말해주고 싶어 토론토와 밴쿠버 신문에 글을 쓰게 되었는데, 연재 도중 토론토 목회자들이 광고를 끊겠다고 신문사를 압박해 연재를 끝까지 할 수 없었습니다. 그러나 연재했던 글을 모으고, 거기 약간을 덧붙여 2001년 초반『예수는 없다』라는 책으로 낼 수 있었습니다.

우리가 지금껏 별생각 없이 상식적으로 알고 있는 것처럼 스웨덴인 장년같이 생긴 노란 머리와 파란 눈의 예수는 있을 수 없다. 육체적인 면뿐만 아니라, 예수의 이름으로 빌기만 하면 다 들어준다는 식으로 우리가 지금 믿고 있는 그런 가르침을 준 예수도 없다. 그럼 예수는 누군가? 같이 살펴보자 하는 내용을 담은 것이었습니다. 책이 나오자 한국 기독교계에 돌풍이 불어 저도 놀랐습니다. 2017년 개정판이 나왔는데, 빌 핍스 목사에 대한 자세한 이야기는 그 책에 나와 있습니다.

2005년에는 연합교회가 캐나다 국회에 동성 결혼을 허용하는 법을 제정하라고 촉구하여 통과되었습니다. 2014년에는 처음으로 동성애자 목사가 총회장으로 선출되었습니다.

2015년에는 그레타 보스퍼(Gretta Vosper)라는 연합교회 여성 목사가 자기는 무신론자라고 공언하여 교단 측에서 자격 여부를 두고 토의 끝에 2018년 목사직을 그대로 유지하도록 허용하는 결의를 했습니다. 물론 여기서 '무신론자'란 신에 대해 전통적으로 믿어오던 대로의 교리를 받아들이지 않는다는 뜻입니다.*

캐나다 연합교회도 현재의 세계적 탈종교화 현상에 따라 교인 수는 계속 줄어들고 있습니다. 1964년 100만 교인이었는데, 2018년 현재 40만 명에 조금 못 미칩니다. 많은 교인들이 말하자면 종교를 졸업한 상태라 볼 수 있지요. 저도 캐나다에 있을 때는 비정기적이긴 해도 밴쿠버 한인 연합교회에 나가고 있습니다.

최근 제가 존경하던 캐나다 한인 연합교회 장로님이 세상을 떠났습니다. 그 장례식에서 손자 여섯 명이 나와서 영국 비틀스 멤버였던 존 레넌의 〈이매진〉을 합창했습니다. 할아버지가 돌아가시기 전에 부탁하여 부른다고 했습니다. 놀랍게도 그 노래에 보면, "천국이 없다고 상상해 봐요. 해보면 쉬운 일이죠. 우리 아래에는 지옥도 없고 우리 위에는 오로지 하늘이 있을 뿐……. 뭘 위해 죽일 일도, 죽을 일도 없고, 종교도 없고, 모든 사람들 다 평화스럽게 살아가는 삶을 상상해봐요" 하는 노랫말이 나옵니다.

---

* 그가 쓴 책으로 『*With or Without God*』(2008)과 『*Amen: What Prayer Can Mean in a World Beyond Belief*』(2012)이 있습니다. 진보 기독교를 위한 캐나다 센터(Canadian Centre for Progressive Christianity)라는 단체의 센터장이기도 합니다.

연합교회 장로님이 손자들에게 이런 노래를 부탁했다고 하는 것은 연합교회의 성격 일부를 말해주는 것이라 할 수 있을 것입니다.*

* 캐나다 연합교회와 비슷한 교단으로 미국의 United Church of Christ, 호주의 Uniting Church in Australia가 있습니다. 캐나다 연합교회는 한국의 기장 교단과 유대가 강합니다.

성경이 역사적으로 정확하다면 그것은
오로지 우연일 뿐이다

캐나다 연합교회 이야기를 하니 노스럽 프라이(Northrup Frye, 1912-1991)라는 분이 생각났습니다. 프라이 교수는 캐나다 연합교단의 목사님이기도 하고 세계적으로 유명한 문학비평가 및 문학이론가로서 20세기 가장 영향력 있는 이 중 하나로 손꼽힙니다. 그의 수많은 저서 중 가장 많이 알려진 것은 『비평의 해부 *Anatomy of Criticism*』, 『성서와 문학 *Great Code: The Bible and Literature*』이라 할 수 있습니다. 캐나다 연합교회 목사로서 연합교회를 개방적인 교회로 만드는 데도 크게 공헌했습니다. 그가 한 유명한 말씀 한 구절을 인용합니다.

성경이 역사적으로 정확하다면 그것은 오로지 우연일 뿐이다. [역사적 사실을] 보고하는 것은 성경 저자들에게 전혀 관심 밖의 일이었다. 그들은 신화나 은유를 통해서만 말할 수 있는 이야기를 전해준 것이다. 그들이 쓴 것은 상상력(vision)의 원천이 되는 것이지 교리의 근거가 될 성질의 것이 아니었다.*

제가 계속해서 주장하는 것을 대신 말해주는 것 같습니다. 저는 성경뿐 아니라 모든 경전은 transformation(변혁)을 위한 것이지 information(정보)을 위한 것이 아니라고 강조합니다. 역사적 사실이나 과학적 정확성은 성경 저자들의 일차적 관심이 전혀 아니라는 것입니다. 예를 들어 피카소의 이상스러운 얼굴 그림은 인체 구조에 관한 생물학적 정보를 주려는 것이 아니라 보는 이들의 내면적 변화를 위한 것이라는 말입니다.

---

* When the Bible is historically accurate, it is only accidentally so. Reporting was not of the slightest interest to the writers. They had a story to tell which only could be told by myth and metaphor. What they wrote became a source of vision, not doctrine.

어느 학생의 변화

제가 좋아하는 신학자 마커스 J. 보그 교수(1942-2015)가 쓴 소설, 『*Putting Away Childish Things*(어린아이의 일을 버렸노라)』 (2011)를 요 며칠 재미있게 읽었습니다. 자신의 신학적 입장을 소설에 나오는 주인공의 입을 통해 부드럽게 표현하여 독자들이 스스로 현대 신학의 흐름을 체득하도록 도와주는 책입니다.

여기 나오는 주인공으로 에린이란 학생이 있습니다. 이 학생은 교내 보수주의 기독교 학생들의 동아리인 '더 웨이(The Way)'라는 클럽 회원으로, 그 클럽의 영향을 받아 이른바 근본주의 기독교인이 되어 있었습니다. 소설에서는 에린이 그 학교에서 종교학을 가르치는 케이트 라일리라는 교수의 강의를 들으면서 그동안 무비판적으로 받아들였던 이런 보수 신앙에서 점점 풀려나는 과정을 상세히 묘사하고 있습니다. 그 결정적인 단계를 소설에서는 대략 이렇게 그립니다.

에린은 라일리 교수의 강연을 들으면서 당연히 여겼던 것들이 조금씩 흔들림을 느끼며 혼란스러웠다. 라일리 교수의 말이 맞는 것 같기도 하지만, 보수 기독 학생 클럽 '더 웨이'에서 가르치는 것을 그대로 믿을 때 느낄 수 있었던 확신이 그대로 좋지 않았나 하는 생각도 들었다. 모든 것을 똑 부러질 정도로 분명하게 설명해주는 것, 자기가 구원받았다는 것을 확신하도록 하는 것, 그것을 고맙게 여기며 살아갈 수 있게 하는 것, 이런 것들이 정말로 마음 든든함을 가져다주는 것이 아닌가 하는 생각이었다. 그러나 더 웨이에서 모든 사람을 '구원받은 우리(us)'와 '우리와 똑같이 믿지 못하는, 그래서 구원받지 못한 그들(them)'이라는 두 범주로 나누는 것까지도 참을 만했다. 자기 부모와 동생이 이들이 말하는 '그들'에 속한다고 믿어야 하는 것이 마음에 걸리기는 했지만. (…)
이렇게 사람들을 두 범주로 나누며 마치 '전쟁하는 듯한 태도'로 임하는 보수 기독 학생들에 에린은 점점 진력이 났다. 그들은 더 많은 학생들을 자기들 모임에 끌어오게 해달라고만 기도할 뿐, 다른 학생들의 생각이나 의견에 전혀 귀 기울일 자세가 되어 있지 않았다. 자기들은 종교에 대해 모든 것을 다 알고 더 이상 다른 이들로부터 배울 것이 없다는 식이었다. 절대적 진리를 독점하고 있다는 태도가 역력했다. (…)
에린이 위험한 라일리 교수의 강의를 듣는 것을 못마땅하게 여기고, 더 웨이에서는 그녀를 보호한다는 명목 아래 감시병처럼 그녀를 감시하려고만 했다. 그러나 에린은 라일리 교수가 가르치는 것에서 자기가 의문시했던 많은 것들이 해결되는 느낌이었다. 도저히 그 교수를 진리에 대적하는 원수로 여길 수가 없었다. 결국 라일리 교수가 가르치는 것처럼 기독교인이 되는 길도 여럿이라는 것, 성경을 문자 그대로 받아들일 필요가 없다는 것, 세상을 우리와 그들로 양분할 필요가 없다는 것 등을 깨닫게 되었다.(110~111 쪽)

여기서도 볼 수 있듯 보수 기독교는 그리스도인의 삶을 아군과 적군으로 나누어 싸우는 싸움으로 보고 이 싸움에서 이기는 것이 그리스도인이 쟁취해야 할 승리의 삶이라 여깁니다. 이른바 '승리주의'적 접근입니다. 삶이 각박하지 않을 수 없습니다.

시간이 되시면 이 책을 읽어보시기를 권합니다. 라일리 교수의 강의실에 들어가 있는 듯한 기분이 들 것입니다. 저는 많은 경우 제 경험을 이야기하는 듯하여 아주 재미있게 읽었지요. 물론 라일리 교수의 강의를 통해 기독교의 더 깊은 뜻을 알게 되기도 합니다.

제가 캐나다 대학교에서 가르칠 때 제 강의들은 거의 다 들었던 에린이라는 여학생이 있었는데, 이 소설의 주인공과 이름이 같아서 책을 읽으면서 계속 그 얼굴이 떠올랐습니다. 이 학생(지금은 아이 엄마가 되었지만 제 머릿속에는 아직도 학생입니다^^)도 졸업할 때 제 강의 덕으로 삶이 바뀌었다고 하는 글을 새겨 넣은 조그만 기념패를 주기도 했습니다.

동방으로부터의 선물

크리스마스가 가까워지면 토머스 머튼(Thomas Merton)이 크리스마스에 관해 한 이야기가 생각납니다. 머튼은 가톨릭 트라피스트 봉쇄수도원 수도사로서 20세기 미국의 가장 사랑받은 종교 사상가 중 한 분입니다.

성경에 보면 예수님이 탄생했을 때 동방에서 박사들이 찾아와 황금과 유향과 몰약을 선물로 주고 갔다는 이야기가 나옵니다. 이 이야기에 따르면 그들이 떠난 뒤 주의 천사가 요셉의 꿈에 나타나 헤롯이 아기를 찾아 죽이려 하니 아기와 어머니를 데리고 이집트로 피하라고 했는데, 세 식구는 헤롯왕이 죽기까지 거기에서 살았다고 합니다.(마 2:13-15)

머튼은 이 이야기를 확대해 이 세 식구가 이집트에서 어떻게 살았을까 의문을 갖습니다. 문맥적으로만 따지면 분명 동방 박사들이 갖다 준 그 값비싼 선물을 팔아서 생계를 유지했을 것이라 봅니다.

머튼은 예수님이 탄생했을 때 동방에서 온 선물이 그리스도교 발생에 도움을 주었던 것처럼, 2000년이 지난 오늘 그리스도교가 새롭게 활기를 되찾으려면 다시 동방으로부터 선물이 와야 하는데, 그것이 선(禪)불교와 노장(老莊)사상 같은 동양의 정신적 유산이라고 역설했습니다. 그리스도교뿐 아니라 "인간과 그 문명 자체를 위협하는 비극을 촉진시키는" 일을 늦추기 위해서라도 동양의 정신적 유산을 진지하게 받아들여야 할 것이라고 경고했습니다.

여기서 말하는 동양의 정신적 유산이란 역사적 불교나 도교를 의미하는 것이 아니라 이런 역사적 종교를 배출하게 된 인류의 보편적 영적 바탕인 "명상과 침묵과 신비적 체험 속에서 만나는 '신 너머의 신'에 대한 체험" 같은 종교 심층을 의미하는 것입니다. 크리스마스 즈음에 다시 곰곰이 생각할 문제가 아닌가 생각합니다.

2　　　　　　　팬데믹 시대의 종교를

생각하며
*

신이 문제다

옛날에는 신(神)이 문제를 해결해준다고 믿었습니다. 그런데 요즘엔 신 자체가 문제입니다. 무슨 소리냐고요?

요즘 코로나19 바이러스가 창궐하고 있는 판에 바이러스의 전파를 방지하기 위해 예배를 자제해달라는 당국의 요청에도 불구하고 고집스레 일요 예배 집회를 계속하겠다는 종교단체들이 있는데, 그들의 주장은 하나님이 자기를 예배하러 모인 사람은 병이 걸리지 않게 보호해준다는 것입니다. 이런 식으로 믿는 하나님 때문에 바이러스가 걷잡을 수 없이 퍼지면 결국 하나님이 문제인 셈 아닌가요?

저는 종교학자로서 그동안 여기저기 글이나 강연을 통해 신이 문제라는 이야기를 하고 있었습니다. 그런데 지금까지 신이 문제가 되는 주된 이유가 신이 병을 퍼뜨리는 일과 관련되리라

---

* 코로나19 팬데믹 시기를 다루는 이 부의 글들은 2020년 3월부터 2021년 12월까지 쓰인 것이다.

생각해본 적은 없었습니다. 요즘 보니 신에 대한 이런 과잉 신뢰가 바이러스를 퍼트리는 원인이 된다는 것을 새로이 발견한 셈입니다. 맹신, 광신, 미신이 따로 없습니다.

신이 문제인 다른 이유들이 있습니다만 오늘은 '하나님' 때문에 바이러스가 퍼진다는 이 점 하나만을 부각하고 싶네요. 그렇지만 한 가지만 덧붙입니다.

미국 성공회 주교였던 존 셸비 스퐁 신부는 『믿을 수 없는 것들』이란 책에서 기독교에서 버려야 할 교리 11가지를 열거하는데, 그 첫째가 종래까지 믿던 유신관(theism)이라고 강조합니다. 그에 의하면 신에 대한 이런 옛날식 설명 방법을 고집하면 기독교 자체도 망한다고 합니다. 그가 전에 쓴 책 제목이 『기독교 변하지 않으면 죽는다Why Christianity Must Change or Die』입니다. 기독교 자체가 망하는 것도 문제지만, 이런 인습적이고 맹목적인 믿음에 집착하는 종교 때문에 나라 자체가 망하는 것이 더 큰 문제가 아닐까 여겨집니다.

한 가지 덧붙입니다.

인도에 코로나19 확진자가 매일 30만 명 이상 나온다고 합니다. 여러 가지 이유가 있겠지만 그 중요한 요인 중 하나는 '쿰브 멜라'라는 축제에 수많은 인파가 몰려들어 어울린 것이라고 하네요. 저도 몇 년 전에 '경계너머, 아하!' 재단 친구분들과 함께 갠지스 강가에서 이루어지는 이 종교 행사에 가본 적이 있지만 군중들이 그야말로 인산인해를 이룰 정도로 입추의 여지 없이 꽉 차서 신의 이름을 무한 반복하여 불러댑니다.

어제 인터넷에 보니 거기 참석한 한 사람이 카메라 앞에서 호기롭게 "신이 우리를 보호해주실 것"이라고 외치고 있었습니다. 한국에서 기독교 집회를 하며 신이 우리를 보호해주리라고 하는 믿음이 인도에도 그대로 있는 셈입니다. 확실한 사실은 한국에서 떠받드는 신이나 인도에서 떠받드는 신이나 코로나19 확산을 저지하는 데는 무력하거나 적어도 무관심한 것이 확실한 것 같습니다.

신이 왜 문제인가?

이렇게 심각한 코로나 사태에도 불구하고 종교 집단이 집회를 강행하는 이유가 신이 자기들을 보호해준다고 말은 그렇게 하지만, 사실은 헌금 같은 문제 때문이 아니겠는가 추론하는 분도 있습니다. 그럴 수도 있을 것입니다. 그러나 속내는 헌금이나 다른 무엇일지라도 앞에 내세우는 이유는 신이 우리와 함께하므로 무서울 것이 없다는 식이니 결국은 신이 문제가 되는 셈이겠지요. 사실 이런 종교 집단의 지도자들 중에 정말 신이 자기들을 바이러스로부터 보호해준다고 믿는 이들이 몇 명이나 될까요? 만일 자신도 믿지 않는 것을 신도들에게 맹신하도록 강요하는 것이라면 이는 일종의 혹세무민이겠지요. 이렇든 저렇든 지금은 집회를 중단하겠다는 단체가 늘어났다니 그래도 다행이라 생각합니다.

또 다른 질문은 전지전능한 신이 있는데 왜 이런 병이 돌도록 하는가입니다. 이 질문은 기독교 신학에서 가장 곤란한 문제입니다. 이런 문제를 다루는 것을 신은 언제나 옳다는 뜻으로 신정론(神正論, theodicy)이라고도 하고, 신을 변호한다는 의미에서 변신론(辯神論)이라고도 합니다. 이 문제와 관련하여 여러 이론이 있지만 결국은 전지전능하여 인간사 모든 일에 관여하는 '관여하는 신(interventionist God)'을 상정하는 한 풀리지 않는 문제입니다. 궁극적 문제 해결법은 신이니 마귀니 하는 구시대적 발상이나 개념을 깨끗이 던져버리는 것입니다. 문제 아닌 것을 문제로 붙들고 있을 필요가 없습니다.

지난번에 신을 맹목적으로 잘못 믿으면 곤란한 이유가 몇 가지 있다고 말씀드렸는데, 역사상 신의 이름으로 자행된 무수한 죄악들을 열거하는 대신, 여기서는 우리하고 직접 관련 있는 한두 가지만 지적해볼까 합니다.

첫째, 신이 있으면 스칸디나비아 같은 복지국가가 되기 어렵습니다. 신을 믿는 국가에서라면 가난한 사람이 있을 경우 그 사람이 가난한 것은 신을 잘못 믿어서 신의 축복을 받지 못한 까닭이라 여깁니다. 신이 그렇게 한 것을 우리 인간이 어떻게 하겠느냐 하는 생각이 들기 쉽습니다. 어쩔 수 없이 복지 문제를 등한히 할 수밖에 없겠지요.

반대로 만약 신이라는 것을 믿지 않는 나라라면 가난한 사람이 있을 경우 뭔가 우리 사회 시스템에 문제가 있다고 여기고 그 시스템을 바꾸려 노력할 것입니다. 자연히 복지 문제에 신경을 쓰게 되겠지요.

같은 논리로, 신을 믿는 국가에서는 부정한 방법으로 부자가 된 사람을 보고도 그것이 신의 축복이라 생각하고 눈감아 주기

십상입니다. 더욱이 불의하게 번 돈의 일부를 교회나 절에 갖다 바치면 신심이 돈독한 신도로 특별대우까지 받게 됩니다. 많은 목사님들과 기독교인들이 국제적으로 여러 가지 지탄을 받고 있는 미국 정부를 두고도 미국이 잘사는 것이 신의 축복 때문이라 생각하는 것도 같은 맥락입니다. 한발 더 나아가 예수 믿는 나라는 신의 축복으로 잘살고 예수 믿지 않는 나라는 신의 축복을 못 받아 잘 못 산다는 왜곡된 시각을 가지게 됩니다.

둘째, 앞에서도 이야기했습니다만, 모든 것을 신과 연결시키면 학문의 발달이 어렵습니다. 어려운 문제가 있을 때마다 신이 등장하도록 하면 문제가 해결될 수 없습니다. 예를 들어 왜 세계 경제가 이런가 하는 문제가 제기되었을 때 그것이 신의 뜻이기 때문이라고 하면 수요공급이니 뭐니 하는 경제학적 이론이 들어갈 틈이 없어집니다. 진화론이나 지질학, 천문학 같은 과학 분야는 더 말할 것도 없습니다. 과학의 발달은 이런 현상을 설명하는 데 신의 개입을 거절한 결과라 할 수 있습니다.

사실 엄격히 말하면, 신이 문제라기보다 신에 대한 인간들의 낡은 생각이 문제입니다. 초자연적인 존재로서의 신을 상정하고 세상의 모든 일을 설명하려고 했던 과거의 인습적 시각이 문제입니다. 이런 식으로 어디에나 신을 갖다 붙여서 해결하려는 것을 '데우스 엑스 마키나(deus ex machina)'라 하기도 하는데, 중세 연극에서 이야기의 흐름이 잘 맞지 않을 때 갑자기 신을 등장시켜서 이야기를 전개하는 것을 일컫습니다. 이런 신을 아직도 그대로 믿고 있는 것이 문제라는 말입니다.

한 가지 덧붙이고 싶습니다. 제가 최근에 알게 된 종교 가운데 성덕도(聖德道)라는 한국 종교가 있습니다. 1952년에 시작된 이 종교에서 열심히 송독하는 『자성반성 성덕명심도덕경(自性反省 聖德明心道德經)』이라는 작은 책자에 보면 "천지지간에 사람이 만물의 영장이므로 우주 만상물을 능히 지배하고 조성할 수 있다"고 하여 우주와 인간사에 초법적으로 관여하는 초자연적 존재로서의 신을 부정합니다. 이런 존재를 생각한다면 이는 우상이니 "우상을 위하고 허공에 명복과 소원성취를 비는 것은 사리사욕에 이끌려 발원 예배함이니" 이런 "미신을 타파합시다"(24쪽)라고 주장합니다. 놀라운 일입니다.

사실 성덕도뿐 아니라 초자연 존재로서의 신을 믿는 사람들이 급격히 줄어들고 있습니다. 지금 구미에서 가장 급속히 자라는 종교 현상은 재래 종교의 가르침에서 벗어나는 탈종교화, 무종교, 무신론 현상이라 할 수 있습니다.

그럼 어떻게 해야 할까요? To believe or not to believe, that is the question. 믿을 것이냐 믿지 말아야 할 것이냐, 그것이 문제로다!

좀생이 하느님?

『도덕경』의 제5장에 보면 이런 말이 나옵니다.

　　하늘과 땅은 편애하지 않습니다.
　　모든 것을 짚으로 만든 개처럼 취급합니다.
　　성인도 편애하지 않습니다.
　　백성들을 모두 짚으로 만든 개처럼 취급합니다.*

　　하늘과 땅, 그리고 하늘과 땅을 따르는 성인, 따라서 이들로 대표되는 도(道)는 편애하지 않는다고 합니다. 인간적인 감정에 좌우되어 누구에게는 햇빛을 더 주고 누구에게는 덜 주는 따위의 일은 하지 않는다는 뜻입니다. 이것은 예수님이 하신 말씀과 같습니다. 예수님도 하느님은 의인의 밭이나 악인의 밭이나 다 같이 햇빛과 비를 주신다고 했습니다.

　*　天地不仁 以萬物爲芻狗. 聖人不仁 以百姓爲芻狗.

도(道)는, 또는 하느님은, 이처럼 한결같을 뿐입니다. 따라서 도를 향해, 하느님을 향해, 나를 더 사랑해 달라고 조르거나 간구할 수도 없고 그럴 필요도 없습니다.

한국의 많은 기독교인들은 하느님이 자기들만을 특별히 더 사랑한다는 믿음을 가지고 있습니다. 이런 믿음 때문에 코로나 바이러스에도 불구하고 예배를 드려도 하느님이 보호해주시니 겁낼 것 없다고 생각합니다. 그러나 대면 예배를 강행하다가 집단 감염에 희생된 경기도의 어느 교회의 경우에서 보듯이 이런 믿음은 올바른 믿음이 아닌 것이 분명해집니다. 그 교회 목사님은 기도를 통해 병을 고치는 치유 능력까지 가지고 있다고 합니다.

이런 식의 믿음이 올바른 믿음이 아니라는 것을 극히 상식적인 차원에서 한번 생각해볼 일입니다.

자녀 다섯 명을 가진 아버지가 있다고 합시다. 그중 둘째 아들이 병이 났습니다. 그러면 그 아버지는 그 아들이 지금까지 자기에게 얼마나 효도했는가, 또 얼마나 열렬히 낫게 해달라고 자기에게 애원하는가에 상관하지 않고 무조건 그 아들을 병원으로 데리고 갈 것입니다.

이렇게 지상의 아버지마저 아들이 병들면 이것저것 따지지 않고 무조건 아들의 병이 낫도록 하려고 하는데, 어찌 우주를 다스리는 하느님이 자기를 열심히 믿는 사람, 자기에게 열렬히 기도하는 사람인가를 따져보고 그런 사람만 낫게 해주실까요. 만약 자기를 열심히 믿고 열렬히 기도하는 사람만 고쳐주는 하느님이라면 이런 하느님은 좀생이 하느님으로 인간의 경배를 받을 자격이 없을 것입니다.

한 걸음 더 나가 하느님이 전지전능하다면 왜 처음부터 병에 걸리지 않게 해주시지는 않는가 물어볼 수도 있을 것입니다.

지금 같은 비상사태를 맞아 우리가 가지고 있는 신관이 올바른가 다시 살펴볼 필요가 있을 것입니다. 하느님은 사랑이라고 했습니다. 인력(引力)이 없으면 살아갈 수 없습니다. 그 인력이 모든 사람에게 차별 없이 적용되듯 하느님의 사랑도 누구에게나 한결같이 다 주어집니다. 나만 사랑해달라, 내 교회만, 내 종교만 사랑해달라 조르고 그렇게 해줄 것이라 믿는 것은 하느님을 옹졸한 좀생이 하느님으로 만드는 것 아닐까 여겨집니다.

그리스도인들의 '얌체 감사'

우리가 살아가는 데 감사하며 사는 삶이 얼마나 아름다운가 하는 것, 모두가 다 수긍하는 주지의 사실입니다. 그런데 감사하는 것도 조심해서 해야 할 필요가 있다고 생각되어 두어 자 적어봅니다. 잘못하면 감사하는 것도 '얌체 감사'가 될 수 있기 때문입니다.

예를 들어 타이타닉호가 침몰할 때 구명선을 얻어 타고 멀찌감치에서 배가 가라앉는 것을 바라보며, 하늘을 향해, "하나님, 제가 무엇이관데 저를 이렇게 사랑하셔서 살려주시나이까? 감사할 따름입니다" 하고 자기가 살아남았음을 다행으로 여기고 감사하고만 있다면.

기사가 운전하는 고급 외제차 뒷자리에 편안히 앉아서 길을 가는데 길옆에서 먼지를 쓰고 힘겹게 공사를 하고 있는 사람들을 보면서 "내가 저런 사람들처럼 되지 않고 이처럼 편안을 누리도록 축복하신 하나님 감사합니다" 하면서 자기의 현재 상태를 감사하고만 있다면.

코로나19 때문에 온 세계가 고생하고 심지어는 목숨을 잃는 사람들을 보면서, "저와 저의 가족을 이렇게 지켜주시니 하나님 감사할 뿐입니다" 하거나, "하나님, 당신의 자녀들이 많은 이 나라를 특별히 사랑하셔서 코로나 바이러스가 잦아들게 하시니 감사할 따름입니다" 하고 자기가, 혹은 우리나라가 받는 축복만을 감사하고 있다면.

참된 종교인이라면 감사만 하고 앉아 있는 사람이 아니라 자비를 실천하는 사람 아닐까요. 자비라는 말의 영어 낱말은 'compassion'입니다. 어원적으로 보면 '함께(com) 아파함(passion)', 즉 '공감능력'입니다.

고생하고 있는 이웃이나 이웃 나라에 마스크를 나누어주거나 검진 키트를 보낸다고 야단치며 자기들의 안전만을 생각하고 안전함을 감사하는 이런 감사가 바로 '얌체 감사'가 아닌가 합니다.

그리스도인들이 자신들의 주장처럼 진정으로 사랑의 하나님을 믿는다면 그 하나님께 감사하기 전에 도대체 왜 이런 병이 돌도록 허하시는가 한번 따져보고, 온 세계가 이런 난국에서 벗어날 수 있도록 부탁해야 하는 것이 순서일 것입니다.

기도의 목적

미국 버지니아주의 스프래들린이라는 어느 복음주의 목사는 "하나님을 믿으면 면역성이 생긴다"는 믿음으로 코로나19 바이러스를 대단하게 여기지 않고 음악 선교 축제에 참가했다가 감염되어 사망했다고 합니다. 그러나 이 미국 목사 역시 감염되지 않도록, 그리고 감염된 후에도 열심히 기도했으리라 생각합니다.

미국 뉴저지주 뉴어크 성공회 주교였던 존 셸비 스퐁 신부가 쓴 『믿을 수 없는 것들』이라는 책 마지막 부분에 '기도'에 관한 이야기가 나와서 나누고 싶습니다. 저도 기도에 대해 이런저런 글을 쓴 바가 있지만 스퐁 신부가 자기 자신의 경험을 통해 일러주는 이 구체적인 이야기는 기도에 대한 우리의 생각을 더욱 실감나게 되씹어 보도록 해준다고 여겨지기 때문입니다.

1981년 12월 스퐁 신부의 부인이 유방암 진단을 받았습니다. 의사는 앞으로 2년 정도 살 수 있을 것이라고 했습니다. 그 당시 스퐁 신부는 여러 권의 베스트셀러 책도 내고 또 동성애자를 비롯한 성소수자를 교회와 사회에서 전적으로 받아들여야 한다는 성소수자 옹호 운동도 열심히 하여 신문과 텔레비전에 자주 등장하는 유명인이었습니다. 이 때문에 그 부인의 유방암 소식은 금방 사방으로 퍼져나가게 되었습니다.

그러자 여기저기에서 스퐁 부인을 위한 기도 모임들이 생기고 그녀를 위해 기도하겠다고 알려왔습니다. 스퐁 신부 자신은 이런 식의 기도가 기계적인 효과를 가져 오는 것이 아님을 잘 알고 있었지만 이것이 자기 부인에 대한 사람들의 관심과 사랑의 표시라 생각하고 구태여 거부할 필요를 느끼지는 않았습니다.

그럭저럭 의사가 예측했던 2년이 지났습니다. 그러자 기도 모임 사람들은 스퐁 부인이 두 해를 넘긴 것이 자기들이 하느님께 기도해서 하느님이 마귀의 권세를 물리친 덕택이라 주장했습니다.

스퐁 신부는 생각했습니다. 뉴어크의 쓰레기 수거인의 부인이 암에 걸렸다면 그 부인을 위한 기도 모임들이 있지 않았을 것이고, 그렇다면 그 부인은 자신의 부인보다 더 빨리 죽어야 하는 것인가 하는 데 생각이 미쳤습니다. 하느님의 치유의 손길이 환자가 유명인의 부인인가 아닌가 하는 신분의 차이에 따라 달라진단 말인가?

스퐁 신부는 결론을 내렸습니다. 하느님이 이런 식으로 사람을 차별하여 병을 고쳐주는 신이라면 자기는 당장 무신론자가 되고 말 것이라고. 유명 인사라서 많은 사람들이 기도해주기 때문에 생명을 연장해주고, 기도해주는 사람이 없는 가엾은 쓰레기 수거인 부인의 생명은 모른 채 방치하는 그런 '변덕스러운' 신이라면 그 신은 악신일 수밖에 없다고.

스퐁 신부는 물론 기도가 우리의 소원을 성취하는 도구라 여기는 유아적 생각을 거부합니다. 그에게 있어서 진정한 기도란 "신의 임재를 실천하는 것, 초월을 끌어안는 행동, 그리고 살아 있음, 사랑함, 존재함의 선물들을 다른 이들과 나누기를 훈련하는 것"*입니다.

* "Prayer to me is the practice of the presence of God, the act of embracing transcendence and the discipline of sharing with another the gifts of living, loving and being."(254쪽)

팩트 체크

요즘 팩트 체크(fact check)라는 말이 유행합니다. 실수나 오해나 편견이나 선입견이나 고정관념이나 일반화나 잘못된 통계 등으로 인해 사실과 다른 기사가 난무하고, 더욱이 일부러 악의적으로 만들어내는 가짜 뉴스가 횡행하기 때문일 것이라 생각합니다. 2018년 출간된 스웨덴 작가 한스 로슬링(Hans Rosling)의 책 『팩트풀니스*Factfulness*』는 우리가 세상을 잘못 보는 이유 열 가지를 차근차근 잘 지적하고 있습니다.

팩트 체크, 좋은 말이지만 여기에 덧붙일 것이 있어 두어 자 적어봅니다.

불교에는 우리가 괴로움(苦)을 없애기 위해서 실천해야 할 '여덟 겹의 바른 길', 이른바 팔정도(八正道)라는 가르침이 있습니다. 그 여덟 갈래 중 세 번째에 정어(正語)라는 것이 있는데, 말을 바르게 하라는 것입니다. 네 가지 바르지 못한 말, 곧 거짓 말, 모함하는 말, 거친 말, 쓸데없는 말을 하지 말라고 합니다. 긍정적으로 진실한 말, 시의적절한 말, 남에게 용기를 주는 말을 하라고 합니다.

여기서 특히 주목하고 싶은 것은 비록 팩트 체크를 하고 팩트에 부합하는 말이라도 그것이 사람들 사이에 '불화와 증오'를 가져오는 말이라면 올바른 말이 안 된다는 가르침입니다. 친구 A가 친구 B에 대해 욕하는 것을 들었습니다. 내가 친구 B에게 가서 친구 A가 너한테 욕을 하더라고 일러준다면, 그것이 팩트이고 정말이라 하더라도 이 때문에 둘 사이가 멀어지면 그것은 바른 말이 되지 못한다는 것입니다. 결국 어떤 말이 바른 말이냐 바르지 못한 말이냐를 판가름하는 기준은 그 말로 인해 화해와 평화의 따뜻함이 생기느냐, 혹은 불화와 반목의 싸늘함이 생기느냐에 달려 있다고 할 수 있습니다.

요즘 한국 미디어나 정치계 사정을 보면 팩트가 아닌 바를 퍼뜨리는 것은 말할 것도 없고 팩트에 가깝다 하더라도 어떻게든 개인과 단체 사이에 분란과 미움을 불러일으킬 말만을 골라서 하고 있는 것이 아닌가 하는 인상을 깊이 받습니다. 이것도 팩트 체크에 걸리는 말일지 모르겠네요. 아무튼 정치계에서 이런 막말 경쟁이 조금이라도 줄어들었으면 좋겠다는 생각입니다.

이와 관련하여 특히 한 가지 더 지적하고 싶은 것이 있습니다. 제가 잘 아는 기독교인 친구가 가끔씩 이메일을 보내오는데 어떻게 누가 봐도 명백한 가짜 뉴스를 그렇게 철석같이 믿고 퍼트리는가 놀라울 따름입니다. 예를 들어 코로나 바이러스를 한국의 어느 정치 지도자가 정치적 목적으로 중국의 정치 지도자와 합작으로 만들어 퍼트렸다는 식입니다.

더욱 경악을 금할 수 없는 것은 현재 한국의 가짜 뉴스 상당수의 발원지가 바로 상당수 기독교 교회들이요, 그것이 그 교회 교인들을 통해 널리 퍼지고 있다는 사실입니다. 기독교인들이 금과옥조로 여기는 십계명에도 "네 이웃에 대하여 거짓 증거하지 말라"는 조항이 있는데도 어떻게 이런 거짓 증거를 하는지 불가사의입니다. 불화를 일으키는 말을 삼가는 것은 고사하고 우선 자기들이 퍼뜨리는 말들을 대략이라도 팩트 체크해줬으면 하고 바라는 것은 그들에게 너무 큰 것을 바라는 어리석음일까요?

코로나 바이러스는 하느님의 벌이다?

최근 어느 유튜브를 봤더니 개신교 목사님들이 잔뜩 나와 역병은 하느님이 주시는 벌이라고 하면서, 우한에서 코로나 바이러스가 생긴 것은 시진핑이 기독교를 박해하고 한국 선교사들을 추방한 까닭이라 역설하고 있었습니다. 유대인의 히브리어 성경(기독교의 '구약')에 보면 분명 역병이 하느님이 내리시는 형벌이라는 말이 나옵니다. 그러면 우리는 그것을 문자 그대로 믿고 중국과 시진핑을 욕하고 있어야만 하는 것일까요?

예수님 당시 간질병이 있었습니다. 성경에는 분명 그것이 '귀신 들린 것'의 결과라고 했습니다. 간질병이 뇌세포의 화학적 이상에서 오는 질병이라는 현대 의학을 무시하고 성경의 진단을 오늘날에도 그대로 믿어야 할까요?

옛날 미국 어느 시골 교회에 가끔씩 벼락이 떨어졌습니다. 교인들은 교인 중에 죄를 지은 사람이 있기 때문에 하느님이 벌을 내린 것이라고 믿었습니다. 그러다가 피뢰침이 설치되었습니다. 벼락 떨어지는 일이 없어졌지요. 이 경우 하느님이 죄 지은 사람이 있어도 벌을 주지 못하게 된 것인가요?

성경에 나와 있다고 그 말의 전후 문맥이나 역사적 사정을 고려하지 않고 그것을 모두 문자 그대로 진리라고 믿어야 하는가 물어보지 않을 수 없습니다. 성경에는 노예제도를 묵인하는 것, 남녀차별을 당연시하는 것, 일부다처제를 용인하는 것, 인권을 무시하는 것, 돼지고기나 바닷가재 등은 먹지 말라는 것, 인종차별을 종용하는 듯한 것, 아들을 제물로 바치는 것, 입다의 경우처럼 딸을 죽이는 것, 장애인은 성전에 접근하지 말라는 것 등등 요즘의 고양된 가치관이나 의식구조로는 받아들일 수 없는 내용들이 아주 많습니다. 이런 말들이 성경에 있다고 해서 무조건 그대로 인정해야만 하는 것일까요?

해방신학자들은 'ethical hermeneutics'라는 말을 합니다. '도덕적 해석학'이라고 할까요. 예를 들어 성경에 인종차별을 조장하는 말이 있어도 그것이 오늘날의 윤리 도덕 기준에 맞지 않으면 그대로 적용해서는 안 된다는 것입니다. 이 문제를 쉽게 이해하기 위해 오래전에 썼던 칼럼 하나를 옮겨 옵니다.

문자주의의 극복–청개구리

어떤 그리스도인들은 자기들의 생각과 맞지 않는 말을 하는 사람들을 보면 "성경은 그렇게 말하지 않는다", "그건 성경적이 아니다" 하는 식의 말을 많이 합니다. 그러면서 자기들은 성경을 문자 그대로, 곧이곧대로 따르는 '성경 신봉자'라 자부합니다. 영어로 'Bible believers'라는 것입니다.

이런 사람들을 만날 때마다 미안하지만 청개구리 이야기가 생각납니다. 평소 부모 말에 거꾸로만 하던 청개구리. 부모가 죽으면서 산에다 묻어달라고 하면 뭐든 거꾸로만 하던 자식이 자기들을 강가에다 묻을까 두려워 산 말고 강가에다 묻어달라고 했습니다. 그런데 청개구리는 부모가 죽자 그제야 자기의 평소 행동을 후회하고, 드디어 부모의 말씀 그대로 강가에 묻어드립니다. 그러고는 비가 와 강이 넘칠 것 같으면 걱정하느라 아들 손자 며느리 다 모여 개골개골 운다는 그 이야기입니다.

이 이야기에 나오는 청개구리는 이중으로 맹꽁이입니다. 첫째, 부모가 왜 자기들을 강가에다 묻어달라고 했는지 그 말의 전후 문맥과 사정을 고려했어야 합니다. 그런 것도 모르고 무조건 문자 그대로 강가에 묻어드린 그 청개구리는 그야말로 맹꽁이.

둘째, 아무리 부모가 강가에다 묻어달라고 했어도 비가 내리면 그 강물이 어떻게 되고 그러면 자기 부모의 무덤이 어떻게 되겠는가 하는 것쯤은 예상할 줄 알아야 했습니다. 그런 밑그림도 그려보지 못하고 무조건 부모의 말을 액면 그대로 받아들여 부모를 강가에다 묻어드린 그 청개구리는 그야말로 또 맹꽁이.

성경이 이렇게 하라 했다고 그 말의 전후 사정도 알아보지 않고, 그런 말씀이 쓰인 역사적이나 사회적 사정도 고려하지 않고 문자 그대로 받아들이는 것, 그리고 그 말을 그대로 따랐을 때의 결과도 고려하지 않고, 그 말을 무조건 그대로 따르는 것.

그렇게 행동을 하거나 이를 강요한다면 우리는 결국 그 곱빼기 맹꽁이 청개구리의 후손이 되는 셈입니다.

늙으신 부모님들이 "그저 나이 들면 죽어야 해"라고 하시는 말씀을 곧이곧대로 듣고 이제 부모님이 돌아가시기를 원하나 보다 여기는 자식이 있을까요? 자기 동생이 감기 들어 학교 가지 않는 것을 본 오빠가 "나도 감기 들었으면" 하는 말을 듣고 자기 아들은 감기 들기 원하는 놈이라 생각하는 아비가 있을까요? 있다면 그런 자식이나 아비는 청개구리와 마찬가지겠지요. 모두 이런 현상 너머에 있는 뜻을 알아차리는 '현상학적 접근법 (phenomenological approach)'을 모르는 사람들입니다.

부모님이 그런 말을 하실 때는 '이놈들아 나에게 더 큰 관심을 가져라' 하는 뜻이 들어 있음을 알아차리고, 아이가 그런 말할 때는 학교에서 무슨 문제가 있는 것이 아닌가 짚어볼 줄 알아야 합니다. 영어로 하면 "What you say is not always what you mean(말하는 것과 뜻하는 바가 언제가 같은 것은 아니다)"입니다.

제 어머니는 102세로 돌아가시기 전까지 성경을 일 년에도 몇 번씩 통독하셨습니다. 읽으시면서 "성경에도 얄궂은 말이 만테이" 하는 말씀을 자주 하셨습니다. 그러면서도 신앙에 흔들림이 없었습니다. 어머님께서도 무의식적으로나마 일종의 '도덕적 해석학'이나 '현상학적 접근법'을 적용하시며 읽으셨다는 뜻이라 여겨집니다.

코로나19 이후

연호로 보통 쓰이는 것은 잘 알고 있듯이 다음과 같습니다.

　　B.C. = Before Christ

　　A.D. = Anno Domini (라틴어로 주님의 해, in the year of our Lord)

　　이것을 한국 기독교에서는 주전(主前) 주후(主後)라 합니다.

유대인들을 비롯하여 비그리스도인들은 예수를 중심으로
하는 이런 연호들이 불공평하다고 하여 요즘 모든 학술지에서
는 B.C.와 A.D. 대신 다음을 사용합니다.

　　B.C.E. = Before Common Era

　　C.E. = Common Era

　　연도는 동일합니다. A.D. 2022는 C.E. 2022입니다.

최근에는 코로나19의 역사적 의미를 생각하여 다음과 같은

연호를 쓰는 것이 어떠냐 하는 사람도 있습니다.

> B.C. = Before Corona (2018년이 B.C. 1년이 됩니다.)
> A.C. = After Corona (2019년이 A.C. 1년, 2020년이 A.C. 2년)

재미있는 발상이지만 채택될 가능성은 없겠지요. 그러나 그만큼 코로나19가 역사적으로 획을 그을 사건이라고 생각하는 사람이 많다는 이야기입니다.

오늘 불교 계통의 《법보신문》에서 인터넷 인터뷰 요청이 있어 몇 가지 질문에 답을 해 보냈는데 그중 두 가지 질문에 대한 답을 여기 옮겨봅니다.

질문: 코로나19가 종교계에 어떤 영향을 미칠까요?

대답: 코로나19를 물리치는 데 종교에서 신봉하는 초자연적인 힘이 도움을 줄 수 없다는 사실을 실감함에 따라, 빌어서 모든 것을 해결하겠다는 기복 신앙이 크게 위축되지 않을까 생각됩니다.

질문: 코로나 19 이후 불교계가 바뀌어야 할 게 있다면?

대답: 이번 사건을 계기로 불교가 기복 일변도의 종교라는 인상을 벗고 깊은 종교 체험을 중심으로 하는 종교로, 그리고 사회 문제에 적극적으로 참여하는 종교로 환골탈태하는 노력이 필요하지 않나 생각됩니다.

믿음이 우리를 살려주는가

여러 해 전 서울의 대형 교회 목사님 중 한 분이 한국에 게릴라 호우로 수해가 극심할 때 교회가 있는 동네는 비가 덜 오고, 절간이나 무당집이 있는 마을에는 호우가 극심하여 수해가 더 크다고 말한 것을 보았습니다. 2020년 여름 전국적인 홍수에 대해서도 같은 설교를 했는지 모르겠습니다. 신에 대한 믿음이 천재지변도 바꿀 수 있다고 믿는 대단한 믿음이라 할 수 있습니다.

코로나19 시국에서도 이런 무조건적인 믿음이 있으면 바이러스도 문제없다고 믿고 대면 예배를 강행한 교회들이 있었던 모양입니다. 그러나 그런 교회에서 지금도 확진자가 계속 나오는 것을 보면 신에 대한 믿음이 아무리 강해도 신이 직접 바이러스를 물리쳐주지는 않는다는 것이 확실한 듯합니다.

여러 해 전에 들은 농담입니다.

어느 마을에 홍수가 들었답니다. 그 마을에 사는 믿음 좋은 사람의 집에도 물이 들었습니다. 아래층이 물에 잠기자 조그만 배가 와서 타라고 했습니다. 집 주인은 '하나님'이 자기 같은 믿음 좋은 사람은 구해주시리라 굳게 믿고 배를 돌려보냈습니다. 물이 위층까지 차오르자 다시 구호정이 와서 타라고 했습니다. 이 사람은 다시 하나님이 구해주실 것이니 문제없다며 배를 돌려보냈습니다. 물이 불어 이제 지붕에 올라갔는데 다시 배가 와서 타라고 했습니다. 하나님이 어떻게 해서든 자기를 구해주리라 믿고 다시 배를 돌려보냈습니다. 결국 물이 지붕 위까지 덮치게 되어 그 사람은 물에 빠져 죽고 말았습니다.

천당에 가서 하나님께 따졌습니다. 나같이 믿음 좋은 사람을 구해주시지 않으면 어떻게 하시냐고.

하나님 왈, 내가 너한테 세 번이나 배를 보냈는데 네가 다 거절하니 어쩌겠나.

코로나19든 홍수든 신은 믿음이 좋다고 기적적인 방법으로 도와주지 않습니다. 의료진이나 구호원들의 손길이 바로 신이 보낸 도움의 손길이라 믿고 그들의 인도를 받아야 하는 것 아니겠습니까.

한국 기독교 어디로 갈까?

방역 규정을 무시하고 광화문 집회를 강행한 어느 목사와 그를 추종하는 교인들을 보면서 뭔가 생각하게 됩니다.

영국에 유학 갔다 온 어느 신학생이 영국 교회에 가서 놀란 것이 두 가지 있었다고 합니다. 교회 안에 교인이 거의 없는 것에 놀라고, 이어서 단에 올라온 목사님이 교인들에게 "이렇게 좋은 날씨에 야외에 가서 주일을 지킬 일이지 어찌 교회에 와 계시냐?" 하는 말에 놀랐다고 합니다.

한국에 가서 목사님들을 만나면 자주 듣는 말이 있습니다. "유럽은 타락하여 기독교가 거의 소멸될 지경에 있다. 미국도 그 뒤를 따른다. 이제 기독교를 살리도록 하나님이 택하신 나라는 한국이다. 한국이 기독교 종주국이 되어, 한국에서도 선교를 열심히 할 뿐 아니라 여러 나라로 선교사를 많이 보내 기독교를 살려야 한다" 하는 식의 발언입니다.

유럽이 정말로 타락을 하여 기독교가 몰락에 가까운 처지가 되었을까요? 많은 신학자들이나 문명비평가들의 진단에 따르면 옛 패러다임에 입각한 재래식 기독교는 이제 현대인들에게 설득력을 잃었다고 합니다. 옛날식 기독교라는 옷이 정신적으로 몸집이 커진 유럽인들에게는 이제 맞지 않는 옷이 되었다는 것이지요. 영어로 해서 유럽인들은 재래식 기독교 옷을 입기에 'outgrow'했다는 뜻입니다. 종교적으로 한국보다 퇴행적인 타락이 아니라 우리보다 앞서가는 선진적인 태도 때문에 거의 미신에 가까운 기독교 교리를 그대로 수용할 수 없게 된 것으로 본다는 말입니다.

덴마크, 스웨덴, 노르웨이 등 실질적으로 '신 없는 사회'가 된 북유럽 국가들을 보면 이런 말에 수긍하지 않을 수 없습니다. 이런 나라들은 범죄율에 있어서는 물론 거의 모든 면에서 세계에서 가장 훌륭한 나라들입니다.

반대로 한국 기독교를 생각하게 됩니다. 기독교가 사회에 공헌을 해야 함에도 적지 않은 교인들이 태극기와 성조기를 들고 거리를 활보하는 한국 사회를 보면 기독교가 어느 면에서 역기능으로 작용하고 있지 않는가 물어보지 않을 수 없습니다. 사랑을 표방하는 교회가 많은 사람들에게 사랑이 아니라 오히려 '사망'을 가져다주는 웃지 못할 비극이 벌어지고 있습니다.

한국 유네스코 초대 사무총장을 지내고 건국대학교 총장을 거쳐 캐나다 칼턴 대학교(Carleton University)에서 종교학 교수로 은퇴한 후 한신대학교 총장으로 봉직하셨던 정대위 박사님이라는 분이 계십니다. 한국은 기독교가 들어온 이래 '선교 역사상 기적'이라 할 만큼 급속도로 성장했는데, 정대위 박사님

은 그 이유를 비교종교학적으로 고찰하고 분석하는 논문*으로
1959년 예일대 종교학과에서 박사학위를 받았습니다. 이분이
돌아가시기 전 제게 자주 하신 말씀이 있습니다. 한국에 기독교
의 본질을 망각한 기형적 기독교가 급성장하는 것은 세계인들
에게 수치스러운 일이라고. 그분의 말씀이 오늘 한국에서 현실
로 나타나고 있지 않은가 싶습니다. 캐나다 국영방송 CBC에서
도 한국의 방역벽이 보수 기독교에 의해 허물어졌다고 방송되
었을 정도니까요.

　오늘 우리가 목격하는 일부 한국 기독교인들의 광신적 행동
은 표층적인 한국 기독교가 이제 종말을 고할 때가 되었음을 웅
변적으로 말해준다고 해도 과장이 아니라고 생각합니다. 기독
교에 관한 한 유럽을 비웃을 것이 아니라 유럽을 본받아야 하는
것이 정상적인 역사의 흐름이라 보아야 할 것입니다.

---

　*　이 박사 논문은 오강남의 편집으로 뉴욕 주립 대학교 출판부를 통해 David
Chung, 『*Syncretism: The Religious Context of Christian Beginnings in Korea*』라는 제목으
로 2001년 출판되었습니다.

하느님을 시험할까 말까

성경에는 하느님을 시험하라는 말도 있고 시험하지 말라는 말도 있습니다.

먼저 '시험하지 말라'의 경우 앞서 「하나님을 시험하지 말라」라는 글에서 지적한 것처럼 예수님이 마귀로부터 시험을 받을 때 둘째 시험에서 나옵니다. 마귀가 예수님을 성전 꼭대기에 세우고 뛰어내리라고 하면서, 뛰어내려도 하나님이 그를 무사히 안착하도록 보호하리라고 하지요. 이에 예수께서 "주 너의 하나님을 시험하지 말라"(마 4:7)라고 했습니다.

기독교에서 구약이라고 부르는 성서의 마지막 책인 「말라기」 3장 10절에 보면 "만군의 여호와가 이르노라 너희의 온전한 십일조를 창고에 들여 나의 집에 양식이 있게 하고 그것으로 나를 시험하여 내가 하늘 문을 열고 너희에게 복을 쌓을 곳이 없도록 붓지 아니하나 보라"라고 하였습니다.

헷갈리네요. 하느님을 시험하지 말아야 할까 시험해보아야 할까 모르겠습니다. 코로나19가 심각한 상황에도 대면 예배를 고집했던 목사들은 대면 예배를 드려도 하느님이 저들을 코로나 바이러스로부터 보호해주리라는 믿음을 견지한 것 같은데, 이럴 때 예수님의 분명한 대답은 "주 너의 하나님을 시험하지 말라"이리라 생각합니다. 대면 예배에서 코로나 확진자가 계속 나오는 것을 보면 예수님의 말씀이 맞는 말씀임에 틀림없습니다. 하느님은 인간들의 시험에 좌우되는 분이 아니라는 것이지요.

이 이야기에서 우리는 예수님의 신관(神觀)이 혁명적이었음을 알 수 있습니다. 하느님이 자연의 법칙을 어겨가면서까지 기적적으로 우리를 도와주시는 분이라는 생각을 버려야 한다는 것입니다. 아무리 믿음이 좋은 이라고 해도 병균에 감염되면 병에 걸리고 2층에서 뛰어내리면 다리가 부러집니다.

한편 하느님을 시험해보라고 하는 것은 십일조를 내면 하느님이 하늘 문을 열고 복을 쌓을 곳이 없도록 붓는지 시험해보라는 것입니다. 십일조를 내 큰 부자가 되었다는 록펠러의 이야기와 함께 설교단에서 얼마나 많이 들어본 말씀입니까? 성경에 시험해보라고 했으니 이런 시험은 해봐도 좋다고 생각하고 시험해보는 이들이 많은 것 같습니다. 수입의 10분의 1을 꼬박꼬박 교회에 바치고 복이 쌓을 곳이 없이 내리나 기다리는 사람들입니다. 어느 분들의 경우에는 '가불 십일조'라고 하여 현재 수입이 없는데도 미리 수입을 기대하고 얼마의 헌금을 바친 다음 하느님이 그 바친 헌금의 열 배를 부어주시길 기다리기까지 한다고 합니다.

자기 수입의 적어도 10퍼센트를 불우한 이웃이나 사회의 의미 있는 일을 위해 바치는 것은 훌륭한 일입니다. 이렇게 무언가 대의(大義)를 위해 자기를 희생하는 너그럽고 통 큰 사람은 무슨 일을 해도 성공할 소지를 가진 사람입니다. 그러나 이렇게 바치는 것이 그보다 더 많은 수입을 올리기 위한 수단이라 생각한다면 이는 희생이 아니라 투기사업이나 마찬가지입니다.

아무튼 궁금합니다. 이런 식으로 하느님을 시험해서 하느님이 몇 점을 받았을까요. 수입의 일부를 교회가 아니라 사회에 바치는 사람이 크게 성공하는 것은 어떻게 설명할까요. 우리가 돈을 바친다고 거기 따라 복 주시는 신. 아직도 이런 신을 받들고 살아야 할까 모르겠습니다. 신관(神觀)의 변화가 필요한 것 아닐까요?

집단감염의 진원지 교회

최근 나오는 한국 뉴스를 보면 코로나 바이러스가 주로 대면 예배를 주장하는 기독교 교회를 통해 확산되고 있다고 합니다. 심지어 양로원이나 요양원에서 퍼지는 것도 교회에서 선교 목적으로 그런 곳을 방문하기 때문이 아닌가 보기도 하더군요.

예수님이 너희는 소금과 빛이라고 했는데(마 5:13-14), 오히려 전염병을 퍼뜨리는 진원지가 되다니 할 말을 잃게 됩니다.

믿음만 있으면 코로나 바이러스에 걸리지 않는다는 믿음을 언제까지 유지할지 모르겠습니다. 바이러스를 물리쳐달라고 함께 모여 기도하는데, 그 모임 때문에 더욱 확산되는 아이러니를 어떻게 봐야 할까요? 심지어는 그런 모임을 주도하던 목사님도 그 병에 걸려 죽었다고 하지 않습니까. 믿음도 아닌 믿음을 믿음이라고 믿는 그런 믿음은 이처럼 사람을 죽이는 백해무익한 믿음입니다.

기독교에 비판적인 분들 중에는 대면 예배를 해도 믿음 때문에 하나님이 보호해주시리라고 하는 그런 광신적이고 미신적인 믿음을 퍼트리는 교회는 차라리 이번 기회에 어떤 모양으로든 없애버렸으면 좋겠다고 극언까지 합니다.

다시 말하지만 코로나 바이러스는 손을 잘 씻느냐, 마스크를 착용하느냐, 사회적 거리 두기를 잘 지키느냐, 면역력을 강화하느냐 하는 위생과 방역에 관계되는 문제이지 종교적 믿음이나 열성이나 기도와 관계되는 것이 아니라는 사실을 인정하기가 그렇게도 어려울까요?

대면 예배만 고집할 것이 아니라 예수님의 말씀처럼 특정 장소가 중요한 것이 아니라는 사실을 깨닫고 받아들여야 하지 않을까 생각합니다. 예수님이 "아버지께서는 자기에게 이렇게 예배하는 자들을 찾으시느니라"(요 4:23)라고 하였는데, 지금이야말로 다 함께 모여 예배하는 것보다 조용히 "영과 진리로 예배할 때", 하느님이 그들에게 찾아오신다는 것을 믿어야 할 때일 것입니다. 두세 사람이 모이는 곳에 예수님도 함께 하신다고 하지 않았던가요.

여럿이 모여 큰 소리로 주여! 주여! 하고 외치는 대신 홀로, 혹은 몇이서 조용히 정좌(靜坐)하여 내면을 들여다보고 내 속에서 조용히 속삭이시는 신의 음성에 귀 기울이는 경험을 통해 참나를 찾는다면 어느 면에서 코로나 위기는 그야말로 전화위복이라 할 수도 있을 것입니다.

선교
— 예수님의 명령?

요즘 IM 선교회니 그와 관련된 IEM 국제학교, TCS 국제학교, 얼마 전에는 상주 BTJ 열방센터 등 기독교 관계 '선교' 센터들의 모임에 코로나19 감염자가 집단적으로 발생해서 여러 곳으로 확산시킨다는 소식입니다.

기독교에서는 왜 이렇게 선교에 열을 올리는 걸까요? 기독교의 전통적인 대답은 성경 「마태복음」 28장 18-20절 "예수께서 나아와 말씀하여 이르시되 하늘과 땅의 모든 권세를 내게 주셨으니 그러므로 너희는 가서 모든 민족을 제자로 삼아 아버지와 아들과 성령의 이름으로 세례를 베풀고 내가 너희에게 분부한 모든 것을 가르쳐 지키게 하라"는 예수님의 명령에 충실히 따르기 위함이라고 합니다.

여기에 대해 몇 마디 하고 싶습니다.

첫째, 많은 성서학자들의 연구 결과에 의하면 이 말씀은 예수님 자신이 직접 하신 말씀일 수 없다고 합니다. 4세기 니케아 공의회 이전에 기록된 최고(最古)의 신약 성서 사본에는 이 말이 들어가 있지 않다고 합니다. "아버지와 아들과 성령의 이름으로" 하는 삼위일체식 사상은 후대에 생긴 것으로 예수님이 직접 말씀하실 수가 없다는 것이지요.

둘째, 4복음서의 예수님은 기본적으로 이방 전도를 생각하신 적이 없는 것으로 나와 있습니다. 예수님은 스스로에 대해 "나는 이스라엘 집의 잃어버린 양 외에는 다른 데로 보내심을 받지 아니하였노라"(마 15:24)라고 하고 제자들에게도 "이방인의 길로도 가지 말고 사마리아인의 고을에도 들어가지 말고"(마 10:5)라고 했습니다. 자기 제자들이 "이스라엘 모든 동네를 다 다니지 못하여서"(마 10:23) 세상 끝이 이르리라 생각했기 때문입니다. 물론 학자들 중에는 이 말도 예수님이 직접 하신 말씀이 아닐 수도 있다고 하는 이들이 있지만, 아무튼 신학자 한스 큉(Hans Küng)은 "예수님은 스스로나 그의 제자가 이방 족속들에게 가서 전도하는 일 같은 것은 생각해본 적이 없었다"는 것만은 분명한 사실이라고 단언했습니다. 더구나 교회 같은 것을 세워 전도본부나 전투사령부로 삼겠다는 생각은 결코 있을 수 없었다는 것입니다.

이런 사실에도 불구하고 어찌하여 기독교는 역사적으로 이방 전도에 그렇게 열을 올려왔을까요? 많은 경우 서양 제국주의는 식민지화하기로 작정한 곳으로 선교사를 먼저 파견하여 식민지 작업의 터를 닦도록 했다고 합니다. 선교니 전도니 하는 것이 이렇게 서양 제국주의 확장의 도구로 활용된 것은 어쩔 수 없는 사실입니다.

지금도 테레사 수녀님이나 고 이태석 신부님처럼 선교지의 영혼을 위해 희생하겠다는 마음으로 나가는 사람들도 있지만, 그보다는 교단의 교세 확장이나 경제적 이익을 위한 활동의 일환에 희생되어 나가는 경우, 심지어는 외국을 경험해보자거나 휴가 삼아 나가는 경우도 상당하다고 한다면 선교를 너무 평가 절하하는 것일까요?

'선교'라는 미명 아래 나도 모르게 시장 확대라는 자본주의 불순 세력의 앞잡이가 되고 있지 않은가 조심해야 할 것입니다.

기독교의 선교, 미션(Mission), 사명이 무엇일까

그러면 오늘을 위한 기독교 선교, 미션(mission), 사명은 무엇일까요. 선교는 영어 'mission'의 번역인데, 이 말에는 사명(使命)이라는 뜻도 있습니다. 이 시대 기독교가 감당해야 할 사명은 과연 무엇일까 물어보게 됩니다.

기독교가 수행해야 할 사명의 전형을 어디에서 찾아볼 수 있을까요? 저는 그것을 예수님의 가장 유명한 비유 중 하나인 '선한 사마리아인'(눅 10:25-37) 이야기에서 찾을 수 있다고 생각합니다.

하루는 한 법관이 예수님께 나와 "내 이웃이 누구니이까?" 하고 물었습니다. 이 질문에 예수님이 좀 긴 비유를 들어 대답합니다. 어떤 사람이 예루살렘에서 30여 킬로미터쯤 떨어진 여리고로 내려가다가 강도를 만나 가진 것을 다 뺏기고, 벌거벗은 몸으로 피를 흘리며 길가에 쓰러져 있었다고 합니다. 그때 마침 제사장 하나가 그 길을 지나가게 되었는데, 그는 그 사람을 보고 '피해' 갔습니다. 조금 있다가 레위인이 지나가게 되었습니다. 그도 이를 보고 '피해' 갔습니다. 얼마 있다가 유대인이 모두 멸시하는 사마리아 사람이 그 길을 가다가 쓰러진 이를 보고 "불쌍히 여겨 가까이 가서 기름과 포도주를 그 상처에 붓고 싸매고 자기 짐승에 태워 주막으로 데리고 가서 돌보아"주고, 다음 날 주막 주인에게 돈이 더 들면 돌아오는 길에 갚을 터이니 돈 생각 말고 정성껏 잘 보살펴줄 것을 당부하고 떠났습니다.

여기 나오는 제사장과 레위인이 누구입니까? 당시 사회에서 소위 가장 잘 믿노라고 자처하던 정통파 종교인이 아니던가요? 제사장과 레위인은 무엇이 바빠 그렇게 피 흘리며 죽어가는 사람을 못 본 체 피해 갔을까요? 아마도 무슨 종교 행사에 늦지 않으려고 서둘렀는지 모르겠습니다. 선교사 훈련이나 파송 예배였을까요?

아무튼 오늘 우리에게 진정으로 필요한 종교란 그 제사장이나 레위인의 종교가 아닙니다. 진정으로 그리스도인이 된다는 것은 우리 이웃이, 그리고 사회와 국가와 세계가 당하고 있는 고통을 나도 분담하겠다는 결의를 다지는 일입니다. '불쌍히 여긴다'는 의미의 영어 단어 'sympathy' 혹은 'compassion'은 문자 그대로 '아픔을 함께한다'는 뜻입니다. 불교 『유마경(維摩經)』에 나오는 유마힐 거사처럼 세상 사람의 아픔을 자기의 아픔으로 여기고 함께 아파한다는 것입니다.

무엇보다 지금 지구 자체가 환경오염으로 고통받고 있습니다. 온실효과 등 온갖 공해와 핵의 위협 아래 신음하고 있는 어머니 지구(가이아), 그 지구 위에는 또 갖가지 억압과 차별로 몸

부림치는 이웃과 세계 시민이 있습니다. 신학자 폴 니터(Paul Knitter)의 말을 빌리면 지구와 인간이 당하고 있는 이런 세계적 아픔에 '전 지구적으로 반응'하고 이를 촉구하는 사람들이 바로 참된 의미의 종교인, 진정한 그리스도인입니다. 그리고 이런 일을 위해 모인 사람의 무리가 곧 '교회'여야 한다는 것입니다.

특히 지금 코로나 팬데믹으로 온 세계가 아파하고 있습니다. 이런 아픔에 동참하고 그 고통을 경감하는 일에 앞장서야 할 텐데, 오히려 '선교'라는 미명하에 제사장과 레위인처럼 이런 엄중한 형편을 외면하고 자기들끼리 모여 할렐루야나 외치며 바이러스를 더욱 퍼트리는 일에 열심이라니, 이런 행태야말로 예수님의 가르침에서부터 얼마나 더 멀 수가 있을까요?

코로나 이후의 한국 종교

오늘 오후 한국종교학회 추계대회 줌(Zoom) 화상 모임에서 기조연설을 했습니다. 회의 전체 주제가 '포스트코로나 시대의 한국 종교'라는 것이어서, 주제에 따라 제가 평소에 가지고 있던 생각의 일단을 펼쳤습니다. 30분 정도 이야기했는데 주요 내용을 골자만 간략하게 추려보겠습니다.

들어가면서

1. 세계적으로도 한국에서도 탈종교 현상이 두드러집니다. 한국도 비종교인이 60퍼센트에 이릅니다.

2. 탈종교화 현상 중 특징적인 것은 젊은이들과 교육 수준이 높은 이들 사이에서 종교를 떠나가는 사람들이 많은 점입니다.

3. 이런 탈종교화 현상이 코로나 사태로 가속화되고 이에 따라 종교에 더욱 큰 변화가 불가피할 것입니다.

4. 코로나 이후의 종교적 변화 네 가지를 들면 다음과 같습니다. 1) 사상적 변화, 2) 윤리적 변화, 3) 종교 아닌 종교의 등장, 4) 종교의 심층화.

I. 사상적 변화

1. 기복 신앙이 줄어들 것입니다. 코로나에 걸리지 않게 해 달라고 신이라든가 기타 초자연적인 힘에 매달려도 별 효과가 없다는 것을 체감하게 되기 때문입니다.

2. 인과응보 사상이 힘을 잃을 것입니다. 코로나 바이러스는 윤리적으로 선한 사람이냐 악한 사람이냐를 가리지 않습니다. 잘 믿는 사람이든 안 믿는 사람이든 코로나에 걸릴 확률은 똑같습니다.

인과응보 사상이 희박해지면 사후 상벌 사상도 흔들릴 것입니다. 달라이 라마도 극락/지옥 같은 불교의 가르침을 "넘어야 할 대상"이라 합니다. 기독교에서도 마커스 보그 같은 신학자는 "천국/지옥 기독교"는 인습종교에서나 주장하던 것으로 새로 등장하는 기독교에서는 '변화'를 강조해야 한다고 주장합니다.

3. 이런 사상적 변화는 자연스럽게 신관의 변화를 가져옵니다. 선한 신이 어찌 이런 병이 창궐하도록 하느냐, 왜 자기를 믿고 찬양하기 위해 성전에 모인 사람들이 코로나에 더 걸리도록 하느냐 하는 등의 의문을 가지게 됩니다. 결국 종래까지의 유신

론은 종언을 고하게 될 것입니다(demise of theism). 유신론 대신 신의 초월과 내재를 동시에 강조하는 범재신론(panentheism)이 더욱 각광받게 될 것입니다.

특히 절대적인 존재의 내재(內在)에 눈을 돌려 내 속에 있는 신성, 불성, 인성, 도가 움직인다는 것을 느끼게 될 것입니다.

II. 윤리적 변화

1. 코로나 바이러스의 근본 원인이 자연 파괴에서 비롯되었음을 인식하고 자연에 대해 경외심을 가지게 될 것입니다. 성경에 "생육하고 번성하여 땅에 충만하라. 땅을 정복하라. 모든 생물을 다스리라"하는 신의 명령을 편리한 대로 믿고 생태계를 파괴한 결과가 코로나 바이러스의 창궐이라 보기에 이제 정복하고 다스리라는 말은 제러미 리프킨(Jeremy Rifkin)이 지적한 것처럼 "보호하고 보살피라"로 이해해야 한다는 생각이 지배적이 될 것입니다.

슈바이처 박사가 '생명경외'를 외쳤지만 동학(東學)에서는 한 걸음 더 나가 경천, 경인과 함께 경물(敬物)을 가르칩니다. 동식물과 무생물까지 아끼고 사랑하는 마음을 가지라는 가르침은 오늘날 절실히 요청되는 생각입니다.

2. 비대면 사회가 되면서 교회나 성당이나 사찰에 함께 모이는 것이 거의 불가능했습니다. 이런 시기를 계기로 기계적으로

정해진 형식에 따라 무의식적으로 종교 의식에 참여하던 것을 일단 중지하고 한 발짝 물러서서 이런 의식이나 행동양식이 무엇을 뜻하는가 깊이 성찰할 기회를 얻을 수 있습니다. 특히 성직자의 말을 무비판적으로 받아들여 어느 특정 정치집단을 옹호하는 어리석음에서 벗어나 독립적 사고에 따라 올바른 판단을 하게 될 수 있을 것입니다.

III. 종교 아닌 종교

1. 미국의 종교사회학자 필 주커먼은 『종교 없는 삶』에서 21세기에 바람직한 정신적 자세는 전통 종교에서 떠나 우주에 편만한 신비에 경탄하고 경외심을 갖는 것이라 하고 이를 '경외주의(aweism)'라고 하였습니다. 한국 사람들에게는 '아하(Aha)!'를 연발하는 '아하이즘(ahaism)'이라 하는 것이 더 좋겠지요.

2. 이것이 '종교 아닌 종교'라고 했지만 사실 이런 것이 어느 의미에서 진정한 종교라고 주장하는 사람들이 있습니다. 그 대표자가 아인슈타인입니다. 그는 "우리가 느낄 수 있는 가장 훌륭한 감정은 신비적 감정"이라 하고 이런 것이 바로 "참된 종교적 정서의 핵심"이기에 이런 의미에서 자기는 "심오한 종교적 인간"이라 했습니다.

IV. 심층을 찾아

1. 표층 종교는 지금의 내가 잘되기 위해 믿는 종교라면 심층 종교는 나의 내면을 들여다보고 참나를 찾고자 하는 종교입니다.

2. 표층 종교는 맹목적인 믿음을 강조하는 반면 심층 종교는 이해와 깨달음을 중요시합니다.

3. 표층 종교는 경전의 문자에 매달리는 문자주의라면 심층 종교는 문자 너머에 있는 속내를 꿰뚫어 보려고 노력합니다.

4. 표층 종교는 절대자를 나의 밖에서만 찾으려 한다면 심층 종교는 나의 밖에서뿐만 아니라 내 안에서도 찾습니다.

5. 표층 종교는 주로 내세 중심적이지만 심층 종교는 '지금 여기'에서 의미 있는 삶, 환희와 기쁨의 삶을 강조합니다.

6. 표층 종교는 모든 사물이 서로 분리되어 있다고 믿는 반면 심층 종교는 모든 것이 서로서로 연결되고 의존되어 있고, 근본적으로는 '하나'라고 믿습니다.

나가면서

탈종교 현상이라 했지만 종교가 없어지는 것이 아니라 어떤 종류의 종교가 없어지고 어떤 종류의 종교가 새로 대두되는가 하는 문제입니다. 없어지는 종교는 표층 종교, 등장하는 종교는 영성을 강조하는 심층 종교입니다. 지금은 IQ(지능지수)나 EQ(감성지수)만이 아니라 SQ(영성지수)를 논하고 있습니다.

　코로나 사태로 이렇게 심층 종교로 심화되는 과정이 더욱 신속해지고, 그리하여 진정한 의미의 종교의 깊이가 줄 수 있는 평화와 시원함을 얻을 수 있는 사람들이 많아지지 않을까 기대해봅니다. 코로나 팬데믹으로 야기되는 문제가 많은 것이 사실이지만 그 때문에 사랑과 자비가 더욱 편만한 사회가 앞당겨진다면 그야말로 코로나 팬데믹이 포스트코로나 시대에 가져다줄 한 가지 축복일 수 있다는 예상 반, 기대 반으로 기다려봅니다.

3

종교의 심층을

생각
하
며

종교가 무엇인가

오늘 플라톤 아카데미의 요청을 받아 「인생교과서, 함께 찾는 삶의 가치」라는 제목으로 서울대 종교학과 성해영 교수와 대담 녹화를 했습니다. 그중 '종교가 무엇인가' 하는 질문을 여기 옮겨보겠습니다.

영국 옥스퍼드 대학교의 인류학자 매럿(R. R. Marret)에 의하면 인간은 어쩔 수 없이 '종교적 인간'이라고 합니다. 이를 라틴말로는 'homo religiosus'라고 합니다. 전 세계를 다 돌아본 인류학자들의 보고에 의하면 무슨 형태로든지 종교가 없는 부족이나 족속은 없고, 그에 비해 종교적인 낌새를 보이는 동물은 보지 못했다는 것입니다. 인간을 동물과 비교해 호모 사피엔스(homo sapiens, 지적인 인간), 호모 파베르(homo faber, 공작하는 인간), 호모 루덴스(homo ludens, 놀이하는 인간) 등으로 부르면서 인간과 동물의 차이를 말하는데, 매럿에 의하면 동물과 인간을 구별하는 가장 중요한 요소는 종교의 유무라는 것입니다.

이처럼 인간의 삶에 절대적인 위치를 차지하는 종교를 모르고서는 인간을 이해할 수 없다는 것입니다. 인류학, 심리학, 철학, 문학, 사회학, 경제학 등도 궁극적으로는 인간을 이해하기 위한 노력인데 종교를 이해하지 않고서는 인간을 완전히 이해했다고 할 수 없다는 것이지요. 이런 인식하에 18세기 중엽 유럽에서 심리학, 사회학 등과 함께 '종교학'이 생기게 된 것입니다.

종교학을 독일어로 'Religionswissenschaft'라고 하는데 직역하면 종교과학, 'science of religion'입니다. 제가 캐나다 유학 갔을 때만 해도 제가 다닌 대학 종교학과의 영어명이 'Department of Science of Religion'이었습니다. 그러다 영어권에서는 'science'라는 말이 주로 자연과학을 의미하기 때문에, 시카고 대학교 같은 곳에서는 종교의 역사적인 면을 살피는 것이 중요하다고 해서 'History of Religion(종교사학)'이라 부르고, 영국에서는 비교 연구하는 것이 중요하다고 보고 'Comparative Religions(비교종교학)'라 불렀는데, 요즘은 'Department of Religious Studies'라는 말이 가장 많이 쓰이고 있습니다.

그러면 종교란 무엇일까요? 종교에 대한 정의는 그야말로 무수히 많습니다. 그중에 가장 많이 알려진 것이 독일의 종교사상가 루돌프 오토(Rudolf Otto)의 라틴어 정의 'mysterium tremendum et fascinosum', 즉 '엄청나고 매혹적인 신비'라는 것이고, 독일계 미국 신학자 폴 틸리히의 'ultimate concern', 곧 '궁극 관심'이라는 것입니다. 여기서는 이런 추상적인 정의를 설명하기보다 제가 그동안 생각한 종교에 대한 이야기를 쉽게 해보고 싶습니다.

　제가 생각하는 참된 의미의 종교란 우물 안 개구리가 우물 밖으로 뛰어나오는 것입니다. 우물 안에서 볼 수 있는 것만 전부인 줄 알았던 개구리가 우물 밖으로 나와 완전히 다른 세계를 보고 아하! 하고 놀라는 것, 이런 것이 종교가 가져다주는 경험 아닌가 생각합니다.

　좀 더 이야기를 확장하면 이 개구리가 산으로 올라갑니다. 산 밑에서는 그 주위에 있던 화단이나 집들을 보다가 좀 더 올라가면 저 멀리 호수도 보이고 다른 동네도 보입니다. 다시 아하!를 외칩니다. 여기서 더 올라가면 저 멀리 바다도 보이고, 다시 아하! 또 더 높이 올라가면 바다 건너에 있는 섬들도 보이고 다시 크게 아하! 이제 이 개구리는 우물 속에 있던 개구리가 아니라 완전히 변화된 개구리입니다. 종교는 이 같은 아하 체험의 연속이 가능하도록 해주는 무엇인 것이지요. 그리고 이런 경우 새로운 시각으로 사물을 보게 되어 자유스러워지는 삶을 살도록 해주고, 사물을 더욱 높고 넓은 시각에서 보고 우리 자신의 위치를 자리매김하는 것이 가능하게 해준다고도 할 수 있겠지요.

　이를 좀 어려운 말로 고치면 사물의 실상, 혹은 실재(Reality)의 보이지 않던 다른 면, 혹은 다른 차원을 발견하여 새로운 변화를 체험하고, 이 결과 옛 사고방식이나 가치체계에서 벗어나 자유를 누리는 삶을 살게 된다는 뜻입니다. 여기서 삶의 깊은 의미를 찾을 수 있다는 것이지요. '특수 인식 능력의 활성화'를 통해 실상의 더 깊은 차원에 눈뜨므로 삶이 그만큼 자유롭고 풍요로워진다는 것이라 할 수도 있습니다.

　미국 종교학자 프레더릭 스트렝(Frederick Streng)이 말하는 종교의 정의가 'a means to ultimate transformation(궁극 변화를 위한 수단)'인데, 제가 생각하는 종교 정의에 가깝다고 여겨집니다. 여기서 중요한 키워드는 transformation, 변화, 변혁입니다. 제가 학생들에게 강조하고 시험 문제로 꼭 내는 것이 transformation과 information을 비교하라는 것입니다. 종교의 경전이나 교설이나 예식은 일차적으로 transformation을 위한 것이지 information(정보)를 위한 것이 아닙니다. 성경이나 불경에 과학적, 역사적 정보가 있을 수는 있지만 그것을 제공하려는 것이 일차적 목적이 아니라는 뜻입니다.

　피카소가 눈이나 코가 이상스럽게 그려진 그림을 그린 것은 생물학적인 정보를 주려는 것이 아니라 그림을 보는 사람의 마음에 무슨 변화를 주려는 것이라 보는 것과 마찬가지입니다.

윤리적이 되기 위해 믿음이 필요한가?

    세계적으로 유명한 미국의 연구조사기관인 퓨 리서치 센터 (Pew Research Center)에서 2020년 7월 20일 발표한 바에 따르면 2019년 세계 34개 국가에서 38,426명을 상대로 종교 의식 조사를 실시했더니 다음과 같이 흥미로운 결과가 나왔다고 합니다. 몇 나라를 알아봅니다.

    "윤리적이 되고 훌륭한 가치관을 가지기 위해서는 신에 대한 믿음이 필요한가?" 하는 질문에 대한 대답은 아래와 같습니다.

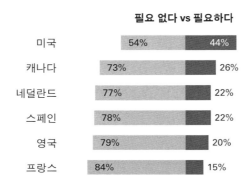

필요 없다 vs 필요하다

미국	54%	44%
캐나다	73%	26%
네덜란드	77%	22%
스페인	78%	22%
영국	79%	20%
프랑스	84%	15%

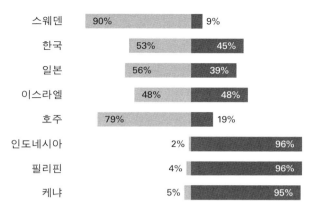

스웨덴	90%	9%
한국	53%	45%
일본	56%	39%
이스라엘	48%	48%
호주	79%	19%
인도네시아	2%	96%
필리핀	4%	96%
케냐	5%	95%

통계를 보면 GDP가 높을수록 신이 필요 없다고 하는 사람
이 많은 경향을 보입니다. 이 국가들은 70퍼센트 이상의 사람들
이 '필요 없다'고 대답했습니다. 서방 세계 중에서는 미국이 신
이 필요하다고 하는 사람들이 제일 많은 나라입니다. 전체적으
로 연수입이 많을수록, 교육 수준이 높을수록, 그리고 연령별로
는 나이가 적을수록 신을 필요로 하지 않는다고 답한 사람이 많
습니다.

한국의 경우 신을 믿는 것이 필요하다는 사람들이 18세에서
29세까지는 20퍼센트, 30세에서 49세까지는 33퍼센트, 50세
이상은 64퍼센트라고 합니다. 정치적으로 좌편향이면 신을 필
요로 하는 사람들이 적다고 합니다. 한국의 경우 좌편향 36퍼센
트, 중도 40퍼센트, 우편향 52퍼센트가 신이 필요하다고 하는
사람들입니다.

이른바 경제적으로 앞선 국가들이 전체적으로 탈종교화, 세

속화, 무신론화의 방향으로 급진하고 있다고 볼 수 있습니다.*
한국도 제1세계 반열에 들어가면 종교가 필요 없다는 사람들이
70퍼센트 이상이 될지도 모르겠습니다.

윤리적이 되는 데 신을 끌어들일 필요가 없다고 주장하는 사
람 몇을 소개하고 싶습니다. 이스라엘의 세계적인 베스트셀러
작가 유발 하라리는 2018년에 쓴 『21세기를 위한 21가지 제언21
Lessons for the 21st Century』이란 책에서 '무신론 윤리(Godless Ethics)'라
는 소제목 아래 윤리적 삶은 "신의 명령을 따르는 것"이 아니라
"고통을 줄이는 것"이라고 했습니다. 고통을 깊이 감지하여 내
행동이 나와 이웃에 어떤 불필요한 고통을 주는가를 이해하게
되면 자연스럽게 그런 행동을 하지 않게 된다고 본 것입니다.
　달라이 라마도 『종교를 넘어』(2013)라는 책에서 극락 지옥으
로 사람들을 윤리적이게 하는 시대는 지났다고 보았습니다. 내
가 윤리적 삶을 살면 행복하고 비윤리적 삶을 살면 불행하다는
사실을 감지하면 자연히 윤리적이 된다는 'secular ethics(종교와
관계없는 윤리)'를 제창하고 있습니다.
　미국의 종교사회학자 필 주커먼은 『종교 없는 삶』에서 자신
이 조사해 본 바에 의하면 전통 종교가 없으면 없을수록 더 윤
리적이 된다고 주장합니다. 미국 교도소에 수감 중인 죄수 가운

---

*　자세한 내용은 Pew Research Center 홈페이지에 들어가 「The Global God
Divide」라는 기사를 검색해보시면 됩니다.

데 무신론자는 1퍼센트도 안 된다는 보고도 있지요.

캐나다 사회심리학자 아라 노렌자얀은 『거대한 신, 우리는 무엇을 믿는가』에서 인류 역사에서 신을 필요로 하던 때가 있었으며, 신이 사다리 역할을 해서 오늘 우리가 누리는 사회를 이룩하게 되었다고 할 수 있지만, 이제 그 사다리를 걷어차게 되었다고 봅니다.

한편 미국 사람의 44퍼센트, 한국 사람의 45퍼센트는 윤리적이 되기 위해서는 신을 믿어야 할 필요가 있다고 생각합니다. 미국이나 한국은 기독교인이 상대적으로 많아서 이런 결과가 나왔다고 볼 수 있을 것입니다.

그런데 한국 기독교인들이 정말로 모두 신을 믿고 있다고 할 수 있을까요? 기독교 신앙에 충실한 사람들은 물론 자신은 100퍼센트 신을 믿는다고 할 것입니다. 이른바 유신론(theism)을 신봉하는 사람들입니다. 다시 묻지만, 입으로는 신을 믿는다고 공언하지만 실제적으로 신을 믿는다고 할 수 있을까요?

생각해봅시다. 현재 한국 기독교에서 터져 나오는 각종 비리와 부조리, 성직자의 탈선, 금품 선거, 성직 매매 및 세습 등에 관한 이야기를 듣고 있으면 하늘에서 친히 굽어보시는 하느님이 계시다고 믿는 사람들이 어찌 이런 일을 스스럼없이 행할 수 있을까 하는 생각이 듭니다. 이는 분명 말로는 하느님을 믿는다고 하지만 무의식적으로는 하느님 없이 사는 것이라 할 수 있을 것입니다. 이런 신앙 태도에 구태여 이름을 붙이라면 '실제적 무신론(Practical Atheism)'이라 할 수 있지 않을까요? 제가 『예수는 없다』라는 책에서도 거론했지만, 가만히 생각해보면 이런 실제적 무신론이 우리도 모르게 주위에 만연한 신관인지 모릅니다.

사실 이런 실제적 무신론에 빠지게 되는 이유는 21세기에 걸맞은 신관을 정립하지 못했기 때문입니다. 상 혹은 벌이나 주고 소원이나 들어주는 신, 코로나 바이러스도 퇴치하지 못하는 신이 더 이상 설득력 있게 다가오지 않기 때문입니다.

그러면 우리가 받아들일 수 있는 신은 어떤 신일까요?

아인슈타인의 종교관

아인슈타인은 $E=mc^2$로 알려진 위대한 물리학자이지만 동시에 깊은 종교심을 지녔던 분입니다. 아인슈타인이 자기가 종교적이라고 말하는 이유를 아래처럼 기술하고 있습니다. 아인슈타인이 1930년대에 쓴 글입니다.

인간이 경험할 수 있는 가장 아름답고 심오한 경험은 '신비스러움을 감지하는 것'이다. 이것이 예술과 과학 분야에서의 진지한 노력과 마찬가지로 종교의 심층에 깔린 기본 원리다. 이런 경험을 해보지 않은 사람은, 내가 보기에 죽은 사람이 아니라면 적어도 눈이 먼 사람이다. 우리가 경험할 수 있는 것들 너머에 우리들의 지성으로는 파악할 수 없는 무엇, 그 아름다움과 숭고함이 간접적으로만, 그리고 여린 그림자로만 우리에게 다가오는 그 무엇이 있다는 것을 감지하는 것, 이것이 바로 종교성(religiousness)이다.

이런 의미에서 나는 종교적이다. 나에게는 이런 비밀들에 대

해 경이로워하고, 존재하는 모든 것들이 지닌 고귀한 구조의
이미지 정도를 내 지성을 가지고 파악해보려고 겸허하게 노
력하는 것, 이것이면 족하다.

우연히 아인슈타인의 생각을 단적으로 보여주는 또 다른 글
을 만났습니다. 나오미 레비(Naomi Levy)의 『아인슈타인과 랍
비』라는 책이 있습니다. 저는 이 책을 미국 서부를 자동차로 여
행하다가 오리건주 로즈버그라는 작은 마을의 헌책방에서 우
연히 사게 되었습니다. 원제는 'Einstein and the Rabbi: Searching
for the Soul'입니다.* 제가 이 책을 사게 된 것은 책 안쪽 날개에
있는 아인슈타인의 글 인용문 때문이었습니다. 종교의 핵심을
찌르는 듯한 글인데 의역해서 옮겨보면 아래와 같습니다.

인간은 우리가 '우주'라고 부르는 전체의 일부분, 시간과 공
간에 제약을 받는 일부분이다. 인간은 자기 자신을, 그리고
자기의 생각과 감정을 나머지 세계와 분리된 무엇으로 경험
하는데, 이것은 의식에서 일어나는 일종의 시각적 망상이다.
이런 망상에서 스스로를 자유롭게 하기 위해 애쓰는 것이 참
된 종교에서 다루어야 할 문제다. 이런 망상을 키우는 것이
아니라 극복하려고 노력하는 것이 도달 가능한 마음의 평화

* 이 책은 최순님의 훌륭한 번역으로 한국에 출간되었습니다. 『아인슈타인과
랍비』(한국기독교연구소, 2020).

에 이르는 길이다.

만물이 서로 연관되어 있고 모두가 하나이며 우리는 그것의
일부임을 아는 것이 종교의 핵심이라는 말입니다. 모든 것이 상
호 의존 상호 연관되었다는 것을 가르치는 화엄(華嚴) 사상을
비롯한 심층 종교들이 한결같이 가르치는 핵심 진리를 대언해
준다고 볼 수 있습니다.

대부분의 심층 종교의 가르침에 따르면 이런 의식의 착시 현
상에서 해방되어 나의 내면적 실상을 통찰하게 되면 나와 전체
(the Whole)가 하나임을 발견하고, 나와 절대자가 하나이기 때문
에 나와 나의 이웃, 나아가 우주 만물과도 하나라는 것을 체감
하게 된다고 합니다.

이럴 때 갖는 체험을 전통적인 용어로 표현하면, 우주 안의
모든 것이 하나라는 만유일체(萬有一體), 조그만 차별이나 틈도
없이 하나라는 혼연동체(渾然同體), 모두가 하나로 돌아감이라
는 동귀일체(同歸一體), 모두가 하나이기에 모두의 아픔을 함께
한다는 동체대비(同體大悲), 근원과 현상이 거침없는 관계를 맺
고 하나라는 이사무애(理事無礙), 현상과 현상도 거침없는 관계
를 맺고 있다는 사사무애(事事無礙)라 합니다.

아인슈타인이 이른바 영원의 철학과 관계되는 이런 통찰을
가지고 있었다고 하는 것은 우리 모두에게 의미하는 바가 큽니
다. 현재 종교 없는 종교를 말하는 사람들이 주장하는 바의 '종
교 아닌 종교'와 같은 것입니다. 제가 자주 말하는 '경외주의

(aweism)'나 아하! 하고 깨닫는 '아하이즘(ahaism)' 같은 것이지요. 아인슈타인은 "나는 자기가 창조한 대상을 상 주거나 벌주는 그런 신을 상상할 수 없다"고 하면서 상벌에 기초한 전통적인 유신론적 신관, 그런 신관을 받들고 있는 전통적 종교는 받아들일 수 없다고 했지요. 요즘 젊은이들이 말하는 '종교는 노, 영성은 예스!' 할 때의 '영성(spirituality)'이 아인슈타인이 말하는 그의 종교라는 것입니다. 심층적 종교! 곰곰이 생각할 문제라 여겨집니다.

천당과 지옥을 넘어서는 신앙

영국 비틀스의 멤버였던 존 레넌이 부른 노래 〈이매진〉에는
다음과 같은 노랫말이 나옵니다.

> 천국이 없다고 상상해 봐요
> 해보면 쉬운 일이죠
> 우리 아래에는 지옥도 없고
> 우리 위에는 오로지 하늘이 있을 뿐 (…)
> 뭘 위해 죽일 일도, 죽을 일도 없고, 종교도 없고
> 모든 사람들 다 평화스럽게 살아가는 삶을 상상해봐요

앞서 말했듯 김연아가 소치 겨울올림픽 갈라쇼에서 이 노래
에 맞춘 멋진 퍼포먼스로 세계에 평화의 메시지를 전하기도 했
고, 2022년 중국에서 열린 동계 올림픽 개막식에서도 이 노래
가 울려 퍼졌습니다.

현재 한국 그리스도교인이나 불교인들 중에 천당이나 극락,

지옥이 없다고 하면 몇 명이나 신앙을 지킬 수 있을까요? 천당, 극락, 지옥 등이 문자 그대로 있느냐 없느냐를 따지려는 것이 아닙니다. 그런 것들의 유무와 상관없이, 우리의 신앙이 아직도 그런 것에 의존하고 있다면 그 신앙이라는 것이 덜 성숙한 것이 아니냐 하는 이야기이지요.

한국 조계종의 창시자 지눌(知訥) 사상에 크게 영향을 준 당나라 승려 종밀(宗密, 780~841)은 그의 저술 『원인론(原人論)』에서 종교의 교의를 다섯 가지로 분류하고, '인천교(人天教)'를 가장 하급으로 취급했습니다. 인천교란 죽어서 사람으로 태어나느냐 천상에 태어나느냐를 궁극 관심으로 삼는 태도를 말합니다. 이런 인과응보적 태도는 '내 속에 불성이 있다'는 것을 깨달으라는 제5단계 '일승현성교(一乘顯性教)'의 가르침과 너무 먼 문자주의적 신앙이라는 것이지요.

이를 그리스도교적 용어로 고치면 죽어서 천당 가느냐 지옥에 떨어지느냐 하는 문제가 신앙생활을 하는 데 가장 중요한 관심사인 신앙은 아직 '하질'이라는 뜻입니다. 미국에서 영향력이 큰 신학자 마커스 보그는 이런 신앙 형태의 그리스도교를 '재래식 그리스도교(conventional Christianity)' 혹은 '천당/지옥 그리스도교(heaven/hell Christianity)'라고 하고, 이제 이런 식의 그리스도교는 더 이상 받아들이기 힘들다고 했습니다. '새롭게 등장하는' 성숙한 그리스도교 신앙은 이런 인과응보식 신앙이 아니라 내 속에 하느님이 계시고 내가 하느님 속에 있다는 것을 체득하는 체험적 신앙이어야 한다는 주장입니다.

종교의 기본은 자기중심주의의 극복이라 할 수 있습니다. 이처럼 진정한 신앙의 방향과 상관없이 무슨 일이 있어도 나만은 천국에 가겠다고 애쓰는 사람이 그가 그처럼 바라는 천국에 들어갈 수 있을까 의심스럽습니다.

우리의 신앙이 '그 나라와 그 의'를 구하는 것인가? 혹은 그 나라에 들어가기만을 바라는 것인가? 심각하게 자문해볼 일입니다.

담배 피우면서 기도하기

베네딕토 16세 전 교황과 프란치스코 현 교황의 이야기를 다룬 〈두 교황〉이라는 영화가 있습니다. 현 교황 프란치스코 교황이 추기경일 때 베네딕토 16세 교황을 찾아가서 이런저런 이야기를 하다가 재미나는, 그러면서도 의미 깊은 우스개 이야기를 합니다.

어느 신학생이 신부에게 "신부님, 기도하면서 담배를 피워도 됩니까?"라고 물으니 물론 안 된다고 했습니다. 옆의 친구가 질문을 잘못했다고 하면서 이렇게 질문하라고 합니다. "신부님, 담배 피우면서 기도해도 됩니까?"

결국 같은 행동인데도 말하기에 따라 다르게 보인다는 것을 극적으로 말해주고 있습니다.

"내가 하느님 안에 있고, 하느님이 내 안에 계신다. 하느님과 나는 하나다" 하면 반대할 기독교인들이 별로 없습니다. 그런데 "하느님과 내가 하나니, 결국 하느님은 나고, 나는 하느님이다" 하면 많은 기독교인들이 반대할 것입니다. 특히 "나는 하느님이다" 하는 말은 신성모독죄라고 여길 것입니다.

곰곰이 따져볼 일입니다. "나와 하느님은 하나다"라는 말과 "하느님이 나고 내가 하느님이다"라는 말이 그렇게 다른가요? 특히 "내가 하느님이다" 하는 말을 하면 신성모독죄에 속할 정도로 이단적이라 생각하는데 사실 그런가요?

중세에 많은 기독교 사상가들은 자기들의 신앙 목표가 '신이 되는 것' 곧 '신화(神化, deification)'라 여겼습니다. 이는 교만이나 오만이나 신성모독이 아니라 지금의 내가 없어지고 내 속에 거하는 신이 바로 나의 본래적 나라는 사실을 인지하는 겸손이었습니다.

이런 사실은 다른 종교들의 심층을 들여다보면 명백해집니다. 동학에서는 내가 신을 모시고 있고(侍天主), 내가 모시고 있는 신이 바로 나 자신이고 따라서 내가 바로 신이다(人乃天) 하는 가르침을 가장 중요한 가르침으로 삼고 있습니다.

선불교에서는 내 속에 불성이 있다, 따라서 내가 부처님이다 하는 것을 깨닫는 것이 바로 자유를 주는 것이라 가르칩니다.

힌두교 베단타 철학에서도 절대자 브라흐만(brahman)과 나(atman)는 하나입니다. 그러므로 "나는 바로 브라흐만이다"라는 범아일여(梵我一如)의 가르침을 최고의 가르침으로 여깁니다.

존 셸비 스퐁 주교가 쓴 「요한복음」 해설서 『아름다운 합일의 길 요한복음: 어느 유대인 신비주의자의 이야기 *The Fourth Gospel: Tales of a Jewish Mystic*』(2013년)에 보면 「요한복음」의 핵심 메시지도 하느님과 우리가 하나임을 가르치는 것이라고 합니다. "나와 아버지는 하나입니다." "내가 아버지 안에 있고, 여러분도 내 안에 있습니다. 혹은 여러분이 서로 사랑하면 여러분은 하나님 안에 있고 여러분 안에 하나님이 있습니다."(요 10:38, 14:20, 17:21)

이제 기독교인들도 무조건 예수의 피 공로만 믿으면 그 덕으로 하늘 간다는 생각보다 나를 비워 내 속에 거하는 신성(神性)을 자각함으로써, 나아가 나와 이웃과 만물이 하나라는 것을 체감함으로써 참된 자유를 얻는 일에 더욱 신경을 써야 하지 않을까 생각하는데, 여러분의 생각을 어떠신지요.

종교가 사악해질 때

중국 도가(道家) 사상의 고전『장자』첫머리에 보면 '붕(鵬)'이라는 새 이야기가 나옵니다.

'북쪽 깊은 바다'에 물고기 한 마리가 살았는데, 그 이름을 '곤(鯤)'이라 하였습니다. 그 크기가 몇천 리인지 알 수 없었습니다. 이 물고기가 변하여 새가 되었는데, 이름을 '붕(鵬)'이라 하였습니다. 그 등 길이가 몇천 리인지 알 수 없었습니다. 한번 기운을 모아 힘차게 날아오르면 날개는 하늘에 드리운 구름 같았습니다. 이 새는 바다 기운이 움직여 물결이 흉흉해지면, 남쪽 깊은 바다로 가는데, 그 바다를 예로부터 '하늘 못(天池)'이라 하였습니다.

『장자』의 이야기들이 거의 상징적·은유적임을 고려할 때 이 이야기에 나오는 붕새는 엄청난 변화의 가능성을 실현한 인간을, 그리고 그 거침없는 비상(飛翔)은 이런 변화를 실현한 인간이 경험할 수 있는 초월의 경지를 상징한다고 보아야 합니다.

이와 같은 변화와 초월, 그리고 이에 따르는 자유는 세계 여러 종교의 심층에서 한결같이 권장하고 있는 기본적 가르침입니다. 예수님이 말하는 '자유', 부처님이 가르치는 '해탈', 공자님이 언급한 '불유구(不踰矩)'의 경지입니다.

그런데 유감스러운 것은 종교의 이런 기본 가르침과는 상관없이 종교를 오로지 개인과 집단의 이기적 욕망을 부추기는 수단으로 생각하는 표층 종교가 현실 종교계의 대세를 이루고 있다는 사실입니다.

하버드대에서 비교종교학으로 박사학위를 받은 찰스 킴볼(Charles Kimball) 교수가 쓴 『종교가 사악해질 때 *When Religion Becomes Evil*』라는 책이 있습니다. 이 책에서 그는 종교가 사람을 구원할 수 있기도 하지만, 어느 종교든 다음과 같은 다섯 가지 징후를 보일 때는 사람을 망치는 사악한 괴물로 둔갑할 수 있으니 조심하라고 합니다. 그 다섯 가지란 다음과 같습니다.

첫째 자기들의 종교만 절대적인 종교라고 주장할 때, 둘째 맹목적인 순종을 강요할 때, 셋째 '이상적인' 시간을 정해놓을 때, 넷째 목적이 수단을 정당화한다고 주장할 때, 다섯째 신의 이름으로 성전(聖戰)을 선포할 때라는 것입니다.

가만히 우리 주위에 있는 종교를 살펴봅니다. 자기 종교만 진리이고 남의 종교는 모두 거짓이라 주장하는 종교, 독립적인 사고와 이해 대신 자기 종교에서 가르치는 것이라면 덮어놓고 믿으라고 강요하는 종교, 세상 종말이 임박했다고 겁박하면서 재산을 모두 헌납하고 자기들을 따르라고 종용하는 종교, 자신들이 하는 일은 모두 정당하니 수단 방법을 가리지 말고 성취하라는 종교, 북한과는 화해 같은 것은 절대 안 되고 끝까지 싸워야 한다고 부추기는 종교. 대략 이런 태도를 견지하는 종교를 일반적으로 '근본주의 종교'라 합니다.

"근본주의 그룹은 실제로 살인을 하지 않고, 실제로 누군가를 치지도 않지만 그 자체로 폭력이다."

"근본주의자가 가진 정신적 구조는 신의 이름으로 행하는 폭력이다."

2014년 한국을 방문했던 프란치스코 교황의 말입니다. 특히 한국 기독교인들이 새겨들어야 할 말이 아닐까요?

한 가지 아이러니한 사실은 이렇게 종교가 사악해지는 요인과 종교가 성장하는 요인이 서로 겹친다는 점입니다. 브루스 바워(Bruce Bawer) 등 몇몇 종교사회학자들은 교단이 성장하기 위해서 갖추어야 할 필수 조건으로 다음 사항을 열거합니다.

첫째 교리의 절대화, 둘째 획일적인 행동 강령, 셋째 무조건적인 순종, 넷째 철통같은 소속감, 다섯째 열렬한 전도열.

이런 식으로 성장한 종교가 우리 사회를 위해서 무엇을 할 수 있을까 물어보지 않을 수 없습니다. 이런 요인들을 강요하여 성장한 종교는 어느 면에서 그들이 그렇게 증오하는 공산주의보다 더 억압적이 아닌가 여겨지네요.

'하나님'이 문제로다

> 항상 기뻐하라. 쉬지 말고 기도하라. 범사에 감사하라. 이것
> 이 그리스도 예수 안에서 너희를 향하신 하나님의 뜻이니
> 라.(살전 5:16-18)

그리스도인이라면 바울이 한 이 말을 다 아실 것입니다. 제
어머님도 이 말을 기억하시고 그대로 실천하려 하셨는지는 모
르지만 매일 하느님의 은혜에 감사하며 기쁜 삶을 사시고 언제
나 기도를 그치지 않으신 것을 보면 "그리스도 예수 안에서 어
머님을 향하신 하나님의 뜻"을 이루셨다고 생각됩니다. 이 경우
하나님은 어머님의 문제를 해결해주신 힘의 원천이셨습니다.

그런데, 하나님이 문제 해결이 아니라 문제의 원인 제공자가
되는 경우도 있습니다. 최근에 듣자하니 어느 분이 하나님의 계
시에 따라 자기의 정치 행로를 결정하겠다고 했다고 합니다. 사
실인지 아닌지 제가 확인할 길은 없습니다만 만약 이것이 사실
이라면 매우 위험한 발상이 아닌가 여겨집니다. 왜 그럴까요?

물론 역사적으로 하나님의 계시, 하나님과의 대화 등을 통해 위대한 예언자나 종교 창시자가 등장한 경우도 있습니다. 그러나 하나님의 계시나 지시 등을 통해 자기가 할 행동을 결정하다가 어처구니없는 결과를 가져오는 경우도 비일비재하기 때문입니다. 그 예를 몇 가지 들어볼까 합니다.

제가 아는 한 분은 이른바 초일류 대학교 수학과에 다닐 때 열성 기독교인이 되어 버스에서 '예수천당, 불신지옥'식 전도를 하다가 미국 뉴욕으로 이민을 갔습니다. 처음에 뉴욕의 노랑 택시 기사가 되었는데 택시를 몰고 가다가 하나님의 지시에 따라 다리가 쏠리는 쪽으로 방향을 틀어서 가면 거기에서 반드시 기다리고 있는 손님을 발견했다고 합니다. 그 후 공인회계사가 되어 하나님의 특별한 은혜로 돈을 많이 벌게 되었습니다. 이런 경험에 자신이 붙어 하나님이 자기를 귀한 도구로 쓰신다는 확신을 가지게 되었고, 결국 하나님이 자기보고 뉴욕 한인회 회장이 되라는 지시를 했다고 합니다. 한인회장 선거에 입후보하면서 자기는 하나님의 명령에 따라 한인회장에 입후보하는 것이니 자기를 찍어야 한다고 공언했습니다. 결과는 낙선이었습니다.

다른 한 분은 시를 쓰는 시인이었는데, 어느 날 저를 찾아왔습니다. 하나님이 저와 함께 어린이들을 위한 성경을 만들라는 지시를 했다고 했습니다. 미안하지만 저는 하나님의 명령을 따를 수가 없다고 정중히 거절했지요. 그런데 그때 그분이 하는 말이 놀라웠습니다. 하나님이 그의 일거수일투족을 다 지시하신다는 것입니다. 심지어 책장에 있는 책 중 어느어느 책은 버리라 하시고, 자동차를 타고 가면 직진, 좌회전, 우회전을 다 지시해주신다고 합니다.

하루는 지시하시는 목소리에 따라가다가 보니 주유소도 없는 어느 시골길에 들어서서 기름이 떨어지는 경험도 했다고 합니다. 심지어 어느 날은 운전하고 가는데 운전대를 놓아보라는 말을 들어 정말로 운전대를 놓으니 얼마 나가다가 차가 오른쪽 난간을 긁으며 180도로 돌아 중앙 분리대에서 섰다고 합니다. 하나님이 믿음을 시험하시면서도 자기가 다치지 않도록 보호해주셨다고 생각했습니다. 하나님의 목소리는 60대 남자의 목소리라고 했습니다. 계속 목소리를 들었으면 어떻게 되었을지 모르겠는데, 어느 날 남편이 저녁 먹으러 가자고 하여 밖으로 나왔더니 남편이 주선한 구급차가 기다리고 있어 병원으로 실려 가 격리 치료를 받고 그 목소리가 더 이상 들리지 않게 되었다고 합니다. 이를 매우 서운한 일이라 여기더군요.

위의 두 경우는 어느 정도 개인적인 문제이니 별로 시비 걸 일이 없을 것입니다. 그러나 하나님의 계시인지 명령에 충실해서 사회와 세계에 큰 영향을 끼친 경우도 있습니다.

미국 43대 대통령 조지 W. 부시는 2001년 9·11 사건을 빌미로 이라크를 침공했는데, 그 당시 많은 사람들이 반대했지만 부시는 자기의 행동이 하나님의 명령에 따른 것이라 주장했습니다. 감리교 신자이지만 빌리 그레이엄 목사에 의해 '다시 태어난(Born-again)' 크리스천으로 변신한 부시는 아침마다 집무 시작 전에 성경을 읽고 하나님의 뜻을 물어보았다고 합니다. 기자들이 그런 중대한 결정을 하는 데 아버지 부시 전 대통령과 상의하느냐고 물었을 때 "나는 나의 아버지보다 하늘 아버지와 상의한다"라고 대답했습니다.

그 당시 감리교 최고 지도자나 교황도 이라크 전쟁은 하나님의 뜻이 아니라고 반대했지만 부시는 하나님의 명령이라며 밀고 나갔습니다. 어느 분이 부시의 하나님과 감리교 수장이나 교황의 하나님은 다른 하나님인가 비꼬기도 했습니다. 나중에 밝혀졌지만 부시가 들은 하나님의 목소리는 당시 부통령이던 딕 체니와 국가안보 담당 보좌관이다가 나중에 국무장관이 된 콘돌리자 라이스 등 네오콘(신보수주의)의 목소리였다는 것이 판명되었습니다. 이런 하나님 때문에 얼마나 많은 무고한 생명이 희생되었습니까?

세상에서 가장 무서운 것이 무지한 자의 확신과 그 확신에 근거한 행동이라고 하는데, 확신 중에 가장 강력한 확신은 자기가 신의 명령이나 계시를 받았다는 믿음이라 할 수 있을 것입니다. 이런 확신에 입각한 행동 때문에 개인과 사회와 세계에 피해를 주게 된다면 이런 하나님은 많은 문제의 근원이라 하지 않을 수 없습니다. 이 같은 사례를 보면 니체가 말한 것처럼 이런 하나님은 죽어 마땅한 것 아닐까? 하는 생각도 가능할 것 같습니다.

다석 류영모 선생님

다석 류영모 선생님에 대한 인터뷰 시리즈로 저에게도 인터뷰 요청이 들어와 저는 다석 전문가는 아니지만 응하기로 했습니다.

첫째 질문은 제가 쓴 『진짜 종교는 무엇이 다른가』라는 책에서 세계적인 종교인 57명을 다루면서 한국인인 류영모와 함석헌 2인을 포함시켰는데, 그 이유가 무엇이냐 하는 것이었습니다.

저는 한국에도 물론 원효, 지눌, 퇴계, 율곡 등 위대한 심층 종교인들이 많지만, 현재 한국에 기복 일변도로 흐르는 표층 종교가 대세를 이루고 있는 형편이라 이런 대세와 대조를 이루는 종교 사상가로 잘 알려진 두 분을 소개하기로 한 것이라고 대답했습니다.

그러면서 다석학회 회장 정양모 신부님이 하신 말씀을 소개했습니다. 정 신부님은 "인도가 석가를, 중국이 공자를, 그리스가 소크라테스를, 이탈리아가 단테를, 영국이 셰익스피어를, 독일이 괴테를 각각 그 나라의 걸출한 인물로 내세울 수 있다면, 한겨레가 그에 버금가는 인물로 내세울 수 있는 분은 다석 류영모"라고 했습니다.*

다석 류영모의 직접적인 제자 박영호 선생님은 다석을 두고 "인류의 스승으로 손색이 없다"고 하였습니다.

제 개인적인 생각을 말씀드리면 위에 정양모 신부님이 열거한 세계적인 사상가들은 동양인이면 동양 사상에, 서양인이면 서양 사상에 국한될 수밖에 없었지만, 류영모 선생님은 동서양 사상과 한국 사상을 총합했다는 의미에서 그 위대성이 더욱 뛰어나다고 볼 수 있을 것 같습니다.

류영모 선생님의 사상 중 가장 흥미로운 것 한두 가지만 말씀드리면, 첫째 선생님이 「요한복음」 3장 16절을 풀이하신 것입니다. "하나님이 세상을 이처럼 사랑하사 독생자를 주셨으니"하는 말을 일반 기독교에서는 하느님이 예수님을 이 세상에 보내셨다고 하는데, 류영모 선생님은 하느님이 그의 씨를 각 사람의 마음에 심으셨다는 뜻으로 풀이했습니다. 우리 속에 있는 신성, 불성, 인성이 하느님이 보낸 독생자인 셈입니다.

그리고 십자가를 기독교에서는 예수님이 인간들을 위해 희생하신 상징으로 여기는데, 류영모 선생님은 하늘과 땅과 사람이라는 삼재(三才)로 풀어 사람(ㅣ)이 땅(ㅡ)을 뚫고 하늘(·)을 향해 올라감의 상징이라 본 것입니다.

---

* 정양모, 『나는 다석을 이렇게 본다』(두레, 2009).

예수님의 재림에 대해서도 예수님이 하늘로 올라가셨으면 우리도 하늘로 올라갈 생각을 해야지 왜 예수를 끌어내릴 생각을 하느냐고 했습니다.

돌아가시기 전 병상에서 함 선생님을 보고 「요한복음」 17장 21절, "아버지께서 내 안에, 내가 아버지 안에 있는 것같이 저희도 다 하나가 되어"라는 말씀을 인용하셨다는데, 신인(神人) 합일을 말씀하신 것입니다. 이상 열거한 것들은 세계 종교 심층에서 보편적으로 발견되는 가르침이라 할 수 있습니다.

류영모 선생님은 순우리말의 뜻풀이를 많이 했습니다. 다 알려진 것처럼 '기쁨'은 '기가 뿜어져 나옴'이고 '얼굴'은 '얼이 숨은 골'이라 하는 식입니다. 그 외에도 '빈탕한데(허공)' '가온찍기' '오, 늘~' 등입니다. 국어학적이나 어원적으로는 맞는지 모르겠지만 연상법적으로 그런 말을 화두로 삼아 더 깊은 뜻을 찾아내는 데 아주 유용한 것이라 할 수 있습니다.

우스갯소리 하나 하자면, 저도 옛날에 독일어를 배울 때 '운명'을 뜻하는 단어 'Schicksal'을 '식칼로 운명을 결정하다'로 외우고, 그리스 말을 배울 때 '머리'를 뜻하는 'kephale'를 '캡 아래' 즉 '모자 아래'로 외우고, 산스크리트어를 배울 때 '있을 수 없는 상상의 것'을 뜻하는 '변계소집성(遍計所執性, parikalpita)'을 '파리에는 갈비가 없다'라는 식으로 외운 적이 있습니다^^

다석의 고독

다석 류영모에 관한 인터뷰 중 제기된 몇 개의 문제에 대한 제 대답을 이어서 올려보겠습니다.

한 종교를 독실하게 믿는 신도들에게 기독교와 유교 불교 노장사상의 도교를 버무린 다석의 다원주의 종교관은 거부감을 줄 것 같은데 어떻게 생각하느냐 하는 질문에 대한 답이었습니다.

그렇기에 류영모 선생님이나 함석헌 선생님은 정통 기독교에서 배척당했던 것이지요. 류영모 선생님의 경우 30년 넘게 매 금요일마다 종로 YMCA 연경반(研經班)에서 강의하실 때 앞에 함석헌 선생님과 김홍호 선생님이 앉고 뒤에 7-8명 정도가 참석했다고 합니다. 어떤 때에는 구기동에서 걸어서 종로까지 왔는데 강의 들으러 온 사람이 한 명도 없었던 적도 있었다고 합니다. 함석헌 선생님도 캐나다 저의 집에 머무실 때 한국에서 당신을 정말로 이해하는 이들이 드물다는 말씀을 하셨습니다.

일반적으로 선각자는 외로운 법입니다. 범인들로서는 그들의 깊은 뜻을 알아들을 수가 없는 것이지요. 『장자』제1편「소요유(逍遙遊)」에 보면 구만장천을 나는 붕새의 큰 뜻을 이 가지 저 가지에 날아다니는 작은 새가 이해하지 못한다는 이야기가 나옵니다. "대붕의 뜻을 편작이 어찌 알리오" 하는 것입니다.

류영모 선생님이나 함석헌 선생님뿐 아니라 노자님도 "내 말은 알기도 그지없이 쉽고, 실행하기도 그지없이 쉬운데 (…) 나를 이해하는 사람이 이렇게도 드문가"(『도덕경』 제70장) 했고, 공자님도 "아, 아무도 나를 이해하지 못하는구나 (…) 하늘밖에 없구나"(『논어論語』 14:37) 했고, 예수님도 그를 이해하지 못하는 예루살렘을 내려다보시며 한탄하셨습니다.(마 23:37).

종교학의 창시자 맥스 뮐러(Max Müller)는 "하나의 종교만 아는 사람은 아무 종교도 모른다"고 했습니다. 이 종교 저 종교를 버무리는 것이 아니라 이들의 말도 들으면서 종교의 본질에 더 가깝게 접근할 수 있는 것이지요. 시각장애인이 코끼리 코만 만지고 있으면 자기 믿음에는 충실할 수 있지만 코끼리 전체는 알 수가 없지요. 코끼리의 다른 부분을 만진 사람들과 함께 앉아 서로 대화하는 것이 중요합니다. 자기가 믿는 바가 무엇인지 더 잘 알기 위해서라도 이웃 종교가 무엇을 말하고 있는지 알아봐야 한다는 것입니다.

앞의 글에서 '변계소집성(parikalpita)'을 '파리 갈비다'로 기억하면 쉽다고 했는데, 재미있는 발상이라 'parikalpita'는 절대 잊어버리지 않겠다는 반응이 있어서 이왕 나선 김에 인도 불교 유식(唯識, Yogacara) 학파에서 말하는 삼성론(三性論)을 평생 잊지 않도록 말씀해드리겠습니다.

이 세상에는 세 가지 실재(reality)가 있는데, 첫째는 말만 있고 실제로는 허구나 허상으로서의 실재, '토끼의 뿔' 같은 것, 영어로 'imagined reality'라 하는데 이것을 위에서 말한 '변계소집성(parikalpita)'이라 하고, 다음은 인과관계에 의해 생긴 실재로서 어느 정도 실재성을 가지고 있지만 아직 궁극 실재가 아닌 실재이기에 영어로는 'interdependent reality', 한문으로는 '의타기성(依他起性)', 범어로 'paratantra'라고 하는데, 외울 때는 '바라 딴 데라'라고 외웁니다. 정말 실재가 아니니 딴 데서 찾으라는 것이지요. 셋째는 정말로 있는 그대로의 진정한 실재, 한문으로 '원성실성(圓成實性)', 영어로는 'perfect reality', 범어로는 'pariniṣpanna'라고 하는데, 외울 때는 에펠탑 꼭대기에 '파리 니 서반나?', 즉 '파리에 너 서보았느냐?'라고 생각하면 좋습니다. 거기 서야 파리의 진면목을 볼 수 있으니까요.

제가 기억하기 위해 만들어낸 방법인데 한국분들에게 도움이 될 수 있다고 봅니다.

부처님이 입멸하신 후 화장하여 그 유해를 열 나라에 나누고 그 열 나라는 그것을 봉안하기 위해 각각 봉분을 만들었습니다. 이 봉분을 산스크리트어로 'stupa'라 하는데, 여기서 탑파가 생기고, 더 줄여서 탑이라는 말이 생겼습니다. 학생들에게 이 'stupa'를 기억하지 못하면 'stupid'라고 말해주면 100퍼센트 다 기억하더군요^^

기독교인인가 기독교인이 아닌가

함석헌 선생님의 선생님인 다석 류영모 선생을 두고 "기독교 종교혁명가로 볼 것인가 기독교를 벗어난 사상가로 볼 것인가"하는 논쟁이 어느 단체 채팅방에서 진행되었습니다. 그것이 왜 논쟁거리가 되는지 솔직히 저로서는 이해할 수 없습니다. 그러나 한 마디 거들라고 하여 글을 올렸습니다.

물론 기독교로 시작했으니 류영모 선생님을 기독교인이었다고 보는 것은 당연합니다. 그러나 그가 20대에 교사로 있던 오산학교를 떠나면서 정통 기독교의 울타리를 떠났다고 생각합니다. 기독교를 혁명하려는 의도가 있었던 것보다 기독교가 주는 전통적 신앙관을 더 이상 그대로 받아들일 수 없었던 것이라 봅니다. 그의 사상의 지평이 그 울타리를 넘어서 확대된 것이지요.

앞에서도 언급했지만, 하느님이 그의 독생자를 세상에 보냈다고 하는 「요한복음」 3장 16절을 하느님이 예수를 세상에 보내신 것이 아니라 우리 각자의 마음속에 그의 씨앗을 심으신 것이라고 한 풀이만 보아도 그것이 기독교 성경 절을 인용했지만 정통적 기독교 생각에서 벗어났음을 알 수 있습니다. 예수님의 말씀을 그대로 간직했지만 그에 대한 '해석'만은 기독교 울타리를 넘어선 것입니다.

류영모 선생님은 그 말씀을 문자적으로 이해하는 대신 그 너머의 '속내'를 보려고 했습니다. 사람(ㅣ)이 땅(ㅡ)을 뚫고 하늘(ㆍ)로 올라가는 모습이 십자가라는 해석, 올라간 예수를 내려오게 할 것이 아니라 우리가 올라갈 생각을 해야 한다는 재림 해석, 대신 죄를 속죄해준다는 대속(代贖) 대신에 스스로 죄를 없애야 한다는 자속(自贖) 신앙 등은 기독교적이라 할 수 없다고 봅니다. 그리고 그는 성경만 읽은 것이 아닙니다.『도덕경』도 읽고 불경도 읽고 톨스토이도 읽었습니다. 무엇을 읽든 다석은 그의 사유를 통과해서 얻은 결론을 나름대로 우리말 식으로 표현했습니다. 이런 그를 기독교인으로 혹은 기독교를 혁명하려 한 기독교인이라 한정해서 규정하는 것은 어딘지 어폐가 있지 않나 생각합니다.

제 경우를 말씀드려 죄송합니다만, 제가 북미 학생들에게 세계 종교를 가르칠 때 학생들이 저보고 저의 종교가 뭐냐고 물어보는 경우가 있습니다. 제가 너희들은 내 종교가 뭐라고 생각하느냐 물어보면 불교를 가르칠 때는 불교인 같고, 노장을 가르칠 때는 도교인 같고, 기독교를 가르칠 때는 기독교인 같다고 합니다. 그러면 저는 잘 보았다, "나는 기독교 배경에서 자랐지만 지금 나의 종교는 일종의 '메타 종교적(meta-religious)'이다"하는 식으로 농담 반 진담 반으로 대답합니다. 꿀벌이 어느 한 종류의 꽃에만 집착하지 않고 자기 주위의 꽃들에서 꿀을 따듯 한다고 할까요.(꿀에도 유채꿀, 아카시아꿀 하는 것을 보면 어느 한 종류의 꽃에서만 꿀을 따기도 하는지 모르겠네요. 그렇다면 이 비유는 적절하지 못한 것이겠네요.)

저는 어쩌다가 특정 기독교 교파에 속한 집에서 자라 그 교인이 되었지만 심정적으로는 일찌감치 그 교파는 물론 기독교도 떠났고, 학위를 받고 가르치기 시작하면서는 한 교파나 기독교가 설정한 가르침의 울타리 안에서 가르칠 수 없다는 사실 때문에 자진하여 교적 탈퇴를 신청해서 지금은 아무 종교에도 정식으로 속해 있지 않은 상태입니다.

그러나 저는 캐나다에서 퀘이커 모임에 자주 참석하고 밴쿠버 한인 캐나다 연합교회에도 출석하여 그 교회 교인 명부에도 들어가 있습니다. LA 형님 댁을 방문하면 형님 따라 옛날 그 교파 교회에 가서 옛 친구들도 만납니다. 연세대, 감신대, 한신대, 서울신대, 장신대 같은 신학교에 가서 강연도 하고, 상도선원이나 불광사, 봉선사 등 불교 사찰에도 참석하여 거기서 설법도 하고 강연도 하고 참선도 하고 108배도 합니다. 기독교 계통의 잡지《기독교사상》에도, 불교 계통의 잡지《불교평론》, 원불교 잡지《원광》등에도 글을 씁니다. 천도교에 가서 여러 번 강연도 하고 같이 '지기금지원위대강 시천주조화정(至氣今至願爲

大降 侍天主造化定)'도 외우고 원불교 원음방송국에 가서 2년간 매주 방송도 했습니다. 최근에는 남녀평등을 강조하고, 복 비는 것을 미신이라 하여 거부하는 성덕도(聖德道)라는 이색적인 한국 종교 모임에 가서 비교종교학적 관점에서 본 그 종교의 아름다움에 대해 강연하기도 했습니다.

이런 저를 저 자신도 기독교인인지 아닌지 알 수 없는 형편입니다. 아마 믿음이 좋다는 기독교인들은 제가 기독교인이 아님은 말할 것도 없고, 자기들이 믿는 식으로 신을 믿지 않는다고 '무신론자'라는 딱지를 붙일 수도 있지만 그렇게 불려도 저는 상관할 것 없습니다. (최근 캐나다 연합교회 그레타 보스퍼라는 여성 목사님은 스스로 자기를 '무신론자'라 공표했지만 교단에서는 이와 관계없이 목회를 계속하게 허용했습니다.)

『예수는 없다』를 통해 저는 한국 기독교인들이 일반적으로 생각하고 믿는 '그런 예수는 없다'고 하면서 제가 새롭게 이해한 대로의 기독교를 전하려 한 것이었는데, 의외의 환영을 받기도 했지만 일부 보수 기독교인들에게서는 기독교인이 쓴 글이라 볼 수 없다고 배척되기도 했습니다. 저는 그 책에서 정통 근본주의 기독교의 신관, 기독론, 성서 해석 방법, 선교론 등을 모두 '애정을 가지고' 뒤집어엎으려 했습니다. 부제가 '기독교 뒤집어 읽기'이고 영어로 'Reading Christianity Inside Out'이었습니다. 그렇다고 꿈에도 제가 혁명가라고 생각해본 적은 없습니다.

이와 같은 저의 정체성을 여러분들은 무엇으로 어떻게 규정하실지 궁금합니다. 꼭 무엇으로 규정해야 하는지도 모르겠습니다. 다른 이들이 저를 어떻게 규정할지 모르겠습니다만 저 자신은 규정할 필요가 없다고 생각합니다. 아마 죽을 때는 어쩔 수 없이 어느 교회 목사님이 장례 주례를 하지 않을까 생각합니다만 그것도 아직 결정되지 않았습니다. 한국에 있는 '아하! 모임' 사람들이 농담 삼아 자기들이 맡아 하겠다고 했지만, 캐나다에서 죽으면 그건 불가능하겠지요. 물론 캐나다에도 '길벗 모임'이 있어서 그런 말을 한 적도 있습니다만. 이런 저를 종교적 무국적자나 다국적자 혹은 경계인이라 해야 할지 모르겠습니다.

죄송합니다. 감히 다석 선생님과 저를 대조하다니. 그러나 다석 선생님이 기독교인이냐 아니냐 하는 문제에 있어서만은 저의 입장과 비슷해서 한마디했습니다.

이름에 무엇이 있는가?

우리가 장미라고 하는 그것은 다른 어떤 이름으로 불리든 향기는 마찬가지.

— 셰익스피어, 『로미오와 줄리엣』에서

모든 산 종교의 심층에는 종교 자체가 그 중요성을 상실하게 되는 지점이 있다.

— 폴 틸리히

종교의 표층과 심층
― 21세기 원불교에 바란다

　다음 글은 원불교 잡지《원광》의 부탁으로 쓴 것이지만 내용상 원불교에만 적용되는 것이 아니라 한국 종교, 특히 동학(천도교)과 성덕도에도 해당된다고 여겨져 나눠봅니다.

　제가 지금껏 비교종교학 전공자로서 세계 종교들을 붙들고 살펴 본 바에 의하면, 세계 거의 모든 종교에는 표층(表層)이 있고 심층(深層)이 있습니다. 기독교에도, 불교에도, 힌두교에도, 이슬람에도, 유교에도 모두 표층과 심층이 공존하고 있습니다. 어느 종교에서나 일반적으로 표층이 심층보다 상대적으로 더 두꺼운 것이 사실입니다. 물론 종교 전통에 따라 어느 종교는 표층이 심층보다 약간 두껍고, 어느 종교는 표층이 심층보다 압도적으로 더 두꺼울 수는 있습니다. 그러나 거의 모든 종교는 표층과 심층을 같이 가지고 있다고 보아 틀릴 것이 없습니다.

　제가 지금껏 관찰한 결과를 두고 볼 때, 우리나라에서 생긴 종교들 중 원불교는 천도교와 함께 심층이 가장 두꺼운 종교에 속합니다. 1916년 4월 28일 원불교 교조 원각 성존 소태산 대종사께서 얻으신 큰 깨달음, "만유가 한 체성이요, 만법이 한 근원"이라는 진리나 그 궁극 진리를 법신불 일원상으로 밝혀주신 기본 가르침은 거의 모든 종교의 가장 깊은 심층에서 발견되는 공통적인 요소들이라 할 수 있기 때문입니다. 저는 원불교와 천도교처럼 심층을 강조하는 종교가 우리나라에서 시작되었다고 하는 사실에 종교사를 연구하는 한 사람으로서뿐 아니라 한민족의 일원으로서 큰 자부심을 느끼고 있습니다.

저는 종교들이 비록 표층으로 시작하더라도 결국에는 심층으로 심화되어야 한다고 보는 입장입니다. 종교에서 무엇이 표층이고 무엇이 심층입니까? 표층과 심층을 쉽게 이해하기 위해 산타 이야기를 예로 들어봅니다. 네 살이나 다섯 살 된 아이들은 착한 일을 하면 산타 할아버지가 벽난로 옆에 걸어놓은 양말에 선물을 많이 주고 간다는 것을 그대로 믿습니다. 아이가 자라면서 엄마가 양말에 선물을 넣는 것을 보았습니다. 그러면 아이는 자연스럽게 '아, 엄마가 산타였구나. 산타 이야기는 식구들과 선물을 나눈다는 뜻이구나'라고 깨닫고 지금까지 받기만 하던 것에서 자기도 엄마, 아빠, 동생에게 선물을 주게도 됩니다.

더 크면 가족뿐 아니라 온 동네, 좀 더 자라면 사회와 국가, 세계에서 불우한 이들과 사랑을 나누는 것이 산타 이야기의 정신이라는 깨달음을 얻을 수도 있습니다. 그러다가 정신적으로 더욱 성숙해질 경우, 무조건 물질적으로 사랑을 나누는 것뿐 아니라 진정으로 사랑이 넘치는 평등한 사회가 되기 위해서는 우선 공정하고 정의로운 사회, 환경오염이 없는 사회가 되어야 한다는 자각을 가지고 적극적으로 사회 문제에 참여하게 되기도 합니다.

한 걸음 더 나아가 아주 성숙해질 경우, 크리스마스 이야기는 하늘이 내려오고 땅이 하늘을 영접하는 천지합일(天地合一), 신인합일(神人合一)의 뜻이 있구나, 내가 곧 하늘이고, 내 이웃도 하늘이고, 그러니 내 이웃을 하늘 섬기듯 섬겨야겠구나 하는 진리를 터득하는 경지에까지 이르게 되기도 합니다. 표층에서 시작하여 점점 깊이 심층으로 들어간 경우입니다.

그러면 표층 종교와 심층 종교의 근본적인 차이는 무엇입니까? 어떻게 다루느냐에 따라 그 차이를 수십 가지로 열거할 수도 있지만 지금 당장 가장 뚜렷한 것으로 생각되는 것 몇 가지만 손꼽아 봅니다.(앞에서 몇 번 언급했지만 여기서는 좀 더 상세하게 이야기할까 합니다.)

첫째, 무엇보다 큰 차이점은 표층 종교가 변화되지 않은 지금의 나, 다석 류영모 선생님의 용어를 빌리면 '제나' '몸나'를 잘되게 하려고 애쓰는 데 반하여, 심층 종교는 지금의 내가 궁극적 실재가 아님을 자각하고 나를 죽여 새로운 나, 참나, 큰나, '얼나'로 다시 태어나는 것을 강조합니다. 교회나 절에 다니는 것, 헌금이나 시주를 바치는 것, 열심히 기도하는 것 등 표층 종교에 속한 사람들은 그것으로 내가 복을 많이 받아 이 땅에서도 병들지 않고 돈도 많이 벌어 남 보란 듯 살고, 죽어서도 지금의 내가 그대로 어디에 가서 영생 복락을 누릴 것을 염두에 둡니다. 그러나 똑같은 일을 하더라도 심층 종교에 속한 사람들은 이런 일을 내 욕심을 줄여가고, 나 자신을 부인하고, 나아가 남을 생각하기 위한 정신적 연습이나 훈련 과정으로 생각합니다.

둘째, 표층 종교는 무조건적인 '믿음'을 강조하는 반면 심층 종교는 '깨달음'을 중요시합니다. 표층 종교에서는 자기 종교에서 주어진 교리나 율법을 무조건 받아들이고 따르면 그에 대한 보상이 있을 것이라 생각합니다. 심층 종교에서는 지금의 나를 얽매고 있는 선입견이나 고정관념에서 벗어나 지금의 내가 죽고 새로운 나로 태어날 때 필연적으로 따라오는 깨달음을 종교에서 가장 중요한 요소로 여깁니다. 모든 종교적인 의례나 활동도 궁극적으로는 이런 깨달음에 이르기 위한 수단으로 생각합니다. 이런 깨달음을 좀 거창한 말로 표현하면 '의식의 변화', 혹은 '주객초월적 의식의 획득'이나 '특수인식능력의 활성화'라 할 수 있습니다. 심층 종교에서는 이런 깨달음이 있을 때 진정한 해방과 자유가 있을 수 있다고 보는 것입니다.

셋째, 표층 종교는 '신은 하늘에 있고 인간은 땅에 있다'는 식으로 신과 나 사이에 '영원한 심연'만이 있을 뿐이라고 생각합니다. 신과 인간이 관계를 맺으려면 신이 그 심연을 뛰어넘어 인간에게로 오거나 인간이 하늘을 향해 큰 소리로 외치거나 이 심연을 연결해줄 중재자가 있어야 한다고 믿습니다. 좀 어려운 말로 하면 일방적으로 신의 초월을 강조하는 것입니다. 이와 대조적으로 심층 종교는 신이 내 밖에도 계시지만 내 안에도 계신다고 생각합니다. 신의 초월과 동시에 내재를 주장하는데, 이를 좀 어려운 말로 해서 '범재신론(panentheism)'의 입장이라 합니다.

넷째, 셋째 차이와 직접적으로 관련된 것입니다만, 표층 종교에서는 신이 '저 위에' 계시기 때문에 자연히 신을 내 밖에서 찾으려고 하지만, 심층 종교에서는 신이 내 속에 있고, 이렇게 내 속에 있는 신이 진정한 나, 참나를 이루고 있기에 신을 찾는 것과 참나를 찾는 것이 결국은 같은 것이라 봅니다. 이런 생각을 연장하면 신과 나와 내 이웃, 우주가 모두 '하나'라는 생각을 하게 됩니다. 자연히 하늘을 모시고 있는 나, 궁극적으로 하늘과 내가 같다는 사실을 발견하게 됨으로 나 스스로 늠름하고 의연한 삶을 살 수 있는 자유를 누리게 됩니다. 나아가 내 이웃도 역시 하늘이기에 자연히 이웃도 하늘 모시듯 하는 사랑과 자비의 마음을 가지게 됩니다. 한 걸음 더 나아가 하늘과 인간과 모든 만물이 하나이므로 모든 만물을 존경하게 됩니다.

다섯째, 의식의 변화를 통해, 깨침을 통해, 내 속에 있는 신을 발견하는 일, 참나를 찾는 일—이런 경험은 너무나 엄청나고 놀라워서 도저히 말이나 글로 표현할 수가 없습니다. 그래도 표현한다면 그것은 어쩔 수 없이 상징적(symbolical), 은유적(metaphorical), 유추적(analogical) 수단을 사용할 수밖에 없습니다. 보통 말은 인간사에서 일어나는 보통의 경험을 표현하기 위한 것이기에 이런 엄청난 경험은 보통 말로 표현할 수가 없는 것입니다. 따라서 심층 종교의 사람들은 종교 전통에서 내려오는 경전들의 표피적인 뜻에 매달리는 문자주의를 배격합니다. 표층 종교에서 경전을 '문자대로', '기록된 대로', '그대로' 읽고 받아들여야 한다고 할 때 심층 종교는 문자 너머에 있는 '속내'를, 더 깊은 뜻을 알아차려야 한다고 가르칩니다.

여섯째, 표층 종교는 문자의 표피적 의미에 매달리기 때문에 자기들의 가르침과 문자적으로 서로 조금만 달라도 이를 용납할 수 없어 독선적으로 흐를 수밖에 없지만, 심층 종교는 문자를 절대화하지 않기에 문자적으로 좀 다르다고 해서 이웃 종교에 배타적인 태도를 취하는 일이 없습니다.

한 가지만 덧붙이면 일곱째, 표층 종교는 율법을 잘 지키냐 못 지키냐에 따라 죽어서 극락, 천당, 지옥으로 간다고 하는 율법주의적이고 내세 중심의 종교라면 심층 종교는 '지금 여기'에서 기쁨과 감사와 환희의 풍요로운 삶을 더욱 중요시합니다.

앞에서 지적한 것과 마찬가지로 모든 종교인들은 특별한 경우를 제외하고 거의 표층에서 시작합니다. 시대적으로도 역시 특별한 경우를 예외로 하고 옛날에는 이런 표층 종교인들이 절대다수를 이루었습니다. 문제는 이제 많은 종교인들이 개인적으로도 머리가 커졌고, 시대적으로도 인지가 고도로 발달한 상태라 위에서 지적한 것과 같은 표층적 종교로는 만족할 수 없어졌다는 것입니다. 나이가 마흔이 되었는데 아직도 산타 할아버지를 위해 굴뚝을 쑤신다는 것은 보통 사람으로서는 하기 힘든 일이지요. 이제 사람들은 병이 나면 병원에 가고 돈이 필요하면 은행에 가고, 답답한 일이 있으면 상담사에게 간다고 생각하는 것이 보통인 세상이 되었습니다. 이제 종교를 이렇게 개인적, 집단적 이기심을 충족시키기 위한 요술방망이쯤으로 생각하기가 어려워졌다는 것입니다.

그러면 이제 종교란 완전히 무의미한 것인가요? 오늘날 많은 사람들이 종교에서 떠나는 것은 대부분 표층적인 종교가 종교의 전부라고 오해하기 때문이라 볼 수 있습니다. 문제는 종교에서 심층 차원을 찾는 것입니다. 오늘 많은 사람들이 목말라하는 것은 이런 심층 차원이 가져다줄 수 있는 시원함입니다. 종교의 이런 '심층' 차원을 종교사에서 보통 쓰는 말로 바꾸면 '신비주의(神秘主義, mysticism)'라고 할 수 있습니다.

신비주의라고 하면 일반적으로 부정적인 시각으로 보기 일쑤입니다. 신비주의라는 말의 모호성 때문이라 할 수 있습니다. 똑같은 말은 아니지만 신비주의라는 말 대신 '영성'이라는 말이라든가, 독일 철학자 라이프니츠가 창안한 '영속철학(perennial philosophy)'이라는 말을 쓰는 이도 있고 '현교적(顯敎的, exoteric)' 차원과 대조하여 '밀의적(密意的, esoteric)' 차원이라는 말을 쓰기도 합니다. 그러나 이런 말들도 모호하기는 마찬가지입니다.

이런 아리송함을 덜기 위해 독일어에서는 신비주의와 관련하여 두 가지 말을 사용하고 있습니다. 부정적인 뜻으로서의 신비주의를 'Mystizismus'라 하는데, 일반적으로 영매, 육체이탈, 점성술, 마술, 천리안 등 초자연 현상이나 그리스도교 부흥회에서 흔히 발견되는 열광적 흥분, 신유체험 등과 같은 것을 지칭하는 말입니다. 이런 일에 관심을 보이거나 거기에 관여하는 사람을 'Mystizist'라 합니다. 이와 대조적으로 종교의 가장 깊은 면, 만유가 하나, 신과 내가 하나라는 등 인간의 말로 표현할 수 없는 순수한 종교적 체험을 목표로 하는 신비주의는 'Mystik'라 하고 이와 관계되거나 이런 일을 경험하는 사람을 'Mystiker'라 합니다.

신비주의에 대한 정의로 중세 이후 많이 쓰이던 'Cognitio Dei experimentalis'라는 말이 있습니다. '신을 체험적으로 인식하기'입니다. 하느님, 절대자, 궁극실재를 몸소 아는 것입니다. 그러나 이때 '안다'고 하는 것은 이론이나 추론이나 개념이나 논리나 교설이나 문자를 통하거나 다른 사람이 하는 권위 있는 말을 믿는 믿음을 통해서 아는 것이 아니라, 나 자신의 영적 눈이 열림을 통해, 나 자신의 내면적 깨달음을 통해, 의식의 변화를 통해, 직접적으로, 그리고 체험적으로 안다는 것을 의미합니다. 사실 "종교에서 이런 신비주의적 요소가 없는 종교는 진정한 의미에서 종교라 할 수 없다"고 볼 수 있습니다. 그래도 '신비주의'라는 말이 거슬린다면, 일단 그것을 우리가 여기서 하는 것처럼 '심층 종교'라 부르는 것이 좋으리라 생각합니다.

20세기 가톨릭 최대의 신학자 카를 라너(Karl Rahner, 1904-1984)는 미래의 그리스도인은 신비주의자(mystic)가 되지 않으면 더 이상 존재하지 못하게 되고 말 것"이라고 예견했습니다. 독일 신학자로서 미국 뉴욕에 있는 유니언 신학대학원에서 오래 가르친 도로테 쇨레(Dorothee Sölle, 1929-2003)도 1997년 펴낸 『신비와 저항Mystik Und Widerstand』이라는 책에서 신비주의 체험이 역사적으로 특수한 몇몇 사람들에게만 가능한 무엇이 아니라 이제 더욱 많은 사람들에게서 있을 수 있는 일이 되어야 한다고 역설하면서 이른바 '신비주의의 민주화(democratization of mysticism)', 대중화를 주장했습니다. 여기서 이 두 대가가 거론하는 '신비주의'라는 말은 물론 한국에서 통속적으로 생각하는 그런 의미의 '신비주의'가 아니라 여러 종교 전통들을 관통해서 흐르는 종교의 가장 깊은 '심층'을 의미하는 것입니다.

21세기에는 이런 심층 종교가 아니면 거의 의미가 없습니다. 교육 수준이 높아지고, 통신 수단이 발달하고, 사람들의 인지가 향상된 현 사회에서 종교를 기껏 기복이나 성공 지상주의, 배금주의 등의 수단으로 여기고 이를 사람들에게 강요하는 종교는 그 자리를 잃게 되고 말 것이라 생각합니다. 지금 인류가 당면하고 있는 최대의 문제는 개인적 자존감의 회복, 사회적 정의 구현, 생태계 보전, 남녀평등 및 인권의 신장 등 생명과 평화입니다.

> 곳곳이 부처님이시니 일마다 불공하세
> 언제나 마음공부로 어디나 선방일세
> 일 있을 때나 일 없을 때나 여여한 마음으로
> 마음과 몸을 잘 수호하고 사용하여 복과 혜를 같이 갖추고
> 진리가 곧 삶이 되게 하고 삶이 곧 진리가 되게 하세*

이 같은 기막힌 가르침, 그리고 천지, 부모, 동포, 법률 등의

은혜를 생각하라는 사은(四恩), 수양과 연구와 취사를 강조하는 삼학(三學) 등의 가르침은 위에서 제가 소개한 심층 종교의 요소들을 완벽하게 갖추고 있을 뿐 아니라 이를 일목요연하고 간결하게 정리하여 제시하고 있습니다. 그렇기에 원불교야말로 오늘 한국인뿐 아니라 전 인류를 위해 종교적으로, 정신적으로 공헌해야 할 사명이 크다고 믿습니다.

---

* 　處處佛像, 事事佛供, 無時禪, 無處禪, 動靜一如, 靈肉雙全, 佛法是生活, 生活是佛法.

성덕도의 가르침

언젠가 서울 동대문에 있는 성덕도(聖德道) 모임에 참석해보았습니다. 세상에 이런 '종교 아닌 종교'가 있는가 싶을 정도로 놀라워 간략하게 소개하고 싶습니다.

현대의 특징 중 하나는 탈종교화라 할 수 있습니다. 앞서 살펴봤듯 미국의 종교사회학자 필 주커먼의 조사 연구에 의하면 덴마크, 스웨덴, 노르웨이 등 북유럽은 실질적으로 '신 없는 사회'입니다. 심지어 '모든 종교는 대량살상무기'라는 말까지 있을 정도입니다. 미국도 매년 4천 개의 교회가 없어지고 매일 3,500명이 교회를 떠난다고 합니다. 한국도 예외가 아닙니다. 2015년 통계에 의하면 10년 사이에 종교 인구가 300만 명 정도 감소했고, 1년에 100개 정도의 교회가 문을 닫고 있다고 합니다. 최근 어느 보수 목사님의 말에 의하면 지난 코로나 사태로 1만 개에서 1만 5천 개의 교회가 사라졌다고 합니다.
왜 이런 현상이 일어나고 있을까요?

여러 가지 이유가 있겠지만 종교가 변하지 않고 옛날의 세계관을 그대로 고집하기 때문이라 볼 수 있습니다. 미국 성공회 주교 존 셸비 스퐁 신부는 『기독교 변하지 않으면 죽는다』라는 책을 썼습니다. 많은 사람들의 사랑을 받는 미국 신학자 마커스 보그는 『기독교의 심장』이란 책에서 천당 지옥을 강조하던 전통적인 기독교에서 변혁을 강조하는 새로운 기독교가 등장해야 한다고 주장합니다. 티베트 불교 지도자 달라이 라마도 『종교를 넘어』라는 책에서 극락 지옥을 가르치는 불교는 이제 현대인들에게 설득력을 잃게 되었다고 강조했습니다.

많은 이들이 전통 종교를 떠나는 구체적인 이유 몇 가지를 예거하면, 신이 인류 역사나 인간사 모든 것을 하나하나 직접 관여한다는 '관여하는 신'을 더 이상 받아들이지 못하겠다는 것입니다. 또 그런 신에게 빌어서 복을 받겠다는 생각도 많은 사람들에게 의미 없는 가르침이 되었습니다. 대부분의 전통 종교에서는 양성 평등보다는 남존여비 사상을 유지하고 있는데, 이런 남녀차별도 받아들일 수 없다는 것입니다. 잘 믿으면 죽어서 천당이나 극락으로 가고 잘못 믿으면 지옥으로 떨어진다는 것도 의미 없다고 보는 이들이 많습니다. 전통 종교에서 일반적으로 가지고 있는 이웃 종교에 대한 배타성도 종교를 멀리하는 이유 중 하나입니다.

그런데 1952년에 생겨난 성덕도의 경전인 『자성반성 성덕명심도덕경』에 보면 다음과 같은 사실을 명시하고 있습니다.

신이 아니라 사람이 천지지간 만물의 영장이니 사람이 우주 만상물을 지배하고 조성할 수 있다고 합니다.* 철저한 휴머니즘이라 할 수 있을 것입니다. 따라서 초월적인 존재에 명복과 소원성취를 비는 것은 사리사욕에 이끌리는 것으로서 미신이니, 그런 '미신을 타파'해야 한다는 것입니다.(24쪽)**

천당 극락 지옥은 어디에 있는가. 각자 마음속에 있기에 심전(心田)을 청정정심하면 그것이 곧 천당 극락이라 합니다.(25쪽)***

세상 사람들이 남자는 하늘, 여자는 땅이라 생각하고······ "남존여비(男尊女卑)라 칭하나 천은(天恩)과 지혜(地惠)가 일반(一般)이라 고(故)로 남녀(男女)는 평등(平等)이니라"라고 가르칩니다.(26쪽)****

"성덕도의 취지는 인생의 근본인 유불선(儒佛仙) 삼교 교합법"이라고 하여 이웃 종교의 가르침 중 중요한 요소를 취합하고 있습니다.(12쪽)*****

---

    * 天地之間에 사람은 萬物之靈長인 故로 우주 萬像物을 能히 支配하고 造成할 수 있도다.
    ** 虛空려 命福과 所願成就를 비는 것은 私利私慾에 이끌려 發願禮拜함이니 이 理致는 마음을 自覺하여서 迷信을 打破합시다.
    *** 天堂 極樂 地獄은 在何處요 各自 中心이니 人生은 萬物之靈長인 故로 生存에 改心修德하여 心田을 淸靜正心하면 卽 天堂 極樂이니.
    **** 天은 높이 있고 地는 낮게 있으니 世上사람이 此意를 生覺하고 男尊女卑라 稱하나 天恩 地惠가 一般이라 故로 男女는 平等이니라.
***** 聖德道의 趣旨는 人生의 根本인 儒佛仙 三敎 敎合法.

이 정도만 해도 상당 부분의 재래 종교에서 거부감을 일으키는 요소들을 걷어낸 셈이 아닌가 여겨집니다.

그러면 어떻게 "한없이 맑고 고요하고 바르고 둥근 마음"을 가질 수 있는가 하는 문제가 있습니다. 여러 가지 자세한 가르침이 있습니다만, 제가 우선 본 것으로 판단하면 '자성반성(自性反省)'이라는 내관법(內觀法)을 통해 스스로의 마음을 들여다보는 것이 아닌가 합니다. 이를 위해 "무량청정정방심(無量淸靜正方心)"이라는 일곱 자 간단한 주문을 계속 외우도록 하고 있습니다. 이렇게 하여 착한 마음을 가지게 되고 이를 통해 세계에 '화목(和睦)'을 가져오는 것이 큰 목적인 듯하다는 인상을 받았습니다. 모든 것이 어울려 하나로 돌아간다는 '만화귀일(萬和歸一)'이라는 말이 이를 잘 표현하고 있지 않은가 생각되기도 했습니다.

아직 깊이 연구해보지 않았습니다만 일단 첫인상이 너무나 강렬하여 소개해보고 싶은 마음이 생겼습니다. 종교 선전이라 생각하실까 걱정됩니다만 종교학자로서 제가 본 것을 한번 말해보았을 뿐입니다.

종교 선택은 신중하게

종교 선택에 대해 생각해봅시다. 제가 종교 선택을 신중하게 해야 한다고 말씀드리면 상당수의 분들이 "종교를 선택할 때 이 종교 저 종교를 다 시험해보거나 섭렵해보고 어느 종교를 선택하는 사람이 몇 명이나 됩니까? 대부분 부모를 따라서, 친구를 따라서, 혹은 길거리의 전도자를 만나서, 어쩌다 이런저런 종교를 가지게 되는 것이 보통 아닙니까" 하는 말씀을 하십니다. 맞는 말입니다.

이 문제와 관련해서 두 가지를 말씀드리고 싶습니다. 첫째, 이렇게 우연히 (믿음이 좋다고 하시는 분들은 섭리나 인연 때문이라 하시겠지만) 속하게 된 종교를 절대화하면 곤란하다는 것입니다. 제가 아는 어느 목사님이 하신 말씀이 생각납니다. 시골에 살 때 그 목사님 어머님이 새벽 잠자리에서 멀리서 들려오는 종소리를 따라 그곳에 가서 문을 열고 들어갔는데, 그 교회가 어쩌다 감리교회였고, 그래서 어머님도 감리교인이 되시고 자기도 감리교 목사까지 되었다고 하더군요. 이 목사님은 감리교 목사님이 되었지만, 감리교라는 교파도 초월하고 기독교의 경계도 넘으신 분입니다. 세계 여러 종교를 두루 섭렵하시면서 벌이 여러 꽃에서 꿀을 따듯 각 종교의 아름다운 부분을 향유하시고 계십니다.

내가 인도에서 태어났으면 십중팔구 힌두교인이 되었을 것이고, 스페인에 태어났으면 가톨릭을 믿었을 것이고, 독일에서 태어났으면 개신교인이 되었을 것이고, 사우디에서 태어났으면 무슬림이 되었을 것입니다. 이렇게 자기가 선택하지도 않고 그저 주어진 종교를 자신이 거기 속했다는 이유 하나만으로 무조건 절대적 종교라고 주장하는 것은 마치 자기가 어쩌다가 백인으로 태어났다고 해서 백인 우월주의를 주장하는 KKK 단원들의 태도와 뭐가 다를까요. 기독교인들 중에는 기독교만도 아니고 자기 교파만, 혹은 자기 목사님만 진리라 주장하기까지 하는 이들도 있습니다. 이런 분들이 이제 별로 없기를 바랍니다. 이렇게 믿던 사람들 중 제가 쓴 『예수는 없다』를 읽고 태도를 바꾸었다고 하는 분들을 꽤 많이 만났습니다.

둘째, 우리가 스스로 선택하지는 않았지만, 이제 스스로 사고하고 판단할 능력을 갖출 정도로 성숙한 단계에 이르렀으면, 우리 자신의 의도와 관계없이 주어진 종교를 냉철하게, 비판적으로 살펴볼 필요가 있다는 것입니다. 옛날에는 한국에서 태어났으면 한국 음식만 먹고 살았지만 이제 이탈리아 요리, 프랑스 요리, 터키 요리, 중국 요리 등을 먹을 수 있습니다. 지금은 글로벌 시대이니만큼 여러 가지 종교의 옵션이 우리 앞에 주어져 있습니다. 자기에게 주어진 종교를 죽을 때까지 그대로 지켜야 할 의무가 없습니다. 자기가 탄 큰 배가 노예선이라는 것이 판명되면 그 배에서 뛰어내려 옆에 지나가는 다른 배로 갈아탈 수 있어야 합니다.

지금 내가 속한 종교가 나를 영적으로 성숙하게 도와주는가, 나를 질식시키고 내 속에 있는 무한한 가능성을 말살하려 하는가, 나에게 진리를 탐구할 수 있는 자유를 주는 열린 종교인가, 그 종교에서 주어진 교리를 앵무새처럼 외우기를 강요하는 닫힌 종교인가, 무엇보다 그 종교 지도자를 신처럼 받들라고 강제하는 종교인가 등등을 살펴보고 원추 새가 오동나무만을 찾아서 앉는다는 『장자』의 이야기처럼 자기에게 맞는 오동나무를 찾을 필요가 있을 것입니다.

신학도들이 세계 종교에 관심을 가져야 하는 이유

박충구 교수가 '신학도의 약점'이라는 제목으로 다음과 같은 글을 올린 것을 보았습니다. "인문, 사회, 역사학도를 만나면 신학도는 두 가지 부끄러운 회한을 느끼게 된다. 신학이라는 학문이 2천 년 전 문서에 과도한 열정을 쏟게 하여 다른 관심을 극도로 생략하게 만든다는 점……."

좋은 문제 제기 감사합니다. 사실 박충구 교수님은 스스로 신학자이시면서 신학하시는 분들이 너무 성경에만 매몰되지 말고 "자기의 삶이 담긴 역사, 자기의 삶을 그려낸 문학, 자기 사회의 변화"에 관심을 가지면 좋겠다는 말씀을 했습니다. 현재 대부분의 한국 신학교에 세계 종교를 가르치는 과목이 없고, 혹 있다고 하더라도 오로지 이웃 종교를 비판하기 위해서나 있다는 사실은 놀라운 일입니다. 이런 배경에서 다음 글을 올립니다.

루터의 솔라 피데(sola fide, 믿음만으로)와 솔라 스크립투라(sola scriptura, 성경만으로)는 그 당시 가톨릭이 믿음 외에 행함을, 성경

외에 전통을 함께 중시하는 입장에 반대하기 위해 외친 구호입니다. 그것이 무조건 믿으라, 성경만 있으면 된다 하는 식의 이야기는 아니었다는 것입니다.

다시 되풀이됩니다만, 오늘 세계화된 시대에 신학하시는 분이나 그리스도인들은 종교학의 창시자 맥스 뮐러가 "한 종교만 아는 사람은 아무 종교도 모른다"고 한 말에 귀 기울일 필요가 있습니다. 설령 자기 종교가 훌륭하다는 것을 알기 위해서라도 이웃 종교가 무엇을 가르치는가 깊이 이해할 필요가 있습니다.

20세기 신학계의 거성 폴 틸리히는 말년에 시카고 대학교로 옮겨 그 대학 종교학 거장 미르체아 엘리아데(Mircea Eliade)와 함께 세계 종교에 대해 공부하고, 죽기 전 시카고 대학교에서 한 강연에서 시간이 허락된다면 자신이 쓴 세 권짜리 주저 『조직신학』을 세계 종교의 빛 아래에서 다시 쓰고 싶다고 했습니다. 애석하게도 그는 이 뜻을 펴지 못하고 죽었습니다. 그러나 죽기 전 남긴 책 중 『기독교와 세계 종교의 만남 Christianity and the Encounter of the World Religions』이라는 책에서 기독교는 '개종'에 힘쓸 것이 아니라 '대화'에 집중해야 한다고 했습니다.

종교학의 또 다른 거장 라이몬 파니카르(Raimon Panikkar)는 스스로 가톨릭과 힌두교와 불교를 다 함께 받아들이고 그리스도교가 살아남으려면 이웃 종교들과의 '이종교배(cross fertilization)'가 불가피하다고 주장했습니다.

벌써 몇십 년 전 캐나다 종교학자이면서 신학자요 목사였던 해럴드 카워드(Harold Coward) 교수가 쓰고 제가 한국말로 옮긴

『종교 다원주의와 세계 종교*Pluralism in the world religions*』라는 책에서 앞으로의 신학은 세계 종교를 알아보는 비교종교학적 배경이 없이는 불가능할 것이라 단언했습니다.

이런 주장을 하는 종교학자들, 신학자들은 얼마든지 예거할 수 있습니다만 이 정도로만 해도 충분하리라 믿습니다. 한스 큉도, 폴 니터도 마찬가지입니다. 현재 종교학을 전공하는 사람들 중에는 두 종교 교인(dual membership), 세 종교 교인(triple membership)을 이야기하는 사람들도 있습니다.

지질학을 공부한다는 사람이 자기 뒷마당만 파보고, 혹은 옆집에서 그 집 뒷마당을 파놓은 것을 뒤져보고 지구에 대해 모두 다 안다고 주장한다면 결코 훌륭한 지질학자라고 할 수 없을 것입니다. 종교에 대해 연구한다는 사람이 이런 지질학자의 운명을 그대로 답습해서는 안 된다고 봅니다.

한국에는 왜 광신도가 많은가?

　며칠 전 어느 분이 페이스북에 미국 고등학생들이 듣는 교과목의 종류를 소개하였습니다. 그 교과목 중 독자분들이 특히 관심을 기울여주셨으면 하는 것이 있었습니다. 고등학생들이 택하는 과목 중 '종교학(Religious Studies)'과 '세계 종교(World Religions)'가 그것이었지요.

　소개해 주신 것처럼 미국과 캐나다에서는 중고등학교에서 원하면 세계 종교나 종교 일반에 대한 과목을 택해 공부할 수 있습니다. 미국이나 캐나다 거의 모든 대학에는 종교를 학문적으로 연구하는 종교학과(Department of Religious Studies)가 있고 대학생들이 교양 과목으로나 전공 과목으로 종교학을 듣습니다. 제가 봉직하던 캐나다 대학교에서는 종교학 과목이 사회학, 심리학 과목과 함께 학생 수가 가장 많은 과목이었습니다. 특히 종교학개론에 해당하는 세계 종교 과목은 한 반에 70명씩 여러 반으로 나누어져 가르치는데, 한 학기에 몇백 명에 이르는 수강생들이 있었습니다.

"종교의 학문적 연구의 탁월함을 고양시키고 종교에 대한 공공의 이해를 증진시키기 위한" 목적으로 이루어진 북미종교학회(American Academy of Religion) 연례 모임에는 종교학을 가르치는 교수들이 약 8천 명씩 모입니다.

한국에는 중고등학교에서 이웃 종교를 이해하도록 도와주는 과목이 있는지 모르겠습니다. 대학교에도 종교학과가 있는 학교가 서울대와 서강대 등 몇 군데 되지 않습니다.

한국에 종교적 독선이나 종교적 광신자가 많은 것은 대부분의 경우 일반인들이 종교에 대해 목사나 특정 종교의 성직자들에게서 듣는 것이 전부이기 때문이 아닌가 합니다. 이것은 마치 식빵에 대해서 어느 특정 식빵회사 월급을 받고 그 회사 식빵의 판매고를 높이기 위해 그 회사 식빵만을 선전하는 열혈 판매원이 하는 말을 듣고 그가 선전하는 그 회사 식빵만이 최고다, 식빵에 대해서는 더 이상 알 필요가 없다, 다른 회사 식빵은 절대 안 된다고 주장하는 것과 같습니다.

다시 인용합니다만, 종교학의 창시자 맥스 뮐러는 "하나의 종교만 아는 사람은 아무 종교도 모른다"고 했습니다. 이 말이 사실이라면 학교에서 종교 일반에 대해 배울 기회가 없어 자기가 속한 성직자에게서 들은 종교밖에 아는 것이 없는 대부분의 한국인들은 자기 종교도 모르는 '종교 문맹'이라 할 수 있습니다. 학생들을 종교 문맹으로 방치할 수는 없습니다. 이런 종교 문맹 현상이 자신의 종교만 옳다고 하고 다른 종교는 배척하는 행태로 나타난다고 할 수 있습니다.

저는 계속해서 한국 중고등학교와 대학에서 학생들이 세계 종교에 관해 객관적으로 배울 수 있는 교양과목이 설치되어야 한다고 주장해오고 있습니다. 그래야 한국의 독선적이고 배타적인 종교 문화가 개선될 수 있다고 보기 때문입니다.

이웃 종교를 이해하는 것은 개인의 열린 마음을 진작시킬 뿐 아니라 종교 간의 평화를 위한 일이고, 어느 분이 말한 것처럼 세계 평화를 이루기 위한 전제 조건이기도 합니다.

기독교 폭력을 없애려면

앞의 글에서 한국에 광신도가 많은 중요한 이유 중 하나는 중고등학교 과정이나 대학에서 이웃 종교에 대해 객관적으로 배울 기회가 없었기 때문이 아닌가 하는 생각을 피력했습니다. 예상 외로 많은 호응이 있었습니다.

이런 반응을 보면서 정말로 한국에서 세계 종교를 객관적으로 이해할 수 있는 기회가 주어져야 할 필요성을 절감하시는 분들이 생각보다 많다는 고무적인 사실을 감지할 수 있었습니다. 제가 생각하기로 세계 종교가 너무 광범위하면 적어도 한국에 많이 있는 종교들, 유교, 불교, 도교, 기독교, 천도교 정도라도 숙지할 기회가 주어져야 한다고 봅니다.

세계적으로 유명한 신학자 한스 큉은 "이웃 종교에 대한 기본적인 연구가 없으면 종교 간의 대화가 있을 수 없고, 종교 간의 대화가 없으면 종교 간의 평화가 있을 수 없고, 종교 간의 평화가 없으면 세계 평화가 있을 수 없다"고 했습니다.

한국 기독교인의 95퍼센트 이상이 근본주의 기독교인으로

서 기독교만 진리를 독점하고 있다고 믿고 이웃 종교에 대해서
는 알아볼 필요도, 대화할 필요도 없다고 보고 있는 것이 현실
입니다. 이런 고정관념이 없어지지 않으면 일반 신도들도 이웃
종교에 대해 공격적이고 배타적인 태도를 유지하게 됩니다. 이
런 분위기가 계속되면, 이웃 종교에도 구원이 있다고 주장하다
가 출교당한 감리교신학대 변선환 목사/교수님이나 기독교 교
인이 불교 사찰에 들어가 기물을 파손한 것을 보상하기 위해 모
금 운동을 했다는 이유로 해고당한 서울기독대의 손원영 목사/
교수님이나 불당에 가서 부처님께 절했다고 교수직을 잃은 강
남대 이찬수 목사/교수님 같은 희생자가 계속 나오게 됩니다.
종교적 진리는 어느 누구도 전매특허를 낼 수 없습니다.

　프란치스코 교황은 근본주의는 그 자체로 폭력적이라고 했
습니다. 독선적으로 남을 폄훼하기 때문입니다. 이런 폭력적인
기독교 근본주의가 사라지려면 이웃 종교를 알아보고 이해해야
합니다. 남녀가 서로 사랑할 때 상대방이 어떤 가치관을 가지고
살아가는가를 아는 것이 필수입니다. 마찬가지로 우리가 이웃
을 사랑한다면 이웃이 어떤 생각을 가지고 살아가느냐를 이해
하는 것이 중요합니다. 유럽에서는 실질적으로 사라진 기독교
근본주의가 한국에서도 곧 사라지기를 바라 마지않습니다.*

---

　*　세계 종교를 개괄하기에 좋은 안내서로 제가 쓴 책, 『세계 종교 둘러보기』(현
암사, 2013)가 있습니다.

탈종교화 시대의 종교 아닌 종교

되풀이하여 말씀드립니다만, 이 시대의 가장 중요한 특징 중하나가 바로 탈종교화 현상입니다. 이른바 산업화된 사회에서는 전체적으로 전통 종교와 상관없이 사는 탈종교인의 숫자가급증합니다. 말하자면 탈종교가 현재 가장 급성장하는 종교 현상인 셈입니다.

종교 인구가 미미한 유럽의 경우는 말할 것도 없고 미국도종교와 무관하게 사는 사람들이 급증하고 있습니다. 오죽하면미국 성공회 주교 존 셸비 스퐁 신부는 미국에서 제일 큰 동창회는 '교회 졸업 동창회'라고 했겠습니까? 물론 한국도 예외가아닙니다. 한국에서 특히 10대에서 40대의 젊은 층, 그리고 교육을 많이 받은 사람들에게서 이런 탈종교 현상이 더욱 두드러진다는 보고입니다.

왜 이런 탈종교화 현상이 생기는 것일까요? 우리 나름대로생각해볼 수 있는 가장 주된 이유는 현대인들이 기복이나 상벌을 기본 전제로 하는 종교에 더 이상 매료되지 못하기 때문이 아닌가 합니다. 불교 지도자 달라이 라마도 저서 『종교를 넘어』에서 극락이나 천국, 지옥으로 사람들을 회유하거나 협박하는 종교는 이제 그 설득력을 잃었다고 주장합니다. 그는 이제 종교와 상관없이 인간의 내면에서 우러나오는 '탈종교적 윤리'가 인간 사회를 움직이는 힘이 되어야 한다고 강조합니다.

그러면 종교는 완전히 무용지물일까요? 종교사회학자 에밀 뒤르켐의 영향을 받은 캐나다 브리티시컬럼비아 대학교 사회심리학 교수 아라 노렌자얀은 저서 『거대한 신, 우리는 무엇을 믿는가』에서 한때 종교를 필요로 하는 시대, 종교를 필요로 하는 사람들이 있었다고 주장합니다. 수렵시대 이후 점점 인지가 발달하면서 사회관계를 넓혀가고 유지하기 위해서는 하늘에서 인간들의 행동거지를 감시하는 거대한 감시자(Watcher)가 필요하다는 것을 감지하면서 신이 등장하게 되었다고요. 물론 오늘날에도 이런 신을 필요로 하는 사회나 사람들이 있습니다. 그런 믿음이 인간 사회가 오늘의 수준에 올라오기까지 일종의 사다리 역할을 했지만 이제 상당수 앞서가는 나라에서는 그 사다리를 걷어차게 되었다고 합니다.

이렇게 종교 없는 사회가 되면 어떤 일이 벌어집니까? 미국의 기독교 설교자들은 종교 없는 사회, 신을 믿지 않는 사회는 어쩔 수 없이 혼돈과 무질서, 범죄가 창궐하는 흑암의 사회가 된다고 주장합니다. 그런데 미국의 종교사회학자 필 주커먼이 안식년을 맞아 덴마크에 가서 일 년여를 지내면서 관찰한 바에 따르면 덴마크 등 스칸디나비아 국가들은 실질적으로 '신이 없는 사회'인데도 불구하고 범죄율이나 부패지수가 세계에서 가장 낮은 나라, 나아가 세계에서 가장 잘사는 나라들임을 발견했다고 합니다.

세계를 둘러보면 신을 믿는 비율이 높은 나라들일수록 번영과 평등, 자유, 민주주의, 여권, 인권, 교육 정도, 범죄율, 기대수명 등에서 그만큼 덜 건강하다고 합니다. 전에도 언급한 바 있지만, 세계적으로뿐만 아니라 미국 내에서도 신을 가장 많이 믿는 이른바 바이블 벨트에 위치한 중남부 주들이 교육 수준이나 범죄율 등 여러 면에서 신을 가장 덜 믿는 서부와 동북부 주들보다 훨씬 낙후되어 있지요.

영국의 저명한 종교학자 카렌 암스트롱(Karen Armstrong)은 저서 『신의 역사 A History of God』 마지막 부분에서 전체적으로 미국이 유럽 국가들보다 도덕적으로 낙후한 것은 미국에 신을 믿는 사람들이 많기 때문이라 지적합니다.

주커먼은 전통적으로 받들어 오던 신을 믿고 종교적으로 열렬하게 살 때의 부작용을 구체적으로, 그리고 상세하게 열거하고 있습니다. 여기서 그의 주장을 되풀이할 필요는 없습니다. 그의 주장이 아니더라도 현재 한국 사회에서 일어나는 일을 보면 그 부작용이 어떤 것인지 잘 알 수 있기 때문입니다.

자칭 열렬하다는 근본주의 신자들의 경우 대부분 한번 가진 고정관념에서 벗어날 줄 모르고 자연히 보수적이 됩니다. 정치적으로나 사회적으로 닫힌 마음의 소유자가 되어 모든 것을 흑백·선악 등 이분법적으로 보고 자기와 다른 생각을 가진 사람들을 용납하지 못합니다. 지금 극단적으로 흐르고 있는 몇몇 종교인들과 종교 지도자들, 그리고 그들과 부화뇌동하는 일부 종교인들을 보십시오. 민주적이고 다원주의적인 현 사회에서 자기만 옳다고 고집하는 이런 배타주의적 정신으로서는 다른 이들과 어울릴 수가 없습니다.

종교 없이 산다고 허무하게 살아야 할까요? 주커먼은 절대 그렇지 않다고 합니다. 오히려 더욱 풍요로운 삶을 살 확률이 높아진다는 것을 실증적 자료를 통해 명확히 하고 있습니다. 단도직입적으로 말하면, 종교가 없어도, 신이 없어도 잘 사는 것이 아니라 '종교가 없어야, 신이 없어야' 잘 산다는 것입니다.

숨 막힐 정도의 전통적 종교의 도그마에서 벗어나면 삶과 세계를 보는 눈이 달라집니다. 지금껏 당연히 여기던 것을 새롭게 보게 됩니다. 밤하늘의 무수한 별을 보고, 봄에 솟아나는 들풀 한 포기, 바람에 나부끼는 잎새 하나를 보고도 경이로움과 놀람을 느끼게 됩니다. 이처럼 사소한 일상의 일에서부터 광대한 우주의 '경이로운 신비(awesome mysteries)'를 하나하나 발견하며 외경과 환희와 황홀함을 체험할 수 있게 됩니다. 그야말로 '아하!'의 연속입니다. 이렇게 종교를 넘어서 모든 것을 신기한 눈으로 보며 사는 삶의 태도를 그는 '경외주의(aweism)'라고, 그리고 이런 태도로 사는 사람을 '경외주의자(aweist)'라 불렀습니다. 이것이 오늘에 절실한 '종교 아닌 종교'라는 것입니다.

'종교 아닌 종교'라고 했지만 사실 이런 것이 참된 의미의 종교라고 주장하는 사람도 있습니다. 앞에서도 지적했듯 그 대표자가 알베르트 아인슈타인입니다. 그는 우주에 있는 신비적인 것에 놀라움을 느끼는 것이 바로 진정으로 종교적인 것이라고 했습니다. 전통적인 종교만이 종교라는 고정관념이 먹혀들지 않는다는 것을 보여주는 예라 할 수 있을 것입니다.

불교와 성경

계간지 《불교평론》에서 이어가는 '불교로 읽는 고전' 시리즈의 하나로 '성경-불교의 입장에서 읽은 성경 이야기'를 쓰라는 원고 부탁을 받아서 1. 성경의 구성, 2. 성경의 정경화(正經化), 3. 성경에 대한 태도, 4. 해석의 문제, 5. 불교와의 관계에서 성경 읽기로 구성된 글을 써보았습니다. 그 가운데 3, 4 5번을 같이 나눠보고자 합니다.*

성경에 대한 태도

불교의 경전은 부처님의 제자 아난다가 부처님이 하신 말씀을 "나는 이렇게 들었다(如是我聞)"라는 말로 시작하지만, 그리스도교에서는 전통적으로 성경이 '성령의 감동'으로 쓰인 '하

---

* 《불교평론》2021년 겨울호, 248~265쪽.

나님의 말씀'이요 '계시(啓示)'의 책이라 믿는다. 그러나 이런 말들이 구체적으로 무엇을 뜻하느냐 하는 문제에 이르면 그리스도인들 사이에서도 서로 의견이 다르다.

1) 문자주의적 태도

이른바 보수주의 그리스도인들, 특히 근본주의적 혹은 복음주의 그리스도인들은 대체로 성경에는 절대 오류가 있을 수 없다는 '성경 무오설(無誤說)'을 주장한다. 심지어 성경 글자 하나하나가 모두 영감으로 기록되었다는 '축자영감설(逐字靈感說)'을 주장하는 이들까지 있다.

예를 들어 하나님의 말씀으로 온 우주를 엿새 만에 창조했다든가, 여호수아가 해가 지기 전 쫓기는 적을 완전히 무찌르기 위해 하나님께 태양이 멈추도록 해달라고 하니 태양이 멈췄다든가, 요나가 큰 물고기 뱃속에 들어갔다가 3일 만에 살아 나왔다고 하는 등 구약의 이야기, 그리고 예수님이 물 위를 걷고 떡 다섯 개와 생선 두 마리로 5천 명을 먹이기도 하고, 죽은 나사로를 다시 살리는 기적을 보였다는 복음서의 이야기 등등이 모두 문자 그대로 역사적인 사실이라 믿어야 한다고 주장한다. 이렇게 성경에 나온 이야기들이 모두 문자 그대로 역사적·과학적 사실이라고 믿는 것을 '문자주의'라고 하는데, 이런 문자주의를 받드는 그리스도인들은 성경을 문자적으로 믿어야 참믿음이라고 주장한다. 전능의 하나님을 믿는다면 그가 우주를 엿새 만에 만들 수 있다고 믿는 데 아무런 문제가 없다는 것이다.

이런 입장을 취하는 그리스도인들은 물론 히브리어 성경 처음에 나오는 '모세 오경'도 모세가 직접 쓴 것이고, 복음서들도 그 이름대로 「마태복음」과 「요한복음」은 예수님의 제자 마태와 요한이, 「마가복음」과 「누가복음」은 바울의 동역자 마가와 누가가 쓴 것이고, 바울의 편지서도 열몇 편 모두 바울이 직접 쓰고, 일반 편지서도 그 이름을 가진 저자들이 손수 쓴 것이라 믿는다.

2) 문자주의의 거부

한편 18세기 계몽시대 이후 발달한 이른바 '역사 비평학적 접근'으로 성경을 연구하는 현대 성서학자들 대부분은 창조나 출애굽이나 예수님의 기적 이야기 등 성경에 있는 이야기들이 어느 한때 정말로 있었던 역사적·과학적 사실이라 문자적으로 받아들일 수 없고, 또 성경을 문자적으로 받아들이지 않더라도 그 '상징적' 의미를 발견하면 여전히 성경은 우리를 위한 하나님의 말씀이요 계시로 인정할 수 있다는 입장을 취한다.

이런 진보적 학자들이나 그리스도인들은 예를 들어 '모세 오경'도 모세가 직접 쓴 것일 수 없다고 본다. 모세 오경 중 「신명기」 끝부분에 나오는 모세의 죽음에 관한 기록을 어떻게 모세 자신이 쓸 수 있었겠는가 하는 식이다. 모세 오경은 내용이나 문체나 용어 등에서 각각 특유한 몇 가지 종류의 문헌이 나중에 편집되어 이루진 것이지 모세라든가 어느 한 사람이 쓴 것으로 볼 수 없다는 것이다. 「창세기」에 나오는 천지창조 이야기도 두 가지로서,「창세기」1장 1절에서 2장 4절까지 나오는 이야기와 2장 4절 이후에 나오는 이야기가 각각 P문서와 J문서라고 하는 다른 종류의 문서였는데, 후대「창세기」편집자가 이 두 문서를 적절히 짜깁기해서 붙여놓은 것이라 본다.

복음서들의 경우도 비슷하다. 복음서들이 처음에는 저자의 이름도 없이 돌아다니다가 후대에 가서 지금과 같이 저자들의 이름이 붙여졌다고 본다. 예를 들어「마태복음」은 예수님의 제자 마태가 쓴 것이 아니라는 것이다. 예수님의 제자 마태가 썼다면 자기가 예수님과 함께 살면서 직접 보고 들은 것을 그대로 기록하면 될 것인데 왜 예수님의 제자도 아닌 마가가 쓴「마가복음」에 그 정도로 의존하여 그렇게 많은 구절을 인용할 필요가 있었겠는가 하는 식이다.

또「요한복음」을 예수님의 제자 요한이 썼다면「요한복음」을 쓸 당시 그의 나이는 100살에 가까웠어야 하는 것 아닌가? 등의 의문을 제기한다. 그뿐만 아니라 복음서에 예수님이 하신 말씀으로 나와 있는 말씀도 사실 모두 다 예수님 '자신의 말씀 (verba ipsissima)'이라기보다 거의 다가 후대의 사상을 예수님의 입을 통해 반영하고 있는 것이라 본다.*

심지어는「요한복음」에 나오는 니고데모, 나사로 같은 인물

* 복음서에 나오는 예수님의 말씀 중 어느 것이 정말로 예수님의 말씀인가 하는 것을 연구한 '예수 세미나' 학자들이 낸 책으로 Robert W. Funk 외, *The Five Gospels: What Did Jesus Really Say? The Search for the Authentic Words of Jesus*(HarperOne, 1996) 참조.

이나 죽은 나사로를 살린 사건이나 신이 인간이 되어 강림하였다는 이야기 등은 역사적 사실이 아니라 저자들의 상상에 의한 결과물이라 보기도 한다.*

바울 서신 등도 바울이 쓴 것으로 여겨지는 것도 있지만, 이른바 '목회 서신'이라는 것은 바울의 다른 서신들과 사상이나 문체 면에서 너무나도 다르기 때문이 바울 자신이 쓴 것이라 보기가 어렵다는 것이다. 바울이 직접 쓴 것이 7편, 논쟁거리가 되는 것이 3편, 바울이 쓰지 않은 것이 분명한 것이 3편, 따라서 바울이라고 하지만 '급진적 바울', '보수적인 바울', '반동적인 바울' 세 명의 바울이 있었다고 보기도 한다.**

해석의 문제

성경을 문자적으로 받아들이면 안 된다고 하는 신학자로는 20세기 최대 신학자 중 하나인 독일의 성서 신학자 루돌프 불트만(1884~1976)을 들 수 있다. 그는 『신약 성서와 신화Neues Testament und Mythologie』 『예수 그리스도와 신화Geschichte und Eschatologie』 등의 저작을 통해 이른바 '비신화화'를 주장했다. 성경은 기본

---

* 존 셸비 스퐁 지음, 변영권 옮김, 『아름다운 합일의 길 요한복음』(한국기독교연구소, 2018) 참조.
** 마커스 J. 보그, 존 도미니크 크로산 지음, 김준우 옮김, 『첫 번째 바울의 복음The First Paul』(한국기독교연구소, 2010) 참조.

적으로 신화적 서술이기 때문에 신화를 이해할 때 그것이 마치 우주의 어떠함을 말해주는 무엇인 것처럼 '우주론적으로' 이해할 것이 아니라 이 우주 속에서 살아가는 인간이 인간 스스로의 실존을 어떻게 이해했는가를 말해주는 이야기라 생각하고 '실존적으로' 풀어야 한다고 했다.

독일 신학자로 나치 정권을 피해 미국으로 건너간 20세기 최고의 신학자 폴 틸리히(1886-1965)는 '비신화화'라고 하면 신화를 없애는 작업이라 오해하기 쉽고 성경에서 신화를 없애면 남을 것이 없을 것이므로 비신화화라는 말 대신 '탈문자화' 혹은 '신화의 껍질을 깨기(breaking myth)'라는 말을 제안했다. 틸리히는 종교적 서술은 근본적으로 상징적인 것이기 때문에 상징이 나타내고 있는 상징 너머의 뜻을 알아내야 한다고 하고, 신학의 임무는 성경의 상징을 그 시대의 정황에 맞게 재해석하는 작업이라 했다. 이런 의미에서 '재신화화(remythologizing)'가 필요하다고 하는 것이 더 적절하다고 생각할 수도 있다.

이런 식의 역사비평적 접근이라든가 탈문자화라든가 신화적인 표현의 껍질 깨기 방법 등이 불교의 텍스트를 읽는 데도 적용될 수 있을까 하는 문제는 불교 스스로 질문해보는 것이 좋을 것이라 생각된다.

불교와의 관계에서 성경 읽기

성경을 읽으면서 불교를 연상시키는 진술이나 사건들 몇 가지를 예거해 본다. 불교와 그리스도교의 대화를 가능하게 하는 주제들일 수 있기 바란다.

1) 성경 첫째 권인 「창세기」에 보면 신이 6일 동안 세상과 최초의 인간 아담과 하와를 지으시고, 아담과 하와에게 "땅을 정복하라 (…) 땅에 움직이는 모든 생물을 다스리라"(1:28)고 하였다. 서양 역사는 대체로 이 '정복'과 '다스리라'라는 말을 문자 그대로 받아들여 땅을 마구잡이로 정복하고 모든 생물들을 닥치는 대로 착취하고 살육하는 일을 계속해온 역사라 할 수 있다. 그러나 최근 이 말은 자연을 함부로 하라는 뜻이 아니라 자연을 잘 '보호하고 보살피라'는 뜻으로 받아들여야 한다는 목소리가 커지고 있다.*

이런 새로운 이해는 불교에서 강조하는 불살생(不殺生)의 가르침으로 이어질 수 있다고 여겨진다.

2) 창조 이야기와 연관해서 야훼 신은 아담과 하와를 위해 에덴동산을 조성하고 먹기 좋은 열매를 맺는 나무들을 자라게

---

* 제러미 리프킨(Jeremy Rifkin)의 다음 세 책 참조. *The Emerging Order: God in the Age of Scarcity*(Ballantine Books, 1979); 신현승 옮김, 『육식의 종말*Beyond Beef*』(시공사, 2002); 안진환 옮김, 『글로벌 그린 뉴딜*The Green New Deal*』(민음사, 2020) 참조.

하고, 모든 나무의 열매는 먹어도 좋지만 그중 '선과 악을 알게 하는 나무의 열매' 이른바 '선악과'는 먹지 말라고 하며, 먹으면 죽으리라고 했다. 하와가 뱀의 유혹에 넘어가 그 과일을 먹고 아담에게도 주어 아담도 먹었다. 둘은 "눈이 밝아져서 자기들이 벗은 몸인 것을 알고" 무화과나무 잎으로 몸을 가렸다. 그러자 야훼 신은 이들이 선과 악을 알게 되었다고 하며 그들을 에덴동산에서 내쫓았다.

전통적으로 기독교에서는 이 이야기를 순종·불순종이라는 시각에서 보고 아담과 하와가 불순종하므로 쫓겨난 것이니 우리도 불순종하면 안 된다는 식의 윤리적, 율법적 해석으로 일관해왔다.

그러나 의식의 발달사를 다룬 켄 윌버(Ken Wilber)는 이 이야기가 인간이 선과 악을 분별하지도 못하고, 자기가 벌거벗었다는 것도 모르던 동물적인 주객 미분의 의식(pre-subject/object consciousness) 단계에서 선과 악을 구별하고 자기를 객관화해서 볼 줄 아는 주객 분리의 의식(subject/object consciousness)으로 넘어온 단계를 신화적으로 표현한 것으로 본다. 윌버는 물론 의식 발달의 완성은 이런 이분법적 분별 의식을 초월하는 초주객 의식(trans-subject/object consciousness) 단계라 한다.*

불교식으로 말하면 인간이 분별식(分別識)을 가지게 된 계기와 이를 넘어서서 분별식을 초극하는 단계로의 완성을 이야기

---

* 켄 윌버 지음, 조옥현, 윤상일 옮김, 『에덴을 넘어 *Up from Eden*』(한언출판사, 2009).

한 것으로 풀 수 있을 것이다.

3) 성경 복음서에 의하면 예수님이 공생애를 시작하면서 처음으로 외친 기별이 "회개하라, 천국이 가까웠느니라"(마 4:17)하는 것이었다. 여기서 '회개'라고 번역한 것은 본래의 그리스 말로 '메타노이아(metanoia)'이다. 메타(넘어서다)와 노이아(의식)의 합성어로 과거의 잘못을 뉘우치고 앞으로 잘하겠다는 뜻 정도가 아니라 우리의 의식 구조 자체가 근본적으로 변화되어야 한다는 뜻이다. 이런 메타노이아 체험과 불교에서 말하는 깨침의 체험은 다 같이 '새로운 의식'을 말하고 있다는 점에서 일맥 상통한다고 보아도 무방하지 않을까?

4) 「요한복음」에 보면 예수님이 "내가 곧 길이요 진리요 생명이니 나로 말미암지 않고는 아버지께로 올 자가 없느니라"(14:6)라고 했다. 여기서 '내가'라는 것은 역사적 인간 예수를 가리키는 것이기보다는 '우주적 나(cosmic I)', 우리 모두 안에 있는 '우주적 생명력', '본원적인 인간성,' '나의 참나'를 말하는 것이라 보는 것이 더욱 설득력 있는 해석이라 여겨진다. 이런 말을 하고 있으니 부처님이 태어나자마자 외친 "천상천하유아독존(天上天下唯我獨尊)"이라는 말이 연상된다. 여기서 '나(我)'란 누구인가? 역사적 고타마 싯다르타를 의미할까? 내 속에 있는 진정한 의미의 나, 참나인 불성(佛性)을 의미하는 것이 아닐까? 그렇다면 예수님의 선언과 부처님의 외침에 어느 정도의

공통점이 발견되는 것 아니겠는가?

5) 「마태복음」에 보면 최후 심판 장면이 나온다. 임금님이 의인들을 향해 "너희는 내가 주릴 때에 내게 먹을 것을 주었고, 목마를 때에 마실 것을 주었으며, 나그네로 있을 때에 영접하였고, 헐벗었을 때에 입을 것을 주었고, 병들어 있을 때에 돌보아주었고, 감옥에 갇혀 있을 때에 찾아주었다"(25:35-36)고 한다. 의인들이 자기들이 언제 그런 일을 했는지 의아해하고 있는데, 임금이 다시 입을 열어, "너희가 여기 내 형제자매 가운데 지극히 보잘것없는 사람 하나에게 한 것이 곧 내게 한 것이다"(25:40)라고 대답한다. 이런 것은 물론 윤리적 차원으로 이해할 수도 있지만, 모든 것이 어우러져 있고 결국은 하나라는 화엄 철학의 상즉(相卽) 상입(相入)의 원리나 이사무애(理事無碍), 사사무애(事事無碍) 사상에 의하면 보잘것없는 사람과 임금이 결국 하나이기 때문에 보잘것없는 사람에게 한 것이 곧 임금에게 한 것이라는 뜻으로 풀이될 수 있을 것이다.

6) 다시 화엄 사상을 원용하면, 예수님이 하신 "네 이웃을 네 몸과 같이 사랑하라"(마 19:19)는 말씀도 쉽게 이해된다. 이웃과 내가 따로 떨어진 개별적 존재가 아니라 서로 연관되어 있고, 결국은 하나이기 때문이다. 나와 이웃만 하나가 아니라 나와 자연도 하나일 수밖에 없다. 사도 바울은 "피조물이 다 이제까지 함께 탄식하며 함께 고통을 겪고 있는 것을 우리가 아느니

라"(롬 8:22)라고 했다. 우리와 모든 피조물이 하나라는 것을 자각하면 현재 자연이 당하는 고통을 외면할 수 없다는 생태학적 현실에 관심을 가져야 한다는 절박감은 그리스도교와 불교가 다를 바 없을 것이다.

7) 일즉다(一即多) 다즉일(多即一), 일중다(一中多) 다중일(多中一), 모든 것이 결국 하나 안에 있고 하나가 모든 것 안에 있어 하나가 곧 모든 것이요 모든 것이 곧 하나라는 화엄의 법계연기(法界緣起) 사상은 「요한복음」에서 극명하게 드러난다. 예수님은 "아버지께서 내 안에, 내가 아버지 안에 있는 것같이 저희도 다 하나가 되어 우리 안에 있게 하사"(17:21)라고 하였다. 사실 「요한복음」의 중심 사상은 일반적으로 생각하듯, "하나님이 세상을 이처럼 사랑하사 독생자를 주셨으니 이는 그를 믿는 자마다 멸망치 않고 영생을 얻게 하려 하심이니라"(3:16)라는 말씀에 근거하여 하나님이 그의 외아들 예수님을 세상에 보내 인류의 죄 값을 탕감하기 위해 피 흘리셨으니 우리는 그를 믿기만 하면 영생을 얻는다는 이른바 대속론이 아니라, 하나님과 내가, 그리고 우리 모두가, 모든 것이 '하나'라는 '신비적 합일' 사상이다. 그러기에 미국 성공회 주교 존 셸비 스퐁(1931-2021) 신부는 「요한복음」 해설서의 제목을 '어느 유대인 신비주의자의 이야기(*Tales of a Jewish Mystic*)'라고 했다.*

더욱이 류영모는 모든 그리스도인들이 외우는 위의 성경 절에서 하느님이 세상에 보낸 독생자는 예수가 아니라 우리 각자의 내면에 심어준 하느님의 씨앗, 신성(神性)이라고 하였다. 불교적 용어로 하면 우리 속에 있는 불성(佛性)이 아닌가?

8) 위에서 잠깐 언급한「도마복음」은 처음부터 끝까지 깨달음(gnōsis)을 통해 내 속에 빛으로 있는 신성(神性), 나의 참나를 발견함으로써 자유와 해방을 얻고 새 생명으로 태어나는 것을 기본 가르침으로 하는 복음서라 할 수 있다. 필자는「도마복음」풀이 책 서문 마지막 문장으로 "한 가지 좀 특별한 소망을 덧붙인다면 깨달음을 강조하는 이 책이 한국에서 그리스도교인들과 불교인들을 이어주는 가교(架橋) 역할을 할 수 있었으면 하는 것입니다"라고 하였다.**

나가면서

성경을 필자의 어머니처럼 일 년에도 몇 번씩 읽는 이도 있고, 필자의 사촌 형처럼 국한문 성경을 완전히 필사하고 이제

---

* 앞서 언급한 것처럼, 한국 번역에서는 제목을 '아름다운 합일의 길「요한복음」'이라고 했지만, 영어 원본에는 *The Fourth Gospel: Tales of a Jewish Mystic*(HarperCollins Publishes Ltd, 2013)로 되어 있다. 신비주의란 절대자와의 합일을 강조하는 사상이다.
** 오강남,『살아 계신 예수의 비밀의 말씀』(김영사, 2022), 기독교인들을 비롯해 불자가 아닌 이들을 위한 불교 안내서로 오강남,『불교, 이웃 종교로 읽다』(현암사, 2006) 참조.

다시 한글 성경을 필사하고 있는 이도 있다. 그러나 현실적으로 대부분의 그리스도인들은 성경을 별로 읽지 않는 것이 사실이다. 마치 일반 불교 신도들이 「반야심경(般若心經)」이나 「천수경(千手經)」 같은 것은 외우지만 『화엄경(華嚴經)』이나 『법화경(法華經)』 같은 경을 직접 읽는 이들이 별로 없는 것과 같다.

그럼에도 많은 그리스도인들이나 불교인들은 자기들이 지금 믿고 있는 것이 성경이나 불경에서 나온 진리 그대로라고 믿는 것이 일반적이다. 그러나 대부분은 전통적으로 내려오던 '해석'과 '교리'를 성직자들이 전해주는 대로 받아들이는 것이 현실이다. 이제 그런 전통에 무비판적으로 얽매이지 말고 스스로 텍스트를 직접 읽고 깊이 명상하여 그 문자 너머 심층에 있는 속내를 나름대로 의미 있는 방향으로 간취하였으면 한다. 그러면 불교와 그리스도교는 그 깊이에서 서로 통할 수 있다는 사실을 발견하게 될 것이다.

4

사회와 정치를

생각하며

포도원의 품꾼들
― 발상의 전환

성경 「마태복음」 20장 1-16절에 보면 예수님이 하신 비유로 '포도원의 품꾼들'이라는 비유가 나옵니다. "하늘나라는 자기 포도원에서 일할 일꾼을 고용하려고 이른 아침에 집을 나선 어떤 포도원 주인과 같다"는 말로 시작합니다.

포도원 주인은 일손이 필요해서 아침 일찍 장터로 나가 하루의 품삯으로 한 데나리온씩 주기로 합의하고 일꾼들을 모집해서 포도원에서 일하게 합니다. 포도원 주인이 오전 9시쯤에 장터에 나가보니 아직 일을 구하지 못해 서성이는 이들이 있었습니다. 이후 정오에, 오후 3시에, 심지어 오후 5시에 나가봐도 일을 구하지 못한 사람들이 있었습니다. 포도원 주인은 이들을 모두 포도원에 가서 일하도록 했습니다. 일을 끝낸 후 관리인에게 일당을 지불하되, 제일 먼저 온 사람들에게도 제일 나중에 온 사람에게도 다 같이 한 데나리온씩을 주게 했습니다. 먼저 온 사람들은 자기들이 나중에 온 이들보다 더 받으리라 기대하고 있었는데, 그들 역시 처음 합의한 대로 한 데나리온을 받았습니다. 처음 온 사람들이 주인에게 불평을 했습니다. 나중 온 사람은 한 시간밖에 일하지 않았는데, 어찌 하루 종일 더위를 견디며 일한 우리와 같은 임금을 받느냐는 것이었습니다. 주인은 "이보시오, 나는 당신을 부당하게 대한 것이 아니오. 당신은 나와 한 데나리온으로 합의하지 않았소? 당신의 품삯이나 받아 가지고 돌아가시오. 당신에게 주는 것과 꼭 같이 이 마지막 사람에게 주는 것이 내 뜻이오"라고 대답했습니다. 포도원 주인의 가치관과 행동 원리가 번뜩이는 대목입니다.

우리의 상식적인 생각으로 도대체 이런 불공평을 어떻게 이해해야 할까요? "임금을 힘든 노동의 대가"로만 생각하는 경우라면 열 시간 일한 사람과 한 시간 일한 사람이 똑같은 임금을 받는다는 것이 불평거리가 아닐 수 없습니다. 그러나 마음을 조금만 고쳐먹으면 포도원 주인이 한 일을 이해할 수 있을 것입니다. 노동에는 여러 가지 의미가 있을 수 있기 때문입니다.

주인으로서는 이렇게 생각했을 수 있습니다. '해가 지려고 하는데 아직까지 일자리를 구하지 못한 사람들은 그동안 얼마나 노심초사 마음 졸였을까? 일을 구하지 못하면 다섯 식구 오늘 저녁 먹을거리도 없는데 어쩔까 하면서. 그뿐인가? 일자리가 없다는 것은 자존감하고도 관계가 있다. 나는 잉여 인간이 아닌가, 집에 가서 뭐라고 말할까 하는 자괴감마저 가질 수 있다. 불쌍한 일이다.'

반면 아침부터 일한 사람들에 대해서는, "당신들은 비록 육체적으로는 힘들었을지 모르지만 이런 마음고생 없이 안심하고 일할 수 있지 않았소. 이런 특권을 자각할 수만 있다면 당신들이 얼마나 행운아들인가 발견하고 불평할 필요가 없었을 것이오. 아니 오히려 마음 졸이며 기다렸던 사람들, 한 시간 일했다고 당신들 임금의 10분의 1을 받으면 저녁거리도 제대로 살 수 없는 사람들을 위로하고 주인에게 당신들보다 마음고생을 더 한 그들에게도 먹고살 수 있도록 임금을 같이 주라고 부탁이라도 해야 하는 것 아니겠소"라고 했을 것입니다.

한국에서 임시직 노동자들을 정규직으로 전환하겠다고 하니 정규직 노동자들이 반대하고 나선다는 이야기를 들었습니다. 비정규직 노동자를 정규직으로 바꾸어준다고 자기들의 임금이 깎이는 것도 아니라고 하는데 왜 그럴까요? 가장 큰 이유가 자기들은 까다로운 시험을 치르고 여러 가지 힘든 과정을 거쳐 정규직이 되었는데 그런 고생도 안 한 사람들이 자기들과 동일한 대접을 받게 되다니 참을 수가 없다는 것입니다.

어려운 과정을 거쳐 정규직을 획득한 그들의 노력은 높이 평가해야 할 것입니다. 그러나 마음을 좀 고쳐먹을 수 없을까요? 그동안 비정규직 노동자들도 정규직 노동자와 거의 비슷한 종류의 일을 했는데 억울하게 임금도 겨우 연명할 정도로만 받고 인간적인 대접도 제대로 못 받고, 더욱이 언제 해고될지 조마조마하게 마음 졸이며 지내왔습니다. 정규직 사람들이 그들의 사정을 들여다보고 그들에 대한 측은지심(惻隱之心)을 발동한다면 그들이 정규직이 되어 그동안의 고생을 위로받을 수 있도록 도와줄 수도 있을 것입니다.

예수님이 선포한 하느님의 나라는 이 포도원 주인과 같다고 했습니다. 하느님의 나라란 이처럼 사랑과 배려, 발상의 전환, 가치전도, 역지사지의 원리가 작동하는 사회일 것입니다. 코로나19 이후 많은 해고가 예상된다고 합니다. 이때도 이런 원리가 적용될 수 있었으면 하는 바람입니다.

이 비유가 주는 종교적 의미는 무엇일까, 한번 짐작해보시기 바랍니다.

포도원의 품꾼들
— 그 종교적 의미

　앞에서 예수님이 말한 '포도원의 품꾼들' 비유를 어떻게 읽으면 좋을까 하는 것을 고용 문제 중심으로 생각해보는 글을 올렸습니다. 지금은 그 비유에서 어떤 종교적 메시지를 얻을 수 있는지 알아볼까 합니다.

　예수님의 비유를 요약하면 어느 포도원 주인이 이른 아침에 장터에 나가 품꾼들을 구해 일당 한 데나리온을 주기로 하고 자기 포도원에 와서 일하게 했습니다. 주인이 그 후 몇 번 다시 장터에 나가보니 일거리를 구하지 못한 사람들이 있었습니다. 그들을 모두 포도원에 와서 일하게 했습니다. 심지어 오후 5시까지도 일자리를 구하지 못해 서성이는 사람이 있었는데, 그 사람도 포도원에 와서 일하라고 했습니다. 일을 끝내고 품삯을 주는데 저녁 늦게 온 사람에게 먼저 한 데나리온을 주었습니다. 아침 일찍부터 일한 사람들은 자기들은 그보다 조금 더 받을 거라고 은근히 기대하고 있었는데, 자기들도 한 데나리온을 받고 불평한다는 이야기입니다. 예수님은 "천국이 이와 같다"고 했습니다.

아침 일찍부터 일한 사람이 왜 불평을 했을까요? 자기들은 하루 종일 더위를 견디며 일을 했는데 어찌 한 시간밖에 일하지 않은 사람들과 같은 임금을 받아야 하는가 하는 이유였습니다.

신앙인들 중에도 이런 태도를 가진 사람들이 많습니다. 자기들은 한평생 예수를 믿느라 이런저런 일로 고생고생하면서 살아왔는데, 세상에 재미있는 일 다 하다가 죽기 직전 예수를 믿은 사람과 똑같이 하늘나라에 간다면 억울하다고 생각하는 것입니다. 왜 괜히 일찍부터 믿게 되어 이 고생을 하는가? 나도 죽기 직전에 믿을걸 하는 마음입니다. 이런 사람에게 제일 부러운 사람은 예수님이 십자가에 달렸을 때 그 옆에 함께 달려 있던 강도입니다. 이 사람이야말로 할 짓 실컷 다 하다가 죽기 직전에 예수님으로부터 "오늘 네가 나와 함께 낙원에 있으리라"(눅 23:43)는 약속을 받아냈기 때문입니다.

왜 이런 생각을 하게 될까요. 종교를 보상과 형벌(reward and punishment) 중심으로, 좀 전문적인 말로 하면 율법주의적으로 이해하고 있기 때문입니다. 종교에서 정해준 율법을 잘 지켜서 그 덕택으로 하늘나라에 들어간다든가 어떤 보상을 받게 된다는 생각입니다. 그러니 하루하루 율법에 어긋나지 않게 살려고 노심초사하게 됩니다. 종교가 하나의 짐입니다. 일생이 짐을 지고 사는 힘겨운 삶입니다.

이른 아침부터 일한 사람들이 일을 오로지 노역의 보상을 위한 것으로만 생각하면 일하는 시간이 고달프게 느껴지기 마련입니다. 그러나 이 사람도 생각을 달리해서 일자리를 구하지 못할까 하는 불안감 없이 편안한 마음으로 일할 수 있다는 특권을 깨닫는다면, 더욱이 자기가 따서 모은 포도가 많은 사람들에게 즐거움을 줄 훌륭한 포도주가 된다는 사실에 보람을 느낀다면, 일하는 시간이 그렇게 지겹거나 고생이라 여겨지지 않고 오히려 즐거운 시간이 될 수 있을 것입니다.

종교도 보상과 형벌이라는 프레임에서 벗어나면 새로운 경지가 열릴 수 있습니다. 신학자 폴 틸리히가 말한 대로 예수님이 "수고하고 무거운 짐 진 자들아 다 내게로 오라"(마 11:28)고 했을 때 이것은 예수님이 새로운 종교를 주려는 것이 아니라 그 당시 율법주의적인 종교로부터의 해방과 자유를 약속하신 것입니다.

종교적 삶이 하늘 가느냐 지옥 가느냐 하는 율법주의적 관심에서 벗어나 하루하루가 우주와 내 주위, 그리고 내 속에서 일어나는 일에 대한 성찰을 통해 삶의 새로운 경지를 깨달아가면서 무릎을 칠 수 있는 변화(transformation)의 체험이 연속되는 삶이라면 그 삶은 고달픈 삶이 아니라 즐거운 삶이 될 수 있을 것입니다. 이런 경우 삶의 말년에 가서야 겨우 믿음을 갖게 된 사람들을 부러워할 것이 아니라 이렇게 일찌감치 즐거운 삶을 살기 시작한 자신을 다행으로 생각하게 되지 않을까 합니다.

바른 말(正語)

정치인들 중에, 그리고 언론인들 중에 험한 말을 하는 것이 자신에게 주어진 사명이라 생각하는 이들이 있는 것 같아 두어 자 적으려고 합니다.

우선 "입은 비뚤어져도 말은 바로 하라"는 속담이 생각납니다. 이 속담을 생각하니 다시 부처님이 가르치신 '바른 말'이라는 것이 생각납니다.

부처님이 성불하시고 처음으로 가르치셨다는 것이 이른바 '네 가지 진리와 여덟 겹의 바른 길(四諦八正道)'입니다. 네 가지 진리란 삶이 괴로움이라는 것, 그 괴로움은 집착에서 온다는 것, 집착을 끊고 괴로움을 없앨 수 있다는 것, 그러기 위해서는 따라야 할 길이 있다는 것, 줄여서 고집멸도(苦集滅道)라고 합니다. 그리고 이 길이 바로 '여덟 겹의 바른 길(八正道)'이라는 것입니다.

우리가 따라야 할 여덟 겹의 바른 길이란 바른 견해, 바른 생각, 바른 말, 바른 행동, 바른 직업, 바른 정진, 바른 마음챙김,

바른 집중입니다. 저는 지금 그중 '바른 말(samyak vācā, 正語)'을 해야 한다는 조항에 대해 이야기하고 싶습니다. 전통적으로 바른 말이란 거짓이 없이 진실한 말, 시의적절한 말, 경우에 합당한 말, 남에게 용기를 주는 말, 뒤에서 수군거리지 않는 말, 불화를 가져오지 않는 말 등을 뜻합니다. 이 중에서 요즘 특히 제 마음에 와 닿는 대목은 바른 말이 바로 '불화를 가져오지 않는 말'이란 풀이입니다.

아무리 진실한 말이라고 하더라도 그 말 때문에 사람들 사이에 불화가 일어나고 사회에 분란이 생긴다면 그 말은 '바른 말'일 수가 없습니다. 결국 어떤 말이 바른 말이냐 바르지 못한 말이냐 하는 것을 판가름하는 최종의 기준은 그 말 때문에 우리 주위에 화해와 사랑과 평화의 분위기가 생기는가, 불화와 미움과 반목의 싸늘함이 조장되는가 하는 데 달렸다는 뜻입니다.

물론 불화를 가져오는 말을 하지 말아야 한다고 해서 비판적이기를 그만두라는 뜻은 아닙니다. 비판적 태도가 없는 사회는 성숙하고 창조적인 사회일 수 없습니다. 부처님 스스로도 우리에게 무비판적인 자세를 취해서는 안 된다고 가르쳤습니다. 다만 비판을 하더라도 그것이 우리 사이에 평화와 화해의 다리를 놓는 건설적인 방향으로 이루어져야 한다는 뜻입니다.

사랑과 자비를 실천하기에 앞장서기로 한 종교인들은 물론이거니와 일상적으로 하는 말의 영향력이 큰 정치인들, 또 말을 전문적으로 다루는 언론도 이런 부처님의 가르침에 귀 기울일 수 있다면 우리 주위가 어떻게 달라질까 생각해봅니다.

주님, 저를 당신의 평화의 도구로 삼아주시옵소서.

미움이 있는 곳이 사랑을,

다툼이 있는 곳에 용서를,

불화가 있는 곳에 하나 됨을,

의심이 있는 곳에 믿음을,

그릇됨이 있는 곳에 참됨을,

절망이 있는 곳에 희망을

씨 뿌리게 하여주시옵소서.

성 프란체스코의 이런 기도도 결국 우리 중에 화해와 사랑과 평화가 깃들기를 바라는 염원을 읊은 게 아니었던가 여겨집니다.

국민을 위하는 정치인들이라면 더욱 생산적인 국회를 위해 그야말로 입이 비뚤어졌어도 바른 말을 해주었으면 하는 마음입니다. 입이 비뚤어져 있지 않다면 더더욱 그러해야 하지 않을까 싶습니다.

스스로 쟁취하는 권리

　2020년 5월, 미국 백인 경찰이 흑인 조지 플로이드를 체포하는 과정에서 그의 목을 눌러 질식사하게 하여, 미국 각지에서 시위가 일어났습니다. 5월 25일에 일어난 일인데 시위 덕으로 미국 하원에서는 6월 8일 경찰 개혁법을 통과시켰습니다.

　2018년 아카데미 작품상을 받은 영화 〈그린 북(Green Book)〉에 그려진 1962년 무렵 미국 남부의 사정을 보면 그 당시 흑인들은 거의 인간 취급을 받지 못했음을 알 수 있습니다. 오늘날도 플로이드 사건에서 보듯이 흑인들이 올바른 대접을 받지 못하고 있지만 그래도 그때보다 나아진 것만은 사실입니다.

　여기서 주목해야 할 것은 그나마 이렇게 나아진 것은 백인들의 선심에서 이뤄진 것이 아니라 흑인들 자신이 쟁취한 결과라는 점입니다. 이 문제와 관련하여 이전에 썼던 글을 나눠봅니다.

　'앞집 처녀 믿다 장가 못 간다'는 말이 있습니다. 앞집 예쁜 처녀가 당연히 내 각시가 되어 내 팔자를 고쳐주리라 잔뜩 기대하며 살았는데, 그 예쁜 처녀는 훌쩍 딴 데로 시집을 가버렸습니다. 어쩔 수 없이 나는 노총각 신세로 떨어지고 말았습니다. 누가 내 팔자를 고쳐주리라 막연히 기다리지 말고, 자기 운명은 자기가 적극적으로 개척하라는 말일 것입니다.

미국 흑인들의 경우도 마찬가지가 아닐까요? 에이브러햄 링컨은 흑인들을 노예 신분에서 해방시켜준 위대한 대통령이었습니다. 그러나 한 가지 분명히 알고 넘어가야 할 사실은, 링컨이 남북전쟁을 치른 주목적이 결코 흑인들을 위해서가 아니었다는 점입니다. 링컨 자신의 말을 인용하면 다음과 같습니다.

이 싸움에서 나의 최대의 목적은 유니언(북미연합)을 살리자는 것이지 노예제도를 유지하려거나 없애려는 것이 아니다. 노예를 한 명도 해방시키지 않아도 유니언을 살릴 수 있다면 그렇게 하겠다. 더러는 해방시키고 더러는 그대로 둠으로써 유니언을 살릴 수 있다면 그렇게도 하겠다.

흑인들에 대한 그의 생각은 다음 발언에서 더욱 명백히 드러납니다.

나는 어떤 형태로든 흑인종과 백인종의 사회적, 정치적 동등권을 이뤄야 한다는 생각에 찬성할 마음도 없고 찬성한 일도 없다는 사실, 그리고 흑인들에게 투표권이나 배심원이 될 자격을 준다거나 그들에게 공직을 맡긴다든가, 백인들과 결혼하게 한다는 생각에 찬성할 마음도 없고 찬성한 일도 없다는 사실을 분명히 천명하는 바이다. 덧붙여 말하고 싶은 것은, 흑인종과 백인종 사이에는 차이점이 너무나 커서 내가 믿기로는 두 인종이 사회적, 정치적 동등권을 유지하면서 함께 사는 것이 불가능하다는 것이다. 두 인종이 함께 살 수 없지만 함께 살아야 할 경우라면 반드시 지위의 우열이 구분되어야 하겠고, 나도 다른 사람들과 마찬가지로, 백인종에 부여된 우월권을 그대로 유지해야 한다는 생각에 동감하는 바이다.*

놀라운 사실입니다. 다시 말하지만 흑인들이 오늘 미국에서 그나마 이 정도의 권리를 지니게 된 것도 따지고 보면 백인들의 선심에 의한 것이 아니라 흑인들 스스로가 노력해서 쟁취한 결과라는 것입니다.

우리나라 사정, 우리 민족의 앞날을 생각하게 됩니다. 우리는 어느 나라한테 전시 작전권까지 맡기고 우리를 위해 우리가 해야 할 일을 대신해주리라는 기대를 너무 크게 하고 있는 것이 아닐까요? 작게는 개인의 장가가는 문제에서부터 크게는 민족과 국가의 장래에 이르기까지 앞집 처녀만 믿고 사는 의타적 태도를 버리고 모두 자주적으로 계획하고 결정하고 해결해나갈 지혜와 용기가 필요한 것 아닐까요.

---

* James Cone, *Black Theology and Black Power*(Orbis Books, 1997)에서 인용.

초우위 목표에 대한 인식

　남북 관계가 잘되는 듯하다가 다시 경색 국면으로 접어들고 있습니다. 이런 사정을 보면서 한평생 아동집단, 사회계급, 노사문제, 인종문제, 국제관계 등 집단 간의 갈등 문제를 연구한 터키 출신의 미국인 사회심리학자 무자퍼 셰리프(Muzafer Sherif)의 갈등 이론이 생각납니다.

　그의 갈등 이론 중 가장 유명한 것은 이른바 '강도들의 소굴(Robbers Cave)'이라는 실험에 근거하고 있습니다. 미국 오클라호마시에 있는 '강도들의 소굴'이라는 이름의 주립 공원에서 실행한 실험이기 때문에 붙여진 이름입니다.

　11세 5학년의 소년들 11명을 선정해서 한 그룹을 만들고, 그 그룹과 나이, 운동 능력, 키, 학업 성적, 정서적 적응력 등에서 비슷한 소년들 11명을 엄선해 또 하나의 그룹을 만들었습니다. 소년들은 서로 아는 사이가 아니었고, 또 상대방 그룹이 있다는 것도 모르고 있었습니다. 두 그룹을 따로따로 공원으로 데리고 가서 3주간 함께 캠핑을 하게 하고 이들 두 그룹이 서로 어떤 관계를 형성하는가 관찰한 것입니다.

첫 주에는 자기 그룹에 속한 멤버들끼리 등산도 하고 수영도 하는 등 서로 친해지는 기간이었습니다. 그사이 서로 간의 행동 규범도 생겨나고 리더십과 조직도 형성되었습니다.

그 다음 단계로 두 그룹이 서로 접촉하도록 했습니다. 처음 얼마간 서로 야구, 축구도 하고 그런대로 잘 지냈습니다. 그러다가 상품을 걸어놓고 두 그룹이 서로 경쟁하게 되자 상대방을 욕하고, 그러다가 싸움이 나고, 상대방이 만든 깃발을 불태우거나 상대방 숙소를 공격하고, 결국은 상대방과 적대 관계를 형성하는 데까지 이르렀습니다.

이런 공격성이 너무 심해져 걷잡을 수 없게 되자 두 그룹을 따로 떼어놓았습니다. 2일간 열을 식히는 기간이 지난 다음 두 그룹의 성격을 평가하도록 했습니다. 자기 그룹에 대해서는 아주 좋게, 그리고 상대 그룹에 대해서는 아주 부정적인 평가를 내렸습니다.

다음 단계로 두 그룹 간의 적대 관계를 어떻게 조화 관계로 바뀌게 할 수 있을까를 알아보는 실험으로 들어갔습니다. 처음에는 두 그룹 간에 즐겁고 예의 바르고, 사교적인 접촉이 그룹 간의 마찰을 줄인다는 이론을 가지고 실험했습니다. 두 그룹을 함께 데리고 영화관에도 가고 같이 식당에도 가는 등 서로 자주 접촉을 갖도록 해보았습니다. 그랬더니 서로 싸움할 기회만 더 만들어주는 결과가 나올 뿐 사태는 더욱 악화되기만 했습니다.

그래서 이번에는 또 다른 실험으로, 일련의 긴급 사태를 조장해보았습니다. 캠프장 급수 시설이 갑자기 고장 나게 한다든가, 급식 수송 트럭이 시동이 안 걸리도록 한다든가 뭔가 두 그룹이 협력하지 않으면 안 될 위급한 사태를 만들어보았더니, 두 그룹이 그런 일을 해결하는 데 적극 협력하더라는 것입니다. 이런 공동의 목표를 위해 함께 일하면서 점차 적대감이 줄어들고 두 그룹 사이가 좋아지기 시작하다가 결국 어울려 노는 데까지 이르렀다고 합니다.

셰리프의 주장에 따르면, 캠핑 그룹이든 사회 집단이든 국가 집단이든 적대 관계에 있는 두 집단을 조화로운 관계로 이끌기 위해서는 두 집단 간 서로 좋은 정보를 교환해서 홍보하는 일, 두 집단 구성원들 간에 서로 호의적인 접촉이 있도록 조장하는 일, 두 집단 지도자들 간에 고위 회담을 추진하는 일 등을 생각해볼 수 있지만, 이 모든 조치들도 두 집단 모두에게 절실하고 긴급한 '초우위 목표에 대한 인식(the awareness of the superordinate goals)'이 선행될 때에만 효과가 있다는 것입니다.

예를 들어 서로 상대방에 대해 좋은 정보를 제공해도 두 집단 간에 '초우위 목표에 대한 인식'이 없으면 그 정보들을 거부하거나 자기들이 가진 선입견에 맞게 재해석하거나 할 뿐 효과가 별로 없다고 합니다. 지도자들의 만남이나 정상회담도 두 집단이 공유하는 초우위 목표가 없이 서로 상반되는 목표를 향해 움직이고 있는 한, 한쪽이 갈등을 위해 힘써도 그것이 상대방에게는 약점의 표시로 보일 뿐이라는 것입니다.

셰리프의 이론을 전적으로 받아들일 수 있는가 하는 데는 이견이 있을 수 있을 것입니다. 아이들에게 한 실험이 어른이나 국가 단위의 관계에서도 적용되는가 의문을 가질 수도 있고, 또 갈등을 해소하는 길이 초우위 목표에 대한 인식만으로 가능한가 할 수도 있을 것입니다.

물론 남북문제는 남북에 대한 강대국의 이해관계가 얽혀 복잡한 면이 있다는 것을 모를 리 없습니다. 그러나 일단 셰리프의 이론을 따른다면, 남북의 화해와 협력이 지지부진한 것의 중요 원인 중 일부는 현 남북 당국자나 언론인들이나 우리 국민들 모두가 민족의 사활이 걸려 있는 남북문제를 해결해야 한다는 초우위 목표에 대한 인식이 충분하지 않다는 뜻이 아닐까 합니다.

점을 믿을까?

　　한창 무속 이야기가 정치권에서 회자되고 있어 한마디하고 싶습니다. 저는 한국에서 점을 쳐본 일이 없습니다. 그러다가 1986년 인도에서 구루를 만나 점인지 무엇인지 제 운명을 말해주는 것을 들은 적이 있습니다. 혼자 인도 여행을 하다가 부처님이 처음으로 설법하신 사르나트 부근의 그 유명한 바라나시에 갔을 때 물끄러미 갠지스강의 화장터를 바라보고 있는데, 어떤 소년이 나타나 자기 구루가 유명한데 저보고 한번 만나보라고 했습니다.

　　그 소년이 말을 걸기 직전에, 제가 어릴 때 시골 장터에서 본 이 고쳐주던 사람들처럼 길거리 치과 치료사가 있기에 구경하던 중 뒤에서 개가 와 종아리를 물었던 참이었는데, 그 구루가 특효약을 가지고 있다고도 했습니다. 처음에는 거절했지만 계속 따라오면서 권하기에 호기심에서 같이 가보기로 하고, 좁은 골목길을 몇 굽이 돌아 그 유명하다는 구루가 있는 곳에 이르렀습니다. 골디 혼 등 할리우드 배우들도 다녀갔다고 벽에 그들의 사진을 붙여놓았습니다. 마침 캐나다 맥길 대학교에 다닌다는 여학생도 그 구루 밑에서 공부한다고 하면서 동석했습니다.

그 구루는 결국 점쟁이였습니다. 상처 난 곳에는 무슨 풀잎 같은 것을 발라주고 나서 관상도 보고 손금도 보고 생년월일도 묻고, 더욱이 출생지도 중요하다며 출생지까지도 물어보았습니다. 두툼한 책을 꺼내 한참 이리저리 뒤적거리더니 제 운명을 말해주기 시작했습니다. 녹음을 하긴 했는데, 이제 그런 테이프를 틀 기계도 없어졌군요.

아무튼 지금 기억되는 것은 제가 전생에 뿌린 씨앗의 열매를 즐기기 위해서 이생에 태어났다는 것, 40대 중반부터 운수대통일 거라는 것 등이었습니다. 한 가지 바람직하지 못한 일이 일어날 수도 있지만 '캣츠 아이' 보석의 반지를 끼든지 목걸이를 하고 다니면 괜찮다고 하더군요. 다행히 자기에게서 그런 보석을 사라는 말은 안 했습니다. 그런데 마지막으로 그가 한 말이 결정타였습니다. "당신 어머니가 아버지보다 먼저 돌아가실 것이오." 이미 그때는 아버님이 돌아가신 지 15년이나 지났는데! 그것으로 그의 말의 신빙성이 싹 사라지고 말았습니다.

제가 점을 믿지 못하는 또 하나의 중요한 이유는 과거 대통령 선거 때마다 누가 대통령이 될 것 같으냐고 다섯 명의 점치는 사람에게 물어보면 그들의 대답이 일치하지 않는다는 사실입니다. 점이 맞는다면 대통령 될 사람 한 사람에게 목표가 가야 할 텐데도 이렇게 다른 것을 보면 신뢰할 수 없다는 이야기가 되는 셈이지요.

어릴 적 숨바꼭질을 할 때 친구들이 어디 숨었을까 감이 잡히지 않으면 손바닥에 침을 뱉고 손가락으로 탁 쳐서 침이 많이 튄 쪽으로 가서 친구들을 찾는 경우가 있었습니다. 가위바위보를 할 때도 손등을 다른 손 손가락으로 밀어 주름을 본다든지 두 손을 깍지 낀 다음 한번 틀어 두 손 사이에 생긴 구멍의 모양을 보고 무엇을 낼까 결정하는 것도 마찬가지입니다. 이런 경우 버릇처럼 하던 행동 패턴을 바꾸어주는 이점이 있습니다.

어느 사회가 점을 치거나 마법(magic)을 이용하는 이유 중 하나도 그것이 이른바 일상적이고 반복적인 루틴을 깨주는 역할을 하기 때문이라 할 수 있습니다. 예를 들어 어느 밀림에 있는 마을에서 사냥을 하러 간다고 하면 당연히 동쪽으로만 갔습니다. 자연히 동쪽에는 사냥감이 줄어들었습니다. 사냥이 잘되지 않자 마을 사람들이 모여 마법 같은 의식을 치렀습니다. 거기에 이제 남쪽으로 가라는 지시가 떨어졌습니다. 자연히 그쪽에 사냥감이 더 많다는 것을 발견하게 됩니다.

인지가 발달하기 전 옛날에는 어쩔 수 없이 이런 방법밖에 없었을 것입니다. 그러나 이제 상황이 많이 달라졌습니다. 여러 가지 과학적 방법으로 상황을 면밀히 분석하고 판단할 수 있게 되었는데도 계속 모든 것을 이런 무속적 방식에만 의존해서 결정한다면, 그 결과가 반드시 예측대로 된다고 하는 보장도 없을 뿐더러, 더욱이 자기 스스로 알아보려는 독립적 사고력이 몰수당하게 되는 위험에 빠질 수 있습니다.

인간이 자연을 정복했을까?

중국과 일본이 홍수로 야단입니다. 한국도 호우로 남부에 수해가 있다고 합니다. 환경론자들의 견해에 따르면 이것이 지구 온난화와 바다의 온도 변화를 비롯 지구가 몸살을 앓고 있기 때문이라고 합니다. 지구 생태계와 관계해서 글을 하나 써봅니다.

"내 놀던 옛 동산에 오늘 와 찾아보니 강산은 의구란 말 옛 시인의 허사로고."

옛 시인은 '강산은 의구'라 했는지 모르지만 속담에서는 "10년이면 강산도 변한다"고 했습니다. 10년이면 강산도 변하니 긴긴 세월 변하지 않는 것이 있을 수 있을까 하는 뜻이겠습니다. 그리스 철학자 헤라클레이토스의 말로 하면 '일체 유전(panta rei)'이고, 불교적 용어를 쓰면 '일체 무상(一切無常, anitya)'인 셈입니다.

강산의 변화 기간이 옛날에는 평균 10년쯤 되었는지 몰라도, 요즘은 하루아침에도 온통 딴세상이 되는 것을 봅니다. 특히 한국을 다녀오는 사람들도 고국의 변하는 산천의 모습에 놀랐다고 이구동성입니다.

　성서에는 겨자씨만 한 믿음이 있으면 산을 옮길 수 있다고 했는데, 요즘엔 그런 믿음도 없이, 그리고 겁도 없이, 하루에도 산을 몇 개씩 옮기고 강의 줄기들을 바꾸어놓습니다. 그러고는 인간의 힘이 드디어 자연을 '정복'했다고 큰소리를 칩니다. 일부 사람들은 성서 「창세기」에 하느님이 자연을 '다스리라'고 했으니 다스린다고 합니다.

　그러나 과연 인간이 자연을 다스리고 정복했을까요? 최근에 와서는 인간이 자연을 다스리고 정복했다고 믿었던 우리의 생각이 얼마나 아둔했던가 하는 데 많은 사람들의 관심이 쏠리고 있습니다. 공해를 염려하는 생태학적 관심이 바로 그것입니다. 원자력을 이용하여 못 할 것이 없을 것으로 믿었는데, 바로 그 원자력이 공포의 대상이 되고 있다는 것이 가장 뚜렷한 예입니다. 그 외에도 공장에서 나오는 매연으로 생기는 산성비 때문에 호수들이 죽어가고, 값진 조각품이나 건축물들이 부식되고, 농약 때문에, 공장의 폐수 때문에 강과 바다가 죽어가고 있다는 보고는 매일 아침 접하는 이야기들입니다.

　이쯤 되니까 서양 사상가들 중에는 자연에 대한 종래까지의 서양적 사고방식에 회의를 품고, 동양적 사유에 관심을 기울이는 사람들이 많이 생겼습니다. 특히 도가(道家) 사상에서 보이듯 결국 인간이 자연의 법칙에 순응하는 데서 행복을 찾겠다는 태도가 먼 안목으로 볼 때 인류의 장래를 위해 필요하다고 보는 이들이 많아졌습니다.

『도덕경』제29장에 보면, "세상을 휘어잡고 그것을 위해 뭔가 해보겠다고 나서는 사람들, 내가 보건대 필경 성공하지 못하고 맙니다. 세상은 신령한 기물. 거기다 함부로 뭘 하겠다 할 수 없습니다. 거기다 함부로 뭘 하겠다 하는 사람 그것을 망치고, 그것을 휘어잡으려는 사람 그것을 잃고 맙니다"라는 말이 있습니다. 이명박 정부 때의 4대강 사업이 이를 잘 보여줍니다.

서양 사람들은 에베레스트 산에 올랐을 경우 그것을 '정복' 했다고 하고, 남이 가보지 않은 곳에 발을 디뎠을 때는 처녀지나 처녀림을 차지했다고 합니다. 전통적인 동양적 사고방식으로는 상상하기 어려운 발상이지요.

내 버디 몃치나 하니 수석(水石)과 송죽(松竹)이라
동산(東山)의 달 오르니 긔 더욱 반갑고야
두어라 이 다삿밧긔 또 더하야 머엇하리

윤선도의「오우가(五友歌)」처럼 자연은 벗할 대상이지 정복하거나 침범하거나 겁탈할 대상이 아닙니다. 오늘같이 강산이 빨리 변하는 세상에 살자니 강산을 대할 때 외우(畏友)를 대하듯 우정과 경외심으로 대하는 태도가 더욱 아쉽게 느껴집니다.

정치에 뛰어들기 전에

중국 고전 『장자』에 보면 공자에게 제자 안회가 물어봅니다.* 위(衛)나라에 독재자가 등장해서 백성들이 죽어나가니, 의원은 병자가 많은 곳으로 가야 한다는 스승의 가르침을 실천하기 위해 위나라로 가도 되겠는가 의견을 구한 것입니다.

이에 공자는 "아! 아서라" 하면서 불가하다고 합니다. 이른바 수기치인(修己治人)이라고 "자기 수양을 하고 사람을 다스리라" 했는데, 섣부른 수기(修己)만으로는 치인(治人)을 할 수 없다는 것입니다.

이에 대해 안회는 자기의 최고 학벌 등 구체적인 자격과 전략을 말하며 가서 현명하게 처신할 테니 허락해달라고 합니다. 그래도 공자는 안 된다고 합니다. 안회는 "저로서는 이제 더 생각해낼 도리가 없습니다. 부디 방법을 가르쳐주십시오" 하고

* 『장자』에 등장하는 공자나 안회는 『논어』의 인물이 아니라 장자 자신의 사상을 대변하게 하려는 가상적인 인물입니다.

청합니다.

그러자 공자는 '심재(心齋)'하라고 합니다. '마음을 굶긴다'는 뜻입니다. 마음을 굶기는 것은 결국 마음을 비우는 것, "자신이 더 이상 존재하지 않는 상태"라고 합니다. 그러고 나서야 위나라로 가도 된다고 하였습니다.[*]

나라를 위해 일할 마음이 있는 사람들은 이 정도의 경지에 이르러야 한다는데, 만약 이것이 정치에 뛰어드는 전제조건이라면 한국에서 정치할 수 있는 사람들이 몇이나 될까요. 안창호나 김구 선생 정도? 현재의 정치 현실을 보면 쓸쓸함을 감출 수 없습니다. 그러나 이런 경지에 도달하지는 못했다 하더라도 누가 이런 이상에 더 가까운가, 혹은 더 먼가 하는 것 정도는 알아볼 수 있지 않을까 하는 생각을 해봅니다.

[*]   오강남 풀이, 『장자』, 168-191쪽 참조.

종교에서 말하는 지도자의 덕목

원음방송에서 대선과 관련되어 인터뷰를 했습니다. 몇 가지 질문 중 "각 종교에서 말하는 지도자의 덕목에는 어떤 것들이 있을까요?" 하는 것이 있어 다음과 같이 답했습니다.

무엇보다 개인적인 명예나 이익이 아니라 이웃을 위한 자기희생이 가장 중요한 덕목이라 봅니다. 이른바 사익 추구형 인간이 아니라 공익 추구형 인간이 되어야 한다는 뜻이지요.

유대교 지도자 모세는 백성들이 금송아지 신을 만드는 등 배도의 길을 걸을 때 신이 그들에게 벌을 내리려 하자 신을 향해, "슬프도소이다. 이 백성이 자기들을 위하여 금 신을 만들었사오니 큰 죄를 범하였나이다. 그러나 이제 그들의 죄를 사하시옵소서. 그렇지 아니하시오면 원하건대 주께서 기록하신 책에서 내 이름을 지워버려 주옵소서"(출 32:31-32)라고 하며 자기 백성들을 위해서는 자기 이름이 녹명책에서 지워져도 좋다고 할 정도로 자기희생에 투철했습니다.

예수님도 "네 이웃을 네 몸과 같이 사랑하라"(마 22:39)고 했습니다. 또 "남에게 대접을 받고자 하는 대로 너희도 남을 대접하라"(눅 7:12)고 하고, 공자님도 "내가 원치 않는 것을 남에게도 하지 말라(己所不欲勿施於人)"고 했습니다. 타인에 대한 이런 사랑과 배려를 제일로 삼는 것은 우리 모두의 기본적인 태도여야겠지만 특히 정치 지도자들에게 절실히 요구되는 덕목이라 생각합니다.

유교의 고전 『대학(大學)』을 보면 평화를 가져올 것을 궁극 목적으로 하는 정치 지도자가 밟아가야 할 여덟 가지 계단이 나옵니다. 격물(格物) · 치지(致知) · 성의(誠意) · 정심(正心) · 수신(修身) · 제가(齊家) · 치국(治國) · 평천하(平天下)의 8조목이지요. 나라를 치리하고 천하에 평화를 가져오려면 우선 '격물 치지'해야 하는데, 격물 치지란 사물을 궁구하여 앎이 극대화되는 것을 의미합니다. 일단 무식을 벗어나야 나라를 다스리고 천하에 평화를 가져오는 치국 평천하가 가능해진다는 것이지요.

약간 다른 이야기지만 그리스 철인 플라톤도 『공화국*Politeia*』이란 저서에서 지도자가 되기 위해서는 동굴에서 쇠사슬에 묶여 바깥세상의 실재를 보지 못하고 벽에 비추어진 그림자만 보는 일반인들과 달리 용감하게 쇠사슬에서 풀려나와 실재의 세계를 본 사람만이 참된 지도자가 될 수 있다고 했지요. 이른바 철인왕(philosopher king)이라는 것입니다.

아무튼 지도자가 무식하면 그야말로 맹인이 맹인을 인도하는 꼴이 되고 맙니다.

의사들의 진료 거부 사태를 보며

의사들이 집단적으로 진료 거부를 했습니다. 의사를 옛날에는 인술(仁術)의 실천자라고 했습니다. 사람들을 사랑하여 그들을 고통으로부터 벗어나게 해주는 특별한 기술을 가진 사람이라는 뜻입니다.

현재 서울 대치동에서 열심히 과외공부를 하고 있는 학생들의 부모 중 70퍼센트가 자녀가 의과대학에 입학하기를 희망한다고 합니다. 바라건대 이런 학생들이나 이런 부모들이 장차 이 사회나 인류를 위해 인술을 펴려는 숭고한 뜻을 품고 노력하는 중이었으면 좋겠습니다.

그런데 이런 순진한 바람이 지금 한국 사회에서 통할 수 있을까요? 의사가 되기를 원하는 학생들이나 부모들이 진정으로 의사가 되어 사회를 위해 봉사할 기회를 얻기 위해 노력하는 중이라고 말할 수 있을까요? 지금 진료를 거부하고 있는 의사들의 주 관심이 무엇인가 보면 대답은 명약관화합니다.

'의사'라 하면 제일 먼저 떠오르는 인물 중 하나가 알베르트 슈바이처 박사입니다. 그는 음악가로서, 신학자로서, 철학자로서, 교수로서의 지위를 버리고 아프리카로 가서 인술을 펼친 사람으로 기억되고 있습니다. 그에 대해 잠깐 알아봅시다.

슈바이처가 어찌하여 아프리카로 가게 되었을까요? 근본적인 이유는 슈바이처에게 어릴 때부터 남의 아픔을 보고 참지 못하는 불인(不忍)의 마음, 남의 아픔을 자기의 아픔으로 여기는 자비(慈悲)의 마음이 있었기 때문입니다. 자서전에 따르면 그는 아주 어릴 때부터 "세상에서 발견되는 비참한 일들을 보고 괴로워했다"고 합니다.

그러나 더욱 직접적인 이유는 1896년 봄 부활절 아침에 있습니다. 이날 아침 젊은 슈바이처는 창문을 통해 침대 머리로 들어오는 밝은 햇살과 동시에 지저귀는 새소리를 들으며, 무한한 평온과 행복감에 휩싸였습니다. 그러면서 동시에 자기가 누리는 젊음과 건강, 예술적 재능과 지적 능력 등 여러 가지 특권을 자기 혼자만 당연한 것으로 누려도 되는가 자문하게 됩니다. 그는 자신이 뭔가 빚을 지고 있으며 따라서 이 세상의 고통을 함께 나누어 져야 한다는 생각을 하기에 이르렀습니다. 결국 그는 앞으로 10년간은 자기가 원하는 학문과 예술에 바치지만, 30세가 되면 말이 아닌 '직접 손으로' 사람들과 고통을 함께하는 일을 해야겠다고 결심했습니다.

1905년 30세가 되는 생일날 그는 친척, 친구, 동료들에게 자기의 결심을 공표했습니다. 주변의 적극적인 만류에도 불구하고 그해 10월 의과대학 강의를 듣기 시작, 1911년 10월 의사 국가고시를 통과하고 이듬해 6월 유대인이지만 무신론자였던 역사학자 해리 브레슬라우의 딸로서 교사와 사회사업가가 되려다가 슈바이처와 함께 아프리카로 가기 위해 간호학을 공부한 헬레네 브레슬라우와 결혼했습니다.

1913년 2월 인턴 과정을 끝내면서 「예수에 대한 정신과적 연구」라는 논문으로 의학박사 학위를 받았습니다. 그리고 1913년 3월 26일 부인과 함께 그 당시 콩고, 현재의 가봉 오고우에 강 연안의 랑바레네로 출발했습니다. 임지에 도착하여 우선 닭장으로 쓰이던 건물을 임시 병동으로 사용하며 첫해에만 각종 환자 2천 명을 치료했습니다.

우리나라에서도 슈바이처 박사처럼 훌륭한 의사들이 여럿 있었고 지금도 있을 것입니다. 돈벌이 수단으로서가 아니라 그야말로 인술을 펴서 아파하는 동료 인간들을 도우려는 순수한 마음으로 의사 일을 하는 이들입니다. 그 대표적인 예로 아프리카 수단에서 의료 봉사를 하다가 젊은 나이에 숨진 고 이태석 신부(1962-2010)를 꼽을 수 있을 것입니다. 다큐멘터리 「울지마, 톤즈」에서 그의 삶을 자세히 조명하고 있습니다.

지금 의사들 중에 이런 숭고한 목표를 가지고 의료 사업에 임하는 분들이 얼마나 될까요? 제 아들놈도 캐나다에서 의사 노릇 하지만 아픔으로 고통받는 사람을 도와주는 것이 자기의 첫째가는 임무라고 생각하고 있는지 잘 모르겠습니다. 들리는 말로는 요즘 미국이나 한국에서 일하는 상당수 의사들의 주 관심은 환자들의 아픔보다 병원의 수익 창출이라고 합니다. 하버드대 하비 콕스(Harvey Cox) 교수에 의하면 하버드 대학 출신 의사들도 "환자보다는 돈에 더 관심이 많은 의사들"이 많다고 합니다. 수술을 많이 해서 병원의 재정을 튼튼히 하는 데 얼마나 기여했느냐에 따라 그 능력을 평가받는다는 것입니다. 사실이 아니길 바랍니다만.

　현재 미국이나 한국에서 최고의 두뇌를 가진 학생들이 의과대학에 진학하는 것이 보통입니다. 저는 평소 이것이 국가나 인류 전체에 큰 손실이라고 생각하고 있습니다. 일종의 '두뇌 유출(Brain Drain)'이라 할 수 있기 때문입니다. 물론 의료 기술을 향상시키고 위험에 처한 환자들을 돌보는 일을 위해 가장 명석한 의사가 필요한 것은 말할 나위 없습니다. 그러나 실제적으로 상당수 의사들의 경우 환자를 보고 진통제를 처방하는 것이 주 업무라고 합니다. 이런 일을 하는 데 최고의 두뇌가 필요할까요? 아까운 머리를 가지고 이런 진료를 보는 상당수 의사들은 자기 일에 회의를 느끼고 우울증에 시달리기까지 한다고 합니다. 이런 명석한 머리로 소설가, 예술가, 사상가, 정치지도자, 교사, 발명가가 되어 창의적인 능력을 최고로 발휘할 수 있다면 사회 전체를 보아 더욱 좋은 일이 아닐까 생각하지 않을 수 없습니다.

　이왕 의사가 된 사람들은 지금 자기의 최고 관심사가 무엇인가 스스로 묻는 데 그 우수한 머리를 쓸 수 있으면 좋겠습니다.

고등 교육에 빠져 있는 것

제가 의사들의 집단 진료거부 사태를 보면서 생각나는 것 몇 가지를 써서 페이스북에 올렸더니 그 글에 몇몇 의사들이 댓글을 달아주었습니다. 일단 그들의 관심에 고마움을 느낍니다.

그러나 유감스럽게도 그 댓글들을 보면서 의사라고 다 똑똑한 것은 아닌 것 같다는 확신이 들었습니다. 누가 말한 대로 국영수 암기력 하나로 의사된 사람의 수가 "무릇 기하(幾何)이뇨." 더욱이 이번 의료거부가 의료 부분의 불만뿐 아니라 다분히 정치적이라는 견해가 많은데, 그런 사실도 감지하지 못하고 부화뇌동하는 의사마저 있다고 하니 더욱 놀라울 뿐입니다.

제가 모든 의사가 슈바이처처럼 되어야 한다고 말한 것이 아닙니다. 의사 됨의 참뜻을 간취한 이런 분도 있다는 사실을 말했을 뿐입니다. 의사 되는 것을 오로지 돈벌이 수단으로만 생각하면 본인도 괴롭고 환자에게도 못할 짓이라는 점을 상기해보자는 뜻이었습니다. 돈벌이만을 생각하는 의사라면, 최악의 경우 사람들이 아프기를 바라고, 심지어 환자들의 병을 키우면서 계속 자기에게 오도록 할 수도 있는 것이 아닌가요? 물론 그 정도로 악한 의사는 없으리라 믿습니다만.

심지어 편의점을 운영하는 사람도 그것이 돈벌이 수단만이라고 생각하면 장시간 계산대 뒤에 서서 일하는 것이 고달프고 따분하기 그지없을 것입니다. 그러나 그 일이 시간에 쪼들리는 사람들에게 그야말로 편의를 제공하기 위한 봉사라 생각하면 신바람이 날 수 있고 자부심까지 느낄 수도 있을 것입니다.

사회주의 의료 시스템이 얼마나 열악한가 한번 보라는 의사도 있는데, 제가 살고 있는 캐나다는 준사회주의 국가로서 캐나다 의료 시스템이 제가 한국에서 체험해본 한국 의료 시스템에는 못 따르는 면도 있지만, 그래도 세계에서 손꼽히는 것으로 알려져 있습니다. 미국도 힐러리 클린턴이나 버락 오바마 대통령이 캐나다와 비슷한 시스템을 도입하려고 했다가 기득권자들의 반대로 무산된 바가 있습니다.

캐나다 의사들은 그 의사의 평판과 관계없이 동일한 수가를 정부로부터 받습니다. 그래서 몇몇 의사들은 그것이 불만이라 미국으로 가는 경우도 있지요. 제가 존경하는 의사에게 어느 분이 질문했습니다. "캐나다의 좋은 의사들은 다들 미국으로 내려간다면서요?" 그 의사 왈 "좋은 의사가 내려가는 것이 아니라 돈을 좋아하는 의사들이 내려가는 것이지요." 얼마 전에 돌아가셨지만, 저는 아직도 그분의 말이 생생하게 기억납니다.

이번 코로나19 창궐로 자본주의 선두주자인 미국의 의료 시스템이 얼마나 형편없는지 여실히 드러났습니다. 코로나 검진도 개인이 비용을 지불해야 하고 입원이란 엄두도 못 낼 일입니다. 따라서 저소득층이나 흑인들의 희생이 크다고 합니다. 제가 아는 한국 교수 부부는 수십 년간 미국에 살면서 미국 시민권을 받지 않고 영주권을 가지고 한국 여권으로 살고 있는데, 그 주된 이유가 미국 의료보험료는 일인당 매월 700달러씩을 내야 하기 때문에 그걸 감당할 수 없기 때문이라고 하였습니다.

지난 미국 대선에 나섰던 버니 샌더스 민주당 상원의원은 자기가 사회주의자라 공언하면서 미국이 세계 산업화된 국가들 중 최악의 의료 시스템과 복지 프로그램을 가지고 있다고 비판하고, 이를 개혁하겠다고 하여 많은 사람들의 박수갈채를 받은 바 있습니다. 그가 민주당 공천을 받았으면 트럼프를 이겼으리라 보는 이들이 많습니다.

한 가지만 덧붙이고 싶습니다. 머리 좋다는 사람들에게 필요한 것이 무엇일까 하는 문제입니다. 제가 번역한 하버드 대학교의 하비 콕스 교수의 책 『예수 하버드에 오다*When Jesus Came to Harvard*』에 보면 이런 이야기가 나옵니다.

하버드 대학교 학부에서 (이런 과목을 설치하게 된 것은) 우리 주변에서 점점 더 우리를 당황하게 하는 온갖 현상들을 더 이상 묵과할 수 없다는 결론에 이르렀기 때문이다. 부정한 거래, 불의한 범법행위, 환자보다는 돈에 더 관심이 많은 의사들, 연구 자료를 날조하는 과학자들 등에 대한 이야기가 왜 이리도 많이 들려오고 있는가? 더욱 한심한 것은 왜 이런 엉터리들 중 더러는 바로 우리 대학 졸업생들이란 말인가? 고등교육을 받은 사람들이 왜 그다지도 많이 그렇게 엄청나게 나쁜 일을 하고 있는가? 우리 학생들의 교육에 뭔가 중요한 것이 빠져 있었던 것은 아닌가?

우리가 학생들이 인문과학이나 자연과학에 정통하도록 교육하고 있다는 것은 우리도 잘 알고 있는 일이다. 학생들은 남북 전쟁의 원인에 대해 잘 알고 있었고, 화학 실험에 대해 훌륭한 리포트를 작성할 수도 있었다. 그러나 우리는 그들에게 자기들이 받은 교육을 어떻게 윤리적 책임을 가지고 적용할 것인가 하는 데 대해서는 실질적으로 전혀 준비를 시키지 않았다는 사실을 인지하기에 이르렀다. 학생들이 사실에 대해서는 전문가가 되고 있었지만 가치관에 있어서는 초보생으로 남아 있을 뿐이었다.

따라서 교수회에서는 이후 학생들의 졸업 필수 요건으로 '윤리적 사유(Moral Reasoning)'라는 제목이 붙은 여러 과목들 중 하나를 반드시 이수해야만 하도록 결의하게 되었다. 이것은 우리 학생들만 아니라 사회 전체를 병들게 하는 요인에 대처하기 위한 작은 발걸음이었다. 이런 일련의 정황 속에서 교수회의 요청에 따라 '윤리적 사유'라는 강좌에 속하는 여러 과목 중 하나로 '예수와 윤리적 삶(Jesus and Moral Life)'이라고 하여 예수의 윤리적 모범과 가르침에 초점을 맞추는 과목을 설치하기에 이른 것이다.

아리스토텔레스나 칸트, 존 스튜어트 밀, 데카르트 등을 가르치는 과목과 함께 개설된 이 과목은 한 학기 수강생 수가 700-800명에 이를 정도로 큰 호응을 얻었다고 합니다.

한국에서도 대학에서 전공만이 아니라 윤리적 삶에 관한 과목을 필수과목으로 채택한 학교가 있는지 모르겠습니다. 대학이 돈벌이 기술자를 양산하는 곳이 아니라 원만한 인성을 가진 훌륭한 시민을 기르는 곳이라는 자각이 많은 사람들에게 퍼지게 되었으면 하는 바람은 사치일까요?

한국말 하는 외국인들

1974년 일본 도쿄 대학교에 가서 얼마를 지냈습니다. 그때 일본 학회에 참석할 기회가 있었는데, 많은 외국인 학자들이 유창한 일본 말로 발표하거나 토의에 참여하는 것을 보고 놀란 적이 있습니다. 후에 한국에 와서 학회에 참석했는데, 한국에도 러시아에서 온 박노자 교수 같은 분이 훌륭한 한국어를 구사하는 것을 보게 되었지만 그 당시에만 해도 그런 분들이 그렇게 많지 않았습니다.

그런데 한국어를 잘하는 외국 학자로 레바논 출신 무함마드 깐수라는 분이 있었습니다. 오래전에 한국학 중앙연구원에서 무슨 학술대회가 있었는데, 우연히 그분이 제 옆자리에 앉아 있었습니다. 주제 강사로 등장한 어느 분이 하버드대 새뮤얼 헌팅턴(Samuel Huntington) 교수의 『문명의 충돌 *The Clash of Civilizations and the Remaking of World Order*』에 대해 이야기하는데, 그는 그 연사의 강의 내용을 비평하면서 "저렇게 거두절미하고 문맥에도 안 맞게 이야기하면 곤란하지요" 하고 제 귀에다 대고 속삭였는데, 그 말에 외국인 티가 전혀 나지 않았습니다. 제가 "제가 만난 외국인 중에 가장 완벽한 한국어를 구사하네요" 하고 말하니, 그냥 싱긋 웃기만 했습니다. 그는 나중에 본명이 정수일이라는 북한 간첩으로 판명되어 사형 언도까지 받았지만, 감옥에 있으면서 이슬람 세계와 동아시아 사이의 문명교류에 관한 연구로 이슬람 연구의 대가가 되어 5년 후 특사로 풀려 나오고 복권까지 된 사람입니다.

40여 년 전 일입니다. 그야말로 격세지감이란 말이 실감납니다. 그때는 한국말 하는 외국인이 주로 외국인 선교사들이었는데, 요즘 한국 텔레비전이나 유튜브를 보면 한국말 잘하는 외국인들이 그렇게도 많이 있는 것을 보고 놀라지 않을 수가 없습니다. 오래전 〈미녀들의 수다〉, 〈비정상 회담〉이나 최근의 〈대한 외국인〉 등의 프로그램을 보면 한국말을 너무나 잘하는 외국 분들이 많다는 것을 실감할 수 있습니다.

얼마 전에는 〈세종학당 한국어대회〉, 〈경희대와 연합뉴스 주최 한국말 대회〉, 〈전 일본 우리말 말하기 대회〉 등을 보았는데, 연사로 나온 젊은 학생들이 얼마나 말을 잘 하는지, 어느 경우 눈을 감고 들으면 외국인인지 한국인인지 분간하기 힘들 정도이기도 합니다.

특히 일본 젊은이들이 한국말 하는 것을 보면 일본인으로 한국에 귀화한 호사카 유지(保坂祐二) 세종대 교수처럼 일본인 특유의 "하므니다"라든가 이응(ㅇ) 받침을 어색하게 하는 것이 전혀 없는 경우가 대부분입니다.(물론 호사카 교수의 말을 못 알아듣는 것도 아니고, 그의 한국 전문 어휘 구사력은 대단합니다.) 미국에서 온 사람들도 옛날 선교사들이 하던 어색한 한국말과는 완전히 다릅니다.

영어 농담에, "만약 두 가지 언어를 한다면 당신은 이중 언어 사용자(bilingual)다. 만약 세 가지 언어를 한다면 삼중 언어 사용자(trilingual)다. 만약 언어 한 가지만 할 수 있다면 당신은 미국인(American)이다"라는 것이 있습니다. 그런데 한국에 나와 있는 미국인들 중 한국말을 유창하게 말하는 사람들이 수두룩한 것을 보면 이런 농담도 이제 그만두어야 할 것 같습니다.

유튜브에서 'awesomekorea'로 검색해보면 한국말을 정말로 유창하게 하는 외국인이 많습니다. 몽골, 이란, 태국, 터키, 영국, 네덜란드, 중국, 대만, 독일, 인도, 파키스탄, 방글라데시, 미얀마, 네팔, 프랑스, 노르웨이, 핀란드, 조지아와 아제르바이잔, 이집트, 러시아, 우즈베키스탄 등 세계 각지에서 온 외국인들의 한국어 실력이 예사롭지 않지요.

이런 외국에서 온 사람들 중에 한국어뿐 아니라 한국 역사, 문화, 사회 등에도 깊은 조예를 보이는 사람 몇을 꼽으라 한다면 독일에서 온 다니엘, 미국에서 온 타일러, 러시아에서 온 에바를 들고 싶습니다. 카자흐스탄에서 온 오네게, 르완다에서 온 피스(평화), 몽골에서 온 이수 같은 이들도 한국말을 너무나 자연스럽게 하는 것을 보기도 합니다. 한국말뿐 아니라 한국 트롯을 한국인처럼 노래하는 미국인 마리아도 특별나고요.

이렇게 외국인들이 한국어를 잘하는데, 한국어가 세계 여러 언어들 중 가장 어려운 말에 속한다는 사실을 알면 더욱 놀라운 일입니다. 미국 캘리포니아주 샌프란시스코 남쪽 몬터레이에 있는 미국 군사 언어훈련소(Defense Language Institute) 분류에 의하면 한국어는 영어를 말하는 사람을 기준으로 중국어 일본어와 함께 세계에서 제일 어려운 제3부류의 언어에 속합니다. 물론 한국인에게는 중국어나 일본어가 비교적 배우기 쉽고, 마찬가지로 중국인이나 일본인의 경우 한국어가 쉬운 언어일 수 있을 것입니다. 물론 한국어 표기 수단인 한글은 세계에서 가장 배우기 쉬운 쪽에 속하지요.

문화체육관광부 발표에 의하면 한국어 사용 인구가 전 세계에서 14위를 차지한다고 합니다. 재미있는 현상은 세계 전체에서 한국어를 가르치는 세종학당이 2019년에는 180개였는데, 2020년에는 270개로 늘어났다는 것입니다. 더욱 놀라운 점은 미국 대학에서 2006년에서 2016까지 외국어 수업을 신청하는 학생들이 이탈리아어 −27.4퍼센트를 비롯하여 러시아어, 프랑스어, 독일어, 스페인어 등은 감소하고 있는 데 반해, 중국어 3.3퍼센트, 일본어 5.2퍼센트, 아랍어 26.3퍼센트 증가하고, 한국어의 경우 무려 95.0퍼센트 증가했다고 합니다. 2021년 통계라면 한류 덕으로 더 많이 증가했으리라 짐작할 수 있을 것입니다. 한국어를 정규 과목이나 방과 후 과정으로 가르치는 나라가 27개국이고, 이들 중 상당수가 한국어를 제2외국어로 채택하고 있고, 베트남의 경우 한국어가 제1외국어라고 합니다.

한국어가 이렇게 퍼지니 놀라울 따름입니다.

여담으로, 여러 나라 말을 하는 사람을 '폴리글롯(polyglot)'이라고 하는데, 검색창에 이 단어로 검색해보면 한국어를 포함 여섯 일곱, 열, 열둘, 심지어 스무 가지 말을 하는 이들을 볼 수 있습니다. 재미있게도 많은 경우 여성인데, 〈MyLangs〉라는 채널을 가진 한국 여자분은 6개 국어를 유창하게 말하고, 베트남어를 배우는 중이라고 합니다. 한국어를 포함 7개 국어인가 10개 국어를 하는 남아프리카공화국 출신의 린디 보츠(Lindie Botes)도 인상 깊습니다. 프랑스에서 자라고 타밀족 어머니를 가진 크리스틴(Christine)이라는 폴리글롯 여성은 열두 가지 말을 할 줄 압니다. 그중 한국어는 한국 드라마를 보다가 어느 순간 한국어를 이해할 수 있게 되었다는데, 한국어가 정말로 유창합니다. 인도 남동부에서 쓰이는 타밀어와 한국어가 비슷하다는 이야기가 있는데, 그런 이유 때문인 것 같다고 합니다.

외국인 아나운서를 기용한다면

말씀드렸듯 요즘 한국 텔레비전이나 유튜브를 보면 한국말을 거의 완전히, 심지어 정말로 완전히 구사하는 외국인들이 많이 등장합니다.

제가 오늘 말씀드리고 싶은 것은 여기 캐나다나 미국 공영 방송을 보면 한국, 중국, 인도 계통의 아나운서들이 많이 등장합니다. 여기 캐나다 밴쿠버만 해도 오래전부터 CTV라는 전국 방송 저녁 6시 뉴스 메인 앵커로 이미정(Mi-Jung Lee)이라는 한국계 아나운서가 있고 그 외에 중국계, 인도계 뉴스 앵커들도 등장합니다. 로이스 리(Lois Lee)라는 여성 앵커도 있는데, 얼굴은 한국인처럼 생겼지만 이름만 봐서는 한국계인지 중국계인지 모르겠습니다.

캐나다 국영방송 CBC에도 이언 하노만싱(Ian Hanomansing)이라는 트리니다드토바고계의 뉴스 앵커가 있고, 리엔 양(Lien Yeung)라는 중국 이름을 가진 아나운서, 앤드루 창(Andrew Chang)이라는 중국계인지 한국계인지 모를 앵커가 있습니다. 미국 시애틀 어느 방송에서도 Kim이라는 성을 가진 여성 앵커가 등장하는 것을 보았습니다. 미국에서 가장 유명한 뉴스 앵커로 중국계 코니 정(Connie Chung)을 들 수도 있고요.

아직도 한국에는 국가주의를 찬양하는 이들이 종종 있는데, 한국도 이제 외국 출신 거주자가 거의 300만 명에 육박하는 다문화 사회가 되고 또 세계화를 지향하는 마당에 주요 방송국에서 외국계 한국인들을 아나운서나 기타 방송인으로 등장시키는 것이 바람직하다는 생각이 듭니다.

앞에 글에서도 말했지만 제가 즐겨 보는 〈대한 외국인〉이라는 프로그램에 등장하는 에바라는 러시아계 여성은 한국말이 완벽할 뿐 아니라 한국의 역사 문화 등에 거의 통달한 것 같은 인상을 주는데, 이런 분이 9시 뉴스에 등장하면 정말 한국이 그야말로 세계화된 사회라는 것이 실감날 것입니다.

누구도 외딴 섬일 수 없다

누구도 외딴 섬일 수 없다.(No one is an island)

— 존 던

오늘 우연히 유튜브를 보다가 하버드 대학교 2018년 졸업식에서 박진규라는 학생이 졸업생 대표로 연설하는 것을 들었습니다. 일곱 살에 미국으로 왔는데, 불법 체류자 신세로 뉴욕 식당에서 일하는 아버지와 미용실에서 일한 어머니 밑에서 영주 자격이 없이 살다가 2012년 오바마 대통령의 특별법에 의해 정식으로 영주 자격을 얻고 하버드 대학교에 들어갔다고 합니다. 그 후 그 유명한 '로즈 장학생(Rhodes Scholar)'으로 선발되기도 했습니다. 빌 클린턴 미국 대통령, 토니 블레어 영국 수상 등 세계 지도자급이 받은 최고의 장학금입니다. 제가 가르치던 학과의 교수 한 분도 이 장학금을 받았고, 캐나다 이민자 박유진 군도 이 장학금을 받았는데, 이 장학금을 받으면 옥스퍼드 대학교에 가서 공부할 수 있는 특전을 얻게 됩니다.

졸업생 대표 연설의 주제는 '내 재능으로 나는 무엇을 할까?' 하는 것이었습니다. 많은 경우 '내가 가진 재능은 내 것이니 내 마음대로 나를 위해 쓰면 되는 것 아닌가' 생각하기 쉽지만, 내 재능은 나 혼자만의 것이 아닙니다. 나의 오늘도 우리 부모님의 헌신(연설 도중 "엄마 and 아빠 Thank you. 고맙고 사랑해. Don't cry" 하는 말을 하는데 콧등이 시큰했습니다), 학교 식당에서 일하는 분들, 도서관에서 자료를 찾아주는 분들, 학교 미화원들, 가족, 친구, 그 외 우리가 알지 못하는 수많은 사람들의 '사회적 협력'과 '합동 프로젝트'로 얻어진 '공동의 자산'입니다. 따라서 내 재능을 나만을 위해 쓸 수는 없다, 사회를 위해 사용해야 할 의무가 있다는 요지로 연설하고 마지막으로 한마디 "What am I going to do 'for others' with my talents?(내 재능으로 '다른 사람들을 위해' 무엇을 할까?)" 또박또박 명쾌하게 이야기하는데, 감동적이었습니다.*

몇 달 전 어느 의원이 강연하는 것을 보았는데, "여러분이 신고 있는 구두는 몇 명이 수고해서 나온 것일까요? 100명? 100만 명? 아닙니다. 셀 수 없이 많은 사람들이 수고해서 생긴 것입니다"라고 하더군요. 고무나무를 심은 사람, 고무를 채취하는 사람, 채취하는 기구를 만드는 사람, 제철하는 사람, 고무를 신고 오는 배를 만든 사람, 배 만들기 위해 연구한 사람, 이런 사람들이 먹는 쌀을 생산하는 농부, 구두를 파는 사람, 구두를 운반

*   유튜브 검색창에 '박진규 하버드 연설'을 치면 그 연설을 볼 수 있습니다.

하기 위한 트럭을 만든 사람, 고속도로를 건설한 사람 등등 (계속 여러 가지를 열거) 이렇게 수많은 사람이 없다면 이 구두를 내가 신는 것은 불가능하다, 괘종시계, 집, 옷은 혼자 만들었나? 내 주변에 사람이 없다면 살 수가 없다, 모든 사람에게 고마워해야 한다는 내용이었습니다.

이 두 강연은 다 오늘의 나를 있게 한 모든 '사람들'에게 감사하고 이에 보답하는 심정으로 살아야 한다는 메시지를 전하고 있습니다. 훌륭합니다. 그런데 이 두 연설에서 언급되지 않은 것은 나의 오늘이 있기 위해서는 수많은 사람들뿐만 아니라 물, 불, 흙, 공기를 비롯 우리 주위의, 나아가 온 우주의 모든 것도 필요하다는 사실입니다.

우리나라 동학에서 가르치는 것 중에 '삼경(三敬)' 사상이 있습니다. 경천(敬天), 경인(敬人), 경물(敬物)인데, 하늘을 공경하고, 사람을 공경하고, 동식물이나 무생물까지 공경하라는 것입니다. 오늘날 이런 생태적 관심이 고조되고 있는 세상에서 우리 주위의 사람뿐 아니라 자연에도 고마움을 느끼고 보살펴야 한다는 사실도 절감할 필요가 있습니다.*

---

* 흙, 물, 불, 공기의 중요성을 일깨우는 책으로 데이비드 스즈키 지음, 오강남 옮김, 『데이비드 스즈키의 마지막 강의 *The Legacy*』(서해문집, 2012) 참조.

누가 주인인가?

오늘 캐나다학을 전공한 문영석 교수가 캐나다 역사에 대해 줌 강연한 것을 들었습니다.

문 교수는 캐나다 역사상 캐나다가 잘못한 일이 많다고 지적했습니다. 그 대표적인 예로 1883년부터 1996년까지 시행한 원주민 자녀들을 위한 기숙학교 운영을 들 수 있다고 했습니다. 기숙학교의 60퍼센트가 가톨릭 계통이고 40퍼센트가 개신교 계통이었습니다. 네 살부터 열다섯 살까지의 원주민 자녀들을 모두 강제로 기숙학교에 입학시켜 원주민의 말도 못 하게 하고 원주민의 종교와 생활양식을 따르지도 못 하게 하는 등 원주민 문화를 말살하고 오로지 기독교를 중심으로 한 백인 문화만 받아들이도록 강요했습니다. 최근 캐나다 여러 곳에 있던 기숙학교들 주위에서 어린아이들의 유해가 몇백 구씩 발굴되고 있어 기숙학교의 잔혹성이 드러나 야단입니다.

그럼에도 지금 캐나다는 세계에서 가장 살기 좋은 나라에 속합니다. 강연자의 말에 따르면 그것은 캐나다에 자원이 많기 때문이 아니라고 합니다. 브라질같이 자원이 많은 나라도 잘 못 사는 경우가 많지요. 캐나다가 일등 국가가 된 것은 무엇보다 캐나다의 정치가 바로 섰기 때문이라 하였습니다.

강연자의 말에 저도 한마디 거들었습니다. 캐나다 정치가 잘되고 있는 것은 기본적으로 위정자들의 선심 때문이 아니라 깨어난 시민들의 단합된 힘 때문이 아니냐고. 오히려 국민들의 높은 정치의식으로 인해 훌륭한 정치인을 선출하고 잘못된 정치인은 가차 없이 퇴출시키기 때문이 아니냐고 했습니다.

이 말을 하면서 오래전에 썼던 글이 생각났습니다. 오늘 한국 사회를 생각하며 다시 손질해서 올려봅니다.

윗물이 맑아야 아랫물이 맑다는 속담이 있습니다. 강의 상류가 흐린데 하류가 맑기를 기대할 수는 없지요. 몇백 리 상류라면 흐르는 동안 흙탕물이 좀 가라앉아 어느 정도 맑아질 수 있겠지만, 바로 한 굽이 위가 흐린데 이곳 아랫물이 어찌 흐리지 않을 수 있을까요. 상류에서부터 흐려지는 근본 원인이 제거되지 않는데 하류가 맑아지기를 바라는 것은 그야말로 백년하청(百年河淸)일 것입니다.

이 속담은 주로 정치적 의미로 쓰이는 것이 보통입니다. '윗물 격인 정치 지도자들이 맑지 못하면 아랫물 격인 국민이 맑을 수 없다. 나라 전체가 이렇게 혼탁한 것은 근본적으로 상류에서 부정부패 행위를 일삼으며 물을 흐리는 정치 지도자들 때문이다. 이들이 솔선수범 맑아져야 정의롭고 공정한 사회가 이루어진다는 식으로 이해합니다.

그러나 오늘 같은 민주주의 사회에서 누가 윗물이고 누가 아랫물인가요? 옛날에는 이른바 관존민비(官尊民卑)였습니다. 조선 시대 한때는 노비가 국민 절반 가까이에 이르렀다고 합니다. 위정자들이 높고 백성들이 낮은 것을 당연히 여기는 사회로, 위정자들이 모든 것을 결정하고 아래로 백성들을 다스리는 완전한 하향식 구조였지요. 따라서 국가가 맑으냐 흐리냐 하는 것은 오로지 위정자들의 손에 달려 있었습니다.

그러나 이제 우리는 "권력은 국민으로부터 나온다"는 민주주의 시대에 살고 있습니다. 국민들은 피지배자가 아니라 국가의 주인입니다. 주인들이 주인을 섬길 공복을 골라냅니다. 일반 국민들이 밑에서 수동적으로 위정자들의 지시만 따르거나 그들이 하는 대로 가만히 앉아서 당하고만 있어야 하는 위치에 있는 것이 아닌 것이지요. 국민은 국가를 위한 공복들을 선출하고, 감시하고, 마음에 맞지 않으면 갈아치울 수도 있는 권리를 가지고 있습니다. 말하자면 오늘은 민중이 윗물이고 위정자들이 아랫물이 된 셈입니다.

이런 민주주의 원칙에 비추어 보면, 똑똑하지 못한 공복이 판을 치고 있는 것은 결국 똑똑하지 못한 주인이 있기 때문 아닐까요. 물론 완력이나 총칼이나 탱크로 주인을 억누르고 자기들이 주인 행세 하겠다는 종들이 속출하는 판국에는 주인도 별도리가 없을지 모릅니다. 그러나 궁극적으로는 그것도 참주인이 자기가 주인임을 인식하지 못하고 있거나 주인 노릇을 제대로 하지 못하는 데 그 책임이 있다고 봐야 합니다.

한국 정치판이 아직도 흙탕물인 것은 윗물인 국민이 아직 맑지 않아서, 주인을 섬기겠다는 마음도 없이 오로지 자신들의 권력과 명예와 부를 가지고 거들먹거리겠다는 종들을 많이 뽑아 국회나 기타 기관에 심어놓았기 때문인지 모릅니다. 그러므로 주인인 국민은 대선이나 총선, 지방선거 등에서 권력욕에 눈이 어두운 사람이 아니라, 자기는 오로지 '머슴'으로 국민을 섬기겠다고 다짐하는 사람을 뽑아야 할 것입니다.

이제 정치 지도자들이 위에서 모든 것을 결정한다는 수동적 노예근성을 청산하고, "국민이 윗물이다. 우리가 어떠하냐에 따라 어떤 정부를 갖게 되느냐가 결정된다"고 하는 자주적인 주인 의식이 우리 사이에 더욱 널리, 더욱 깊이 뿌리내려져야 할 것입니다. 나라의 운명은 국민의 손에 달려 있습니다.

자동차 여행기

2019년 11월 28일 캐나다 밴쿠버 집을 떠나 12월18일 귀가하는 20일간의 미국 서부 자동차 여행을 마쳤습니다. 주목적은 워싱턴주 오리건주를 지나 캘리포니아주 남쪽 LA와 팜스프링스 중간쯤 있는 로마린다의 형님 댁 방문이었습니다.

새로 구입한 미니 쿠퍼 클럽맨 S를 타고 내려가면서 포틀랜드 친구 집도 들르고 샌프란시스코 아래에 위치한 새너제이에서의 결혼식도 참석했습니다. 여기까지는 아내와 함께. 여기서부터는 계속 저 혼자서 남행과 다시 북행을 했습니다.

로마린다에서는 형님 형수와 함께 교회에도 가고 부모님과 큰형님 묘소도 함께 참배하고 형님과 골프도 쳤습니다. LA 주위에 사는 옛 친구들과 옛 제자들도 반갑게 만났습니다.

LA 곽건용 목사님이 이끄시는 향린교회에서 설교도 하고 팜스프링스에서 목회하는 최승목 목사님과 함께 강성도 목사님의 하나교회에 가서 강연도 했습니다.

LA 남서쪽 어바인에 있는 조카 집을 방문한 다음, 그다음 날로 북행. 새너제이 부근 매형 집에서 1박(누님은 작년에 돌아가셨습니다) 오리건주 애슐랜드와 포틀랜드 호텔에서 각각 1박. 올라오다가 시애틀에서 옛 친구들과 점심을 하며 의미 있는 대화를 나누고 계속 북행. 비 오는 밤 7시경 밴쿠버에 안착했습니다.

주행거리 5,430킬로미터.

혼자 운전하면서 깨달은 것 몇 가지를 적어봅니다.

1. 불교에서는 참선의 종류로 앉아서 하는 것을 좌선(坐禪), 누워서 하는 것을 와선(臥禪), 걸으면서 하는 것을 행선(行禪), 염불을 외우면서 하는 것을 염불선(念佛禪)이라고 한다. 그런데 고속도로를 주행하면서 자연히 운전에 집중하게 되니 이것도 참선. 이름 하여 주행선(走行禪)이랄까?

밴쿠버에서 목회하던 분 중 내가 아는 목사님 두 분이 장거리 트럭 운전기사로 전업했는데 지금 생각해보니 주행선을 실천하고 있는 것이로구나.

2. 고속도로에서 나보다 빨리 달리는 차가 오면 얼른 양보하고, 큰 도시 가까이서나 차 사고가 났을 때 굼벵이처럼 기어가야 할 때도 참는다. 이것도 양보심과 인내심을 함양하는 일종의 종교적 수행 아닌가?

3. 고속도로에서 현대차나 기아차를 만나면 반갑고 더욱이 이 차들이 추월선에서 내 앞으로 쌩쌩 달리는 것을 보면 더 기분이 좋다. 외국에 살면 모두 애국자가 된다는데 나도 그런 것

인가?

4. 오다가 배가 고파 오리건 주 로즈버그라는 고속도로 옆 조그만 마을에 내렸다. 서브웨이 샌드위치를 사 가지고 나오는데 보니 옆에 꽤 큰 중고서점이 있는 것을 발견. 참새 방앗간을 지나칠 수 없어 들어갔다. 종교 철학 부분에 좋은 책이 많고 값도 쌌지만 이미 소장하고 있는 것들이라 살 필요가 없었다. 그래도 들어왔다가 그냥 나가는 것도 미안하여 카렌 암스트롱의 『*A History of God*(신의 역사)』를 집었다. 그런데 그 옆에 『*Einstein and the Rabbi*(아인슈타인과 랍비)』라는 책이 있어 안쪽 날개를 보니 종교에 대해 아인슈타인의 생각이 담긴 글이 실려 있어서 얼른 샀다.

5. 연 4일간 하루 8시간 정도씩 달려오면서도 체력이 달리지도 않고 사고도 없이 여행을 마칠 수 있었던 것이 내가 생각해도 놀라운데 누구에게 감사해야 하나?

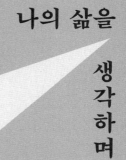

5

나의 삶을

생각하며

뿌리

학위를 받고 1977년 초 미국 오하이오주 옥스퍼드라는 아담한 도시에 있는 마이애미 대학교(Miami University) 종교학과에 저혼자 가서 한 학기 가르친 일이 있었습니다. 이 학교는 옥스퍼드라는 도시 이름과 마이애미라는 학교 이름 때문에 혼동하기 쉬운데, 플로리다에 있는 마이애미 대학교는 University of Miami라는 이름으로 구별됩니다. 옥스퍼드의 마이애미 대학교는 한때 배우 겸 국회의원으로 활동하던 이낙훈 씨, 핵물리학자 이휘소 박사, 정운찬 서울대 총장 등의 출신 학교이기도 하지요.

그때 그 대학 종교학과 비서의 친정집에서 하숙을 했습니다. 도심에서 약간 벗어난 넓고 조용한 집에 친절한 노부부와 고3 딸만 살고 있었는데, 그 집의 한 방을 얻어 혼자서 열심히 명상을 했습니다. 아침저녁으로 냉수마찰도 해가면서.

그 집 해턴이라는 노부부는 최고의 교육을 받은 지성인으로 남편은 자가용 비행기를 타고 다니면서 여러 공장들에 기술 상담을 하는 분이었습니다. 부인은 어려운 질문이 들어오면 "그건 나도 모르겠는데……" 하는 뜻으로 "Not that I know of"라는 말을 자주 하여 저도 그 말에 익숙하게 되었습니다.

그 집에서 미국의 영향력 있는 신문 중 하나인《크리스천 사이언스 모니터The Christian Science Monitor》라는 신문을 구독하고 있었는데, 그 신문에 매일 시(詩) 한 편씩이 실려 있었습니다. 저도 재미 삼아 시를 하나 써서 그 신문에 기고해보았습니다. 어떻게 된 영문인지 그 시가 신문에 나왔습니다. 원고료도 그 당시 돈으로 30달러인가를 받은 것으로 기억됩니다.

이후 그 일을 잊고 있었는데, 얼마 전 서류 정리를 하다가 그때의 신문 조각이 나왔습니다. 1977년 6월 24일자 29면 하단에 실려 있습니다. 약간 부끄럽지만 이왕 찾은 김에 한번 옮겨보겠습니다.

The Root

To the Eternal Root,
I now return my heart,
Quietly
Sitting.
My heart,
Filled with mysterious heat,
Bursts into tranquility.
O! New Life in the Root.

A fresh New Life, cleansed with
Tears of Joy!

우리말로 옮겨보면 아래와 같습니다.

뿌리

영원한 뿌리를 향해
이제 내 마음 그리로 되돌린다
조용히
앉아서
내 마음
알지 못할 뜨거움으로 가득 차
터질 듯 평온 속으로 잦아든다.
아, 뿌리에서 찾는 새로운 삶
기쁨의 눈물로 씻어진
신선한 삶이여

지금 보니 그 당시 의식을 했는지 모르겠지만, 어쭙잖게 일
종의 오도송(悟道頌) 흉내를 내지 않았는가 하는 생각이 듭니
다. 이 짧은 시에도 도덕경, 장자, 참선, 정좌, 파스칼 등의 요소
가 섞여 있는 것 같습니다.

결코 제가 도통했다고 주장하는 건 아니지만 30세 전후 결정

적인 나이(crucial age)에 '우주의식(Cosmic Consciousness)'을 경험하게 된다고 한 리처드 모리스 버크(Richard Maurice Bucke)의 주장이나, 30대 초반에 '개인화 과정(Individuation Process)'이 시작된다고 한 카를 융(Carl G. Jung)의 이론에 따르면 저도 그 당시 35세 청년으로 뭔가 특별히 느끼는 바가 있었는지도 모를 일입니다. 그러나 그보다는 학위를 끝내고 논문 쓰는 긴장감에서 해방되어 자유로운 상태에서 마음 가는 대로 열심히 읽고 열심히 생각하며 혼자만의 여유로운 시간을 보내다 이런 시가 나온 것 아닌가 싶네요. 지금 생각해보면 그때 제 인생에서 하나의 전기(轉機) 비슷한 것이 마련되지 않았나 하는 생각이 들기도 합니다.

안동역에서

얼마 전부터 가수 진성 씨가 부른 〈안동역에서〉가 아주 유행인 모양입니다. 진성 씨 자신의 말에 의하면 이 노래가 지난 6년 동안 한국 노래방에서 가장 많이 불린 노래 중 하나라고 합니다.

가사를 들어보니 약속을 어긴 연인을 기다리는 마음을 그리고 있더군요. 이 노래가 이렇게 인기 있는 것은 가수의 노래 실력도 중요하겠지만, 연인과의 약속에서 연인이 나타나지 않은 아픈 경험에 공감하는 사람이 많기 때문이 아닌가 싶습니다.

바람에 날려버린 허무한 맹세였나
첫눈이 내리는 날 안동역 앞에서 만나자고 약속한 사람
새벽부터 오는 눈이 무릎까지 덮는데
안 오는 건지 못 오는 건지 오지 않는 사람아
안타까운 내 마음만 녹고 녹는다 기적소리 끊어진 밤에

저는 안동역에서 애타게 기다리던 여인은 없었지만 '안동역'

이라는 말을 들을 때마다 한 여인이 생각납니다. 제 어머니입니다. 어머니 생각이 나는 배경을 좀 설명해야 할 것 같습니다.

저희 식구들은 일본에서 살다가 해방 전에 한국으로 돌아왔습니다. 부산에 큰이모님이 계셔서 그곳에 정착하려고 영도에 집도 사고 했지만 부산에도 공습이 있을 것이라는 말에 따라 아주 아버님의 고향으로 가기로 결심하셨습니다. 아버님은 아버님의 고향인 경상북도 안동군 일직면 평팔동 1113번지(이곳이 제가 한국 있을 때 계속 본적으로 적어 넣었던 주소였습니다. 일명 '사구지미'로, 옛날 거기 사기그릇 파는 사기점이 있었던 모양입니다)로 가자고 하셨지만, 우리 넷째 누님이 관절염을 앓고 있어서 만약 아버님 고향으로 가면 그 당시 첩첩산중이던 그곳에서 누님이 학교도 다닐 수 없다는 어머님의 주장에 따라, 신작로도 있고 철길도 있고 무엇보다 학교 바로 옆에 붙어 있는 셋째 이모님이 사시던 집을 사서 정착하게 되었습니다.

거기가 바로 '경북 안동군 일직면 원호동 186번지'. 토속 명칭은 '머물'이었습니다. 물이 멀다고 머물, 한문으로 원호(遠湖)라 한 모양인데, 우리 집 바로 옆으로 개천이 있었고 거기서 몇백 미터 남쪽으로 가면 미천이라고 낙동강 지류에 속하는 꽤 큰 하천이 있었습니다. 원호동이 지금은 안동시에 병입되어 있더군요. 거기를 넘어서면 유명한 권정생 선생의 오두막집이 있던 조탑입니다. 그때는 권정생 선생을 알지 못했습니다.

저는 지금도 한국이라고 하면 겨우 10년 정도 산 머물 중심으로, 큰 공굴(콘크리트를 그렇게 불렀다는 설이 있습니다) 다리가 있는 큰 개천에 나가 수영하던 일, 작은 개천에서 썰매 타던 일, 중들(우리는 주들이라 불렀습니다) 논에 나가 메뚜기 잡던 일, 감시골 감밭에 가서 감꽃 줍던 일, 실개천에서 붕어 잡던 일, 큰 개천에서 쏘가리 등을 잡던 일, 굴렁쇠를 굴리며 동네를 뛰어다니던 일, 학교 교정에 있던 플라타너스 나무에 올라가던 일, 단촌 고운사로 소풍 가던 일, 암산굴 위로 올라가 돌멩이를 주워서 구슬로 갈던 일, 모심기하고 수확하던 일, 어머님이 목화씨나 삼베 씨를 심고, 누에를 쳐서 모든 수공 절차를 거쳐 옷까지 직접 만드시는 것을 구경하던 일, 피란 갔다 와서 먹을 것이 없을 때 모두 산으로 들어가 소나무 속껍질 부분인 송기를 벗겨 와서 만든 송기떡을 먹던 일 등등이 생각나고, 한동안은 꿈을 꿔도 그때의 일이 나오곤 했습니다.

저는 초등학교 6년을 일직국민학교에 다녔습니다. 졸업을 하고 서울로 가는데, 어머님이 저를 안동역까지 데려다주셨습니다. 안동역 플랫폼에서 제가 탄 기차가 떠날 때까지 서 계시다가 차가 움직이자 손을 흔들어주셨는데, 저도 흰 치마저고리를 입은 어머님이 보이지 않을 때까지 밖을 내다보았습니다. 그때의 그 장면이 지금도 눈에 선합니다. 막내로 어디 가시든지 다 따라다니던 아들을 떠나보내시는 어머님의 심정은 어떠셨을까 생각하면 지금도 눈시울이 젖습니다.

안동역에서 청량리역으로 가는 완행열차는 도착까지 거의 하루 종일이 걸렸습니다. 가는 도중 누가 시키지도 않았는데 지나는 역 이름, 굴의 수를 하나하나 적으면서 가다가 청량리역에 내리니 이미 밤이었습니다. 미리 서울에 와 있던 셋째 누님이 마중 나와서 같이 역 앞으로 나갔는데, 밤만 되면 깜깜하던 촌에서 살다가 카바이드 등불로 밝혀진 역전 노점상들의 불빛이 얼마나 휘황찬란하던지 놀라울 뿐이었습니다.

대학 다닐 때 안동에 집이 있는 중학생의 가정교사 일을 한 적이 있는데, 그 댁의 덕택으로 그 후 안동을 자주 내려갔습니다. 그 댁과는 아직도 교류를 계속하고 있습니다. 안동 갈 때 버스로나 친구의 자가용으로 가기도 했지만 기차 타고 가고 기차 타고 올라오기도 했습니다. 지금은 바뀌었을지 모르지만 안동역 역사(驛舍)의 모양도 기억하고 있습니다. 몇 년 전에는 한국에 간 김에 제가 살던 동네도 가보았습니다. 저희 집은 동네 경로당이 되었고 초등학교에 있던 플라타너스 나무는 그대로 있었습니다.

〈안동역에서〉를 듣고 어머니 생각을 하게 된 사연을 쓰다가 길어졌습니다. 노래 가사의 "안 오는 건지 못 오는 건지 오지 않는 사람"이 결국에는 나타나 "바람에 날려버린 허무한 맹세"가 아니었기를 바라면서 제 신변잡기를 마칩니다.

어머님의 일기장

저의 어머님은 언제부터인지는 모르지만 하루도 빠짐없이 일기를 쓰셨습니다. 만 101세 6개월을 사시면서 아마 마지막 순간까지 쓰지 않으셨을까 생각됩니다.

저는 단 한 가지 이유 때문에도 한국 기독교에 감사하는 마음입니다. 어머님께서 스스로 찾아간 교회에서 어머님께 한글을 깨우치게 해서 어머님이 그 덕택으로 돌아가실 때까지 성경 통독을 일 년에도 여러 차례 하셨고, 자녀 손주들에게 손편지를 써 보내셨고(저는 지금도 어머님의 편지를 보관하고 있습니다. 편지는 항상 "할 말 태산 같으나 오늘은 이만 줄인다"로 끝났습니다), 일기도 꼬박꼬박 쓰실 수 있게 되셨기 때문입니다.

미국 애틀랜타에 사시는 제 셋째 누님이 어머님의 일기장 중 한 권을 보관하고 계시다가 어제 제 생일 선물과 함께 그 일기장을 제게 보내주셨습니다.

1985년도라고 쓰인 일기장에 1월 1일부터 12월 31일까지 하루도 건너뛰지 않고 다 채우셨습니다. 1985년도라고 하면

1898년에 태어나신 어머님이 만 87세 때 쓰신 것입니다. 옛날 말투로 쓰신 것을 제가 요즘 문체로 고쳐서 몇 가지 소개해 드립니다. 1월 1일 일기입니다. 괄호 안은 제가 이해를 돕기 위해 덧붙인 것입니다.

> 일 월 일 일. 오늘도 하나님이 새해를 주셔서 감사합니다. 오늘 텔레비전으로 시내 행진하는 구경 잘 했다. 오후에 (LA 사는 셋째) 아들, 며느리, 손자, 손녀 로마린다로 가고 (LA를 방문 중이던) 창수 모자(둘째 딸 모자), 손부는 창수 처삼촌 집에 가고, 나 혼자 집에 있다가니, 일본 (사는 둘째) 아들에게서 전화가 와서 얼마나 반갑게 받아 설 이야기했다. 오늘 설이라고 장로님, 사모님, 여러분들이 절을 하니 너무 미안하고 황송하기 그지없더구나. 오늘 설날이라고 (캐나다 사는 막내) 강남이한테서 전화가 와서 얼마나 반갑게 받으니, 설날이라고 나 있는 쪽을 향해 모두 절을 한다고 하더구나. 참으로 효자로다. 상일네(셋째 아들) 부자와 삼모녀 다 세배했다. (LA 셋째 아들 집에 있을 때)

12월 31일 일기입니다.

> 오늘도 하나님 은혜로 하루를 잘 지내게 되어 감사합니다. 오늘은 곽 박사 댁에 초대받아 가서 대접 잘 받고 윷놀이도 하고 잘 놀다가 왔다. 그리고 지나간 일 년 아무 시험 없이 잘 보호

해 주셔서 정말로 감사합니다. 하나님 은혜 더욱 감사합니다. 다가오는 한 해도 잘 보호하여주시기 기도합니다. 이해 마지막 날 일기 (날씨)가 종일 해가 비치지 않고 흐렸다. (새너제이 막내딸 집에 있을 때)

일본에 둘째 아들, LA에 셋째 아들, 미네소타에 맏딸, 애틀랜타에 둘째 딸과 셋째 딸, 새너제이에 막내딸, 캐나다에 막내아들, 한국에서 살다가 LA 온 장손, 이렇게 흩어져 사는 어머님의 자녀 손들이, 아버님이 1971년도에 75세로 돌아가신 이후 30년간 모두 몇 차례씩 어머님을 모셨습니다. 어머님은 미국 각지와 일본, 캐나다까지 다 살아보신 셈입니다. 캐나다만 해도 해밀턴 토론토, 위니펙, 에드먼턴, 리자이나, 밴쿠버, 저의 가족이 이사 다닌 곳은 다 와서 얼마 동안 사시거나 머물다 가셨습니다.

일기장의 가장 두드러진 특징은 365일 하루도 빠짐없이 언제나 "오늘도 하나님의 은혜로 하루를 잘 지내도록 보호하여주셔서 감사합니다" 하는 말로 시작하고, 중간에 그날 일어났던 일을 적으시고, 끝에는 반드시 "오늘 일기는 깨끗하지는 못 해도 해는 났다." "오늘 일기는 아침에는 안개가 끼었다가 맑았다가 흐렸다가 했다" 하는 식으로 그날의 날씨를 적는 것이었습니다. 일기도 대충 쓰신 것이 아니라 아주 구체적으로, 예를 들어, 1월 3일자에 이렇게 쓰셨습니다.

창수 어미가 열무우 뜯으러 가지고 해서 따라가다가 (나는) 도랑을 건너지 못해 건너보고만 있고, 어미는 건너가 한 보따리 해 와서 김치도 담그고 삶기도 하더구나. 오늘도 맑고 깨끗해서 좋았다. (조지아 애틀랜타 둘째 딸 집에 있을 때)

한 가지만 더 예로 듭니다.

오늘도 하나님의 은혜로 멀고 먼 교회에 한 시간 걸려 가서 예배드리고 집으로 오다가 태평양 바다에 파도치는 것 구경하고 집으로 오는데 아주 산중 골짜기로 오면서 구경 잘 하고 집까지 한 시간 십오 분 되더구나. 오늘 일기는 종일 구름. 저녁 먹고 3대가 앉아서 윷놀이하고 재미있게 놀았다.

"집에 오니 아홉 시 십오 분 됐더구나" 하는 식으로 외출 후에는 귀가 시간도 꼭꼭 적으셨습니다.

일기장에는 누구에게서 전화 왔다고 하시면서 "음성이라도 들으니 반갑기 한이 없더구나" 하시고, 누구에게서 편지 왔다, 누구누구에게서 돈이 얼마 왔다. 들어온 돈의 합이 얼마고, 십일금 얼마 내고, 감사헌금 얼마 내고, 손자 손녀들에게 때에 따라 100불씩 나누어주고, 나머지가 얼마다 하는 등을 세세하게 다 쓰셨습니다. 아들 셋은 한 달에 각각 300불씩, 딸 넷은 한 달에 각각 100불씩, 정부에서 나오는 부양료 한 달에 천몇백 불. 어머님은 이 돈으로 교회 헌금도 잘 하시고 손자 손녀들에게도

인심을 많이 쓰셨습니다.

일기에 자주 등장하는 말이 "오늘은 성경을 읽었다. 성경을 읽으며 지냈다", "강남이한테서 전화가 와서 반가운 목소리 들었다. 영순(넷째 딸)이한테서 전화가 와서 반가운 목소리 들었다"하는 것이었습니다. 막내딸과 막내아들이 전화를 제일 자주한 것으로 나와 있습니다. 저는 학교 제 연구실에 가서 수요일마다 컴퓨터를 열면 '어머니께 전화'라는 말이 화면에 뜨도록 하여 적어도 일주일에 한 번은 전화를 드렸습니다. 일부러 수요일에 전화를 드린 것은 주말이나 주초에 전화를 하면 "니 교회 갔더나?"하는 질문을 하시기에 그걸 피하기 위한 작전이었지요.

"오늘 강남이한테서 밤 열한 시 십 분에 전화가 와서 반가운 음성을 들었다. 보고 싶은 마음 간절하다. 언제 볼까. 참으로 효자로다. 비행기 안에서 하가끼(엽서) 써서 보냈다고 하더라."(6월 6일 제 생일에 한국으로 나가면서 비행기 안에서 주는 엽서로 어머니께 문안 편지 쓰고 한국 도착해서 전화하면서 편지드렸다는 이야기를 한 모양입니다.)

욕심 같으면 재미있는 부분을 더 많이 인용하고 싶지만 이 정도에서 그칩니다. 돌이켜 보면 인생에서 가장 중요한 것이 'counting the blessings', 자기가 받은 축복을 세는 것이라 하는데, 어머님은 일기 첫머리에 하나님의 은혜에 감사하고, 사람들이 주는 조그만 선의에도 반드시 감사하고, 잘 놀았어도 감사,

'감사'라는 말이 가장 많이 등장합니다. 이것이 어머님의 장수 비결이 아닌가 생각합니다. 간혹 마음에 안 드시는 일이 있어도 "얄궂어라!" 하는 말 한마디 하고 잊어버리셨습니다. 그러니 스트레스 쌓일 일이 없었던 것 같습니다. 평생 골치 아픈 것이 무엇인지 모르고 사셨다고 합니다.

호미도 날히언 마라난 낟가티 들 리도 업스니이다
아바님도 어이어신 마라난 어마님 가티 괴시리 업세라
아소 님하 어마님가티 괴시리 업세라.

어머님 일기장을 보면서 몇 자 적는다고 했는데, 너무 길어졌습니다. 양해해주소서.

내 생애에서 잊지 못할 순간들
— 자전적 고백

신학 책이나 종교학 책을 보면 서문에 저자의 자전적 고백을 싣는 경우가 흔합니다. 심지어 "신학은 자전적이다"라고 주장하는 신학자도 있습니다. 폴 니터라는 신학자는 책을 쓸 때마다 자기가 어떻게 그런 신학적 입장을 취하게 되었는가 하는 것을 자기의 삶을 반추하면서 풀어줍니다.

저도 나이가 들어 뒤를 돌아보면 생애에서 잊지 못할 순간들이 많습니다. 그러나 그중에서도 정신적 눈뜸의 순간으로 지금도 생생하게 기억되는 순간들이 있습니다. 그중 열 가지를 적어 자전적 고백이라는 이름으로 풀어보려 합니다.

1. 왜 부자와 가난한 사람이 있어야 하는가?

나는 일본에서 태어났다. 호적등본에 의하면 출생지는 일본 도쿄(東京都 品川區 北品川 3町目 282番地)이다. 2차 대전 말 도쿄의 공습 때문에 피란을 가야 했는데, 우리 식구들은 한국인들이 많이 살던 히로시마로 갈까 하다가 한국행을 결심했다고 한다. 그때 원폭 세례를 받은 히로시마로 갔으면 지금의 내가 있을까?

내가 네 살 때 식구들과 한국으로 들어왔다. 처음에는 부산에 정착하려고 집까지 샀는데, 부산에도 미국의 공습이 있을 것이라는 소문 때문에 아버지와 어머니의 고향인 안동으로 와서 정착했다. 안동읍에서 남쪽으로 13킬로미터 떨어진 동네. 이름은 '머물'이고 한문으로는 원호동(遠湖洞). 지금은 원호리라 바뀌어 있다. 나는 초등학교를 우리 동네에 있는 일직국민학교에 다녔다. 우리 집은 학교에서 북쪽으로 작은 개울 하나를 사이에 두고 붙어 있었다.

우리 동네는 각성촌이라고 여러 성씨들이 모여 살고 있었는데, 동네 사람들 중에는 부자도 몇 있었지만 대부분 가난했다. 우리 집은 그래도 동네에서 유일하게 펌프가 있는 집이었다. 그리고 그 난리통에 어떻게 가지고 올 수 있었던지 일본에서 가져온 망원경, 자전거, 커다란 둥근 밥상, 오동장롱, 유성기, 각종 식기 등이 있어서 꽤 잘 사는 집으로 알려졌던 모양이다. 그 덕택으로 큰형님은 의성군 단촌에 있던 고운사(孤雲寺) 주지의 미녀 맏딸과 결혼할 수 있었다.

동네가 거의 가난했지만 특히 6·25 이후는 가난이 극심했다. 동네 사람들이 우르르 산골로 들어가 송기(松肌)라고 소나무의 속껍질을 벗겨 와 물에 담갔다가 부드러워지면 송기떡이든 송기죽이든 해 먹었다. 그러나 보릿고개를 맞으면 부황(浮黃)인가 하는 것으로 굶어 죽는 이도 있었다. 요즘 많이 부르는 유행가 〈보릿고개〉, "아이야 뛰지 마라 배 꺼질라" 하는 것을 실감하면서 산 셈이다.

거의 모든 집이 아침에는 보리밥을 먹고 점심은 아침에 해놓은 보리밥을 물에 말아 마늘이나 마늘쫑이나 고추를 된장이나 고추장에 찍어서 먹고 저녁에는 보리죽을 먹으며 연명했다. 아이들은 밖에 나가서 놀다가 저녁 때 집으로 돌아가면서 발로 고무신을 공중으로 올려보내고 떨어질 때 엎어지면 저녁으로 밥을 먹고 똑바로 자빠지면 죽을 먹는다고 일종의 점을 치는 것이 보통이었다. 말할 나위도 없이 고무신이 엎어지는 경우는 거의 없고 똑바로 자빠지기 마련이었다. 우리 집은 그래도 보리죽 대신에 수제비 국을 자주 먹기도 했는데, 그때 먹은 것에 질렸는지 지금도 나는 수제비를 좋아하지 않는다. 그 대신 그때 먹은 고추 부각이나 호박잎, 피마자잎은 아직도 내가 가장 좋아하는 음식이다.

초등학교 4학년쯤이라 생각된다. 우리 집은 신작로 옆이기 때문에 신작로를 따라 집으로 가는 길이었는데, 고무신을 하늘로 올려 보낸 다음, 갑자기 이런 생각이 들었다. 왜 같은 동네에 사는 사람들 중에 부자가 있고 가난한 사람들이 있어야 하는가? 왜 다 같이 사람인데 이렇게 달라야 하나? 우리 동네 옆으로 중들(주들이라 불렀다)이라고 하는 꽤 큰 평야가 있었는데, 우리 집은 거기 논과 밭 몇 마지기를 가지고 있었지만, 그 땅을 고르게 나누어주면 안 될까? 지금도 그때 해 질 녘 남쪽에서 북쪽으로 신작로를 따라 집으로 돌아오면서 이런 생각에 골똘하던 순간이 생생하게 기억된다.

이때 이런 생각이 씨앗이 되었는가. 캐나다에 와서도 선거 때마다 한국 사람이 입후보하는 경우를 제외하면 캐나다 무상 의료제도를 도입하는 등 사회주의 성향이 강한 신민당(New Democratic Party, NDP) 후보에게 언제나 표를 준 것이 아닌가 하는 생각이 든다. 투표권은 없지만 미국 대선에서도 언제나 민주당(Democratic Party)이 이기기를 바라는 입장이었다. 지난 두 번의 미국 대선에도 민주당의 버니 샌더스가 당선되었으면 하고 바랐다.

2. 성경은 문자적으로 읽을 것이 못 된다

초등학교 4학년 때쯤 어머님의 손을 잡고 안동읍에 있는 교회에 다니기 시작했다. 걸어서 세 시간 정도 걸리는 거리였다. 믿음이 있어서가 아니라 어머님이 가시니 동행한다는 의미로 따라간 셈이다. 그런데 서울에서 교회 학교를 다니던 형님이 방학 때 내려와서 아담, 하와니 엘리야, 엘리사 하면서 성경 이야기를 해주는 것이 재미있고 신기했다. 나도 중학교 갈 때 그 교회 학교에 가기로 마음먹었다.

초등학교 6학년 때 그 당시 두꺼운 『전과지도서』를 몽땅 다 외운 것 같다. "태정태세문단세……", "빨주노초파남보, 보남파

초노주빨" 하는 것은 말할 것도 없고 "다사라가마나바"까지 입에서 저절로 나올 정도였다. '다사라가……'는 악보에서 올림표(sharp)나 내림표(flat)가 없을 때는 다장조, 올림표가 하나 있으면 사장조, 두 개면 라장조, 세 개면 가장조, 내림표도 하나면 바장조, 둘이면 내림나장조, 세 개면 내림마장조 하는 식이었다. 앞에서도 언급했던 것처럼, 이런 식으로 공부해서 안동사범병설중학교에 합격했지만, 이것은 일직초등학교의 체면을 위한 것일 뿐, 처음부터 서울 교회학교로 가기로 한 것이어서 미련 없이 서울로 올라갔다.

서울 교회학교에 입학해서 처음 일 년 동안은 모르던 성경 이야기, 특히 예수님의 생애를 배우면서 신이 났다. 그러나 조금 지나서 성경의 이야기들이 문자적으로 맞을 수 없다는 깨달음에 이르렀다. 성경 첫머리에 나오는 창조 이야기에서부터 하느님이 세상을 6일 만에 지으시고 7일째는 쉬셨다고 했는데, 하느님도 쉬어야 할 정도로 피곤하실 수가 있는가? 선악과를 두고 아담 하와를 시험해보셨다고 하는데, 전지전능하여 무엇이나 다 아시는데, 구태여 시험해보실 필요가 뭔가? 선악과를 먹고 숨어 있는 아담 하와에게 오시면서 너희가 어디 있느냐 물어보셨다는데, 다 아시는 분이 물어보시다니? 선악과를 먹었다고 해서 그렇게 큰 벌을? 그러면 먹으려 했다는 것으로 시험 결과를 이미 아셨다면 이제 먹지 못하도록 말리셨어야지. 세상 아버지도 아이가 낭떠러지에 떨어지려 하면 가서 붙잡는데…… 이런 식으로 의문이 꼬리에 꼬리를 물고 들었다. 성경 수업 시간에 질문을 하도 많이 하니까 성경 선생님이 오강남은 믿음이 없으니 비록 성적으로 수석이지만 우등상을 줄 수 없다고 했을 정도였다.(담임선생님의 주장으로 우등상을 받기는 했지만^^)

지금 생각해보면 제임스 파울러(James Fowler) 교수가 말하는 신앙의 6단계 중 사춘기에 이르는 제3단계에 들어선 것이 아닌가 하는 생각이 든다.

3. 온 세상이 함께 합창하다

고등학교 때 3년간 약 10킬로미터 되는 거리를 자전거를 타고 통학했다. 통학 길에서 학교 부근에 가면 오른쪽으로 논이 있었다. 보통 친구 몇이서 같이 자전거를 타고 가지만, 어느 가을날 그날따라 혼자서 자전거 페달을 열심히 밟고 가면서 내 삶의 진로에 대해 골똘히 생각하고 있었는데, 갑자기 황금물결을 이루고 있던 벼 이삭들이 춤추며 합창하는 듯한 착각에 빠졌다. 마치 천사들이 나를 위해, 그리고 나의 미래를 위해 베토벤의 환희의 송가를 합창하는 듯하였다. 너무나 신기하게 생각하며 계속 열심히 페달을 밟았다.

중국 고전 『장자』 제2편 첫머리에서 말하는 '땅이 부는 퉁소 소리(地籟)'인가 '하늘이 부는 퉁소 소리(天籟)'인가 그 당시에는 몰랐지만 아무튼 그 웅장한 합창 소리로 하늘이 나와 함께한다는 생각이 내 속에 자리 잡게 되고 이것은 내 영적 여정을 꼴

짓는 데 하나의 큰 사건이었음에 틀림없는 일이다. 마치 화엄(華嚴) 사상에서 말하는 우주의 모든 것이 서로 어울려 있다는 상즉(相卽) 상입(相入), 사사무애(事事無礙)의 세계를 미리 맛본 것인가?

4. 성서와 신화적 세계관

이종사촌 형이 연세대학교 신과대학에 다녔는데, 그 형의 집이 대전이라 서울 우리 집에서 나와 같은 방을 쓰며 학교에 다녔다. 나보다 한 학년이 빨라 형은 대학생이지만 나는 아직 고3이었다. 그런데 그 형의 책꽂이에 재미나는 신학 책이 많았다. 김하태 박사의 책도, 폴 틸리히 책도 그때 처음 접했다. 김하태 박사님의 책에 "종교의 정점(pinnacle)은 신비주의"라는 말은 내 일생을 따라다니는 화두가 되었다. 김 박사님과는 미국에서 여러 차례 뵙고, 비록 내가 연세대 출신이 아니지만 나를 각별히 생각해서 90회 기념 논총에 특별히 내 글을 싣도록 하라고 부탁하셨다고 한다. 영어로 된 폴 틸리히 책에서는 하얀 것은 종이이고 까만 것은 글자라는 것 이상 알 수 있는 것이 없었다. 그러나 나중에 틸리히는 내가 가장 영향받은 신학자 중 한 명이 되었다.

아무튼 그 책꽂이에 루돌프 불트만이 쓴 『예수 그리스도와 신화*Jesus Christ and Mythology*』라는 얇은 책이 있었다. 60년도 더 지난 일이지만 지금도 그 책이 눈에 보이는 듯하다. 노란 표지에 비닐이 씌워져 있고, 옮긴이는 유동식 교수.(지금은 새 번역판이 나와 있다.) 중학교 때부터 그때까지도 성경을 문자대로 읽을 수 없다는 생각을 가지고 있었지만 그것을 체계적으로 파악할 수 없었는데, 이 책을 통해 성경을 '비신화화'해서, 혹은 틸리히의 용어대로 '탈문자화'해서 받아들이고 그 의미를 실존주의의 렌즈를 통해 찾아낼 수 있구나, 눈이 번쩍 뜨이는 경험을 했다.(2001년 연세대학교 교회에 강연하러 갔을 때 유동식 교수를 만나 교수님이 번역해주신 그 책 때문에 제 인생의 진로가 바뀌었다고 말씀드리고 감사함을 표했다.)

그때 이후 해석학(hermeneutics)이 중요함을 확신했고, 그 이후로 지금까지 이를 줄기차게 주장하고 있다.『예수는 없다』라는 책도 결국 기독교 성경과 교리에 대한 또 다른 해석인 셈이고, 그후 쓴『또 다른 예수』라는「도마복음」해설서에서도 제1절에 "이 말씀들을 올바로 풀 수 있는 자는 결코 죽음을 맛보지 아니하리라"라고 한 구절을 풀이하며, "이는 우리에게 주어진 종교적 진술에 대해 어떤 '해석(hermenutics)'을 하느냐가 우리의 영적 사활에 직결될 정도로 중요하다는 이야기이다"라는 주를 달았다.*

---

*　2009년 예담 출판사에서 나온『또 다른 예수』는 2022년 김영사를 통해『살아 계신 예수의 비밀의 말씀』이라는 제목의 개정판으로 출간되었다.

5. 신은 존재할 수 없다

교회학교를 다니고 주위와 가정환경 등의 덕택으로 종교에 대한 관심은 계속되었다. 같은 교회의 형 중에 서울대 국문과에 다니던 분이 있었는데, 그분을 통해 서울대학교에 종교학과가 있다는 이야기를 들었다. 종교에는 관심이 많았으나 성직자가 되고 싶은 마음은 없었는데, 그런 내 입장에 종교학이 적격일 것 같아 종교학과에 입학하게 되었다. 1학년 때는 주로 교양과목과 라틴어 공부에 열중하였다. 2학년부터 전공에 본격적인 관심을 가지게 되었다.

그때쯤 어느 분의 병문안을 위해 그 당시 위생병원이라 불리던 병원으로 가는, 시멘트로 포장된 오르막길을 오르고 있었는데, 갑자기 '신은 존재할 수 없다'는 생각이 번뜩 들었다. 기독교에서 말하는 절대적인 신이 존재한다는 말은 그 자체로 모순이 아닌가 하는 생각을 하게 된 것이다. 절대적이란 말은 아무것에도 제약을 받지 않는다는 뜻인데, 존재라는 것은 어쩔 수 없이 시간과 공간 안에 있고 그에 따라 시간과 공간의 제약을 받지 않을 수 없기에 신이 존재한다면 그 신은 절대적일 수 없다는 것이다.

어떻게 그런 생각을 하게 되었는지 모르지만, 나중에 신학자 폴 틸리히를 알게 되면서 틸리히도 결국 그런 말을 했다는 것을 발견했다. 내가 틸리히를 좋아하게 된 것도 이런 '전이해' 때문이 아닌가 생각된다. 틸리히는 신이 '하나의 존재(a being)'일 수 없고 '존재의 근원(Ground of Being)'이라고 했다. 또 신은 "조건 지어지지 않은 무엇(the Unconditioned)이라고 하기도 했다. 우리가 알고, 우리가 말하는 신이란 '신의 상징(symbol of God)'으로, 우리는 이런 상징으로서의 '신 너머의 신(God beyond God)'을 체득해야 한다고 했다. 물론 틸리히의 이런 생각은 중세 신비주의 사상가 마이스터 에크하르트가 신을 'Ungrund(근원근거)'라고 한 것과 맥이 닿아 있다.

이런 생각은 나중에 『도덕경』 제1장에 나오는 "도라고 할 수 있는 도는 영원한 도가 아니다(道可道非常道)", 즉 도라는 것은 시공을 초월하고 인간이 생각할 수 있는 어떤 범주에도 속할 수 없다는 것을 더욱 쉽게 이해할 수 있도록 해주었다.

나중에 알게 되었지만 신이 완전히 없다고 해도 곤란하다. 신인합일(神人合一)이라든가 신이 내 마음속에 있다고 하는 것도 신이 완전히 없다고 하면 성립되기 곤란한 말이다. 인간의 제한된 논리로 보면 신은 있다고도 할 수 없고 없다고도 할 수 없다. 있기도 하고 없기도 하다. 이런 어려움을 류영모 선생은 신을 "없이 계신 이"라고 표현했다. 불교에서 말하는 진공묘유(眞空妙有)와 맥을 같이한다. 서양 철학에서는 신이 절대적으로 초월이지만 동시에 내 마음 속을 비롯 만물 속에도 내재한다는 범재신론(汎在神論, panentheism)을 주장하는 사상가들도 많은데, 이것도 '없이 계심'이라는 어려움을 극복하는 노력에서 나온 신관이라 할 수 있을 것이다. 신은 그야말로 신비(mystery)다. 『도덕경』 제1장에 나오는 말 그대로 "신비 중의 신비요, 모든 신비의 문(玄之又玄. 衆妙之門)"이다.

6. 동양 종교 사상에 눈뜨다

한국에서 종교학과를 다니면서 주로 서양의 종교 사상을 공부하는 데 집중했다. 주 관심은 기독교 사상이었다. 라틴어, 희랍어, 히브리어를 수강하고 성경을 원문으로 읽기도 하고, 토마스 아퀴나스의 『신학대전』이나 바티칸 공의회 문헌을 라틴어로 읽었다. 아우구스티누스를 일 년에 걸쳐 공부하는가 하면 기독교 사상사, 종교철학, 칸트 독어 강독, 하이데거 강의 등에 더 큰 관심을 기울였다. 물론 류승국 교수로부터 유교도 배우고, 대학원 때 홍제동 이기영 교수님 댁에 가서 『선가귀감(禪家龜鑑)』을 같이 읽었지만 그때만 해도 유교나 불교에 심취하지는 못했다.

그러다가 1971년 초 캐나다 토론토 옆 해밀턴에 있는 맥매스터 대학교(McMaster University) 종교학과로 유학을 갔다. 대학원 학생만 80명으로 캐나다 최대의 종교학과가 있는 대학이었다. 그때 서양에서는 동양 종교에 대한 관심이 최고조에 달해 있었다. 대학원 박사과정이 동양 종교를 전공으로 하면 서양 종교를 부전공으로 하고, 서양 종교를 전공으로 하면 동양 종교를 부전공으로 하도록 했다. 나는 서양 종교는 한국에서 열심히 했기에 동양 종교를 전공으로 하고 서양 종교사회학을 부전공으로 택했다.

대학원 과정에서 특히 인상적이었던 강좌는 나가르주나(龍樹, Nāgārjuna)의 중관론(中觀論, Mādhyamika system)의 세계적인 권위자 무르티(T. R. V. Murti) 교수에게 일 년간 배운 불교 중관론 강좌였다. 인도 바라나시에 있는 힌두 대학교(Hindu University) 교수인 그가 마침 방문 교수로 와서 직접 쓴『불교의 중심 철학 *The Central Philosophy of Buddhism*』(이 책은 한국어로도 번역되었다)을 교재로 삼아 강의를 했다. 산스크리트 원문을 줄줄 외우면서 차근차근 풀어나간 강의도 훌륭했지만, 무엇보다 그의 책은 눈을 확 뜨게 해주기에 충분했다.

절대적인 것은 공(空, śūnyatā)이다. 절대적인 것에는 인간의 사견(邪見, dṛṣṭi)이 들어갈 수 없다. 그래서 텅 빈 상태다. 우리가 절대적인 것에 갖다 붙이는 온갖 범주, 온갖 교설, 온갖 이론에서 해방되어 직관과 통찰, 프라즈나파라미타(般若波羅蜜多)로 직접 꿰뚫고 들어가야 한다는 이야기이다. 어느 날 집에서 소파에 앉아 그의 책을 읽다가 크게 소리를 지를 뻔했다. 공 사상이 이렇게 심오할 줄이야! 어떻게 인간으로서 이렇게까지 생각했을 수 있을까. 골수를 깨고 들어오는 듯한 지적 희열을 느꼈는데, 그 순간을 아직 잊을 수가 없다.

그 외에 인도 베단타 철학, 도가 사상, 선불교 사상, 산스크리트어, 파알리어 등을 이 분야의 전문가 교수들과 함께 본격적으로 연구하기 시작했다. 이렇게 공부하면서 또 다른 충격으로 다가온 것은 선불교에서 강조하는 '깨침'이었다. "깨침(悟)이 없는 선(禪)은 빛과 열이 없는 태양과 같다"고 한 데이비드 스즈키나, 자명종 시계는 그것으로 잠에서 깨어나는 것이 중요하지, 그 시계를 해부해서 그 기계적 구조를 연구하는 것이 중요한 것이 아니라고 한 토머스 머튼 등의 지적은 신선한 충격으로 다가왔다. 결국 종교의 핵심은 깨침이라는 것, 모든 종교적 교설이나 의식(儀式) 등은 깨침을 위한 수단이라는 것, 손가락을 보지 말고 손가락이 가리키는 달을 보아야 한다는 표월지(標月指), 깨침에 방해가 된다면 부처도 죽이고 조사도 죽이라는 살불살조(殺佛殺祖) 등이 내 마음에 굳게 자리 잡게 되었다.

이런 일련의 공부를 통해 문제의 책『예수는 없다』서문에서도 "아, 종교라는 것은 결국 '아하! 체험'의 문제로구나!" 하고 외치게 되었다. 이런 기본적인 확신에서 학생들에게 러시아의 무명 저자가 쓴 『기도Jesus Prayer』라는 책을 읽고 독후감을 쓰라는 과제도 내고, 나 자신도 그것을 한국어로 번역했다.* 번역 서문에 "종교라는 것이 결국 교리나 믿음의 문제라기보다 체험과 깨달음의 문제라는 사실을 더욱 분명히 깨닫도록 도와주고 싶었기 때문"이라고 썼다.

동양 종교를 전공으로 택하고 동양 종교 중 하나로 한국의 동학을 들여다보게 되었다. 놀라운 일이었다. 내 속에 하느님을 모시고 있다(侍天主)고 선언하고, 그 하느님과 내가 하나다. 내

---

* 작자 미상, 오강남 옮김,『기도: 삶을 풍요롭게 하는 예수의 기도』(대한기독교서회, 2003).

가 곧 하느님이다(人乃天). 나만 하느님이 아니라 내 이웃도 하느님이니 이웃 섬기기를 하느님 섬기듯 하라(事人如天)는 기본 가르침은 실로 놀라운 것이었다. 힌두교『우파니샤드*Upaniṣad*』의 "내가 곧 브라흐만이다"라고 하는 범아일여(梵我一如)보다 윤리적으로 한 발 더 나간 것이다. 그날 이후 기회 있을 때마다 세계 종교사에서 본 동학의 위대한 가르침에 대해 이야기하고 글로도 썼다.

학위논문 자료 수집차 일본 도쿄 대학교로 가는 길에 한국에 들러 수운회관을 방문했다. 교령님을 만나 내가 본 동학, 그 놀라운 가르침, 21세기 대안 종교로서의 훌륭한 자격 등을 말씀드렸다.(은퇴하고 한국 가서 천도교의 초청으로 여러 번 강연하기도 하고, 여러 곳에서 책이나 강연을 통해 동학을 널리 알렸는데 그것이 공헌이라고 2014년 포덕 155년 기념일에 열린 큰 모임에서 박남수 교령으로부터 상패와 금일봉도 받았다.)

7. 화엄철학으로 박사학위를 받다

1971년 박사과정에 입학해서 1976년 학위를 끝냈다. 학위논문 제목은 「Dharmadhātu: A Study of Hua-yen Buddhism(화엄華嚴 법계연기法界緣起 사상에 관한 연구)」이었다. 처음 화엄 철학을 접하면서 이것이 바로 현대 사회에 절실한 사상이라는 것을 감지하고 화엄 사상을 논문 주제로 잡기로 했다. 저명한 물리학자 프리초프 카프라(Fritjof Capra)는 그의 베스트셀러『현대 물리학과 동양 사상*The Tao of Physics*』과『새로운 과학과 문명의 전환*The Turning Point*』에서 화엄이야말로 막다른 골목에 이른 서양의 데카르트와 뉴턴의 기계론적 세계관(Cartesian-Newtonian mechanical worldview)을 대체할 사상이라 보았다. 아널드 토인비(Arnold Toynbee)도 화엄은 인간의 지성이 이를 수 있는 최정점이라 했다.

여기서 화엄 철학을 길게 설명할 수는 없지만 요점만 말하면 우주의 모든 것이 서로 연결되고 서로 의존되었다는 것을 체계적으로 논하는 사상이다. 쉽게 말해, 문이나 창문이 있어야 집이 있을 수 있지만 또 집이 있어야 문이나 창문이 있을 수 있다는 뜻이다. 또 문이 없으면 집이 있을 수 없으니 창문도 없고 창문이 없으면 집이 있을 수 없으니 문도 없다. 결국 문이 없으면 창문도 없고 창문이 없으면 문도 없다. 이처럼 집이라는 개념 속에 문이나 창문이 들어가 있고 문이라는 개념에는 집이라는 개념이 들어가 있다. 집이 문이고 문이 집이고 창문이다. 좀 더 구체적인 예를 들면 종이 한 장에서 구름을 본다는 뜻이기도 하다.

종이가 있으려면 나무가 있어야 하고 나무가 있으려면 비가 있어야 하고 비가 있으려면 구름이 있어야 한다. 구름뿐 아니라 햇빛도 땅도, 공기도, 종이를 만드는 사람도, 사람이 먹는 쌀도, 쌀을 생산하는 농부도, 농부가 사용하는 농기구도, 농기구를 만드는 쇠붙이도, 쇠붙이를 캐내는 광부도, 광부의 부모도, 그 부모의 부모도…… 결국 종이 한 장에 온 우주가 다 들어가 있는 셈이다. 종이에 없는 것은 종이뿐이다.

화엄불교 자체의 용어를 쓰면 일미진중함시방(一微塵中含十方), 일중다(一中多) 다중일(多中一), 상즉(相卽) 상입(相入), 이사무애(理事無礙) 사사무애(事事無礙)라 한다. 이 우주는 '인드라망'과 같다고 한다.*

학위 수여식은 물론 감격적인 순간이었지만 그보다 더 기억에 남는 것은 학위 모자를 아내에게 씌워주고 마침 우리 집에 와 계시던 어머님께도 씌워드린 것이다. 두 아들과 우리 부부 어머님이 함께 기념사진을 찍은 순간을 잊을 수가 없다. 그때 같은 과에서 함께 공부하고, 나중 인하대학교 철학과 교수가 된 김영호 교수가 사진을 찍어주었다.

이제 박사학위를 받은 것은 독립적으로 연구 생활을 하고 학생들을 가르칠 자격을 얻었음을 의미한다. 학위를 받을 즈음 어느 대학으로 갈까? 북미에서 교수로 채용될 수나 있을까 생각하지 않을 수 없었다. 두 가지 가능성을 앞에 두고 있었다. 첫째는 지금까지 그야말로 순풍에 돛을 단 것처럼 순탄하게 학업을 마쳤기에 계속 순탄하게 이어지지 않을까 하는 가능성을 생각해보았다.

지금까지 대학에서 주는 장학금으로 별걱정 없이 생활과 학업에 열중할 수 있었는데, 특히 같은 과 대학원생 80명 중 두 명

---

* 화엄에 대해 좀 더 자세히 알고 싶은 분은 오강남, 『불교, 이웃 종교로 읽다』 (현암사, 2006) 참조.

에게 주는 캐나다 정부의 Canada Council Scholarship이라는 최고의 장학금을 받을 수 있게 되었다. 이 장학금은 학비는 물론 생활비, 학위 논문 조사 연구를 위해 다른 나라로 가도록 본인과 식구들을 위한 여행 경비, 학위 논문을 타자로 치는 비용, 논문을 인쇄하는 비용까지 대주는 그야말로 끝내주는 혜택이었다. 그 덕택으로 1973년 가을부터 이듬해 6월까지 식구들과 함께 한국과 일본에 가 있을 수 있었다. 그사이 둘째 아들이 한국 세브란스 병원에서 태어났다. 첫째 아들은 1971년 우리가 맥매스터 대학교에 간 해에 해밀턴 세인트조지프 병원에서 태어났다.

다른 한 가지 가능성은 지금까지 순탄하게 항해해왔으니 파도가 좀 일고, 심지어 태풍을 맞더라도 지금까지 받은 혜택을 생각하고 이를 감내해야 하지 않을까 하는 것이었다.

다행히 순탄한 항해가 계속되었다. 학위를 받지 않았지만 실질적으로 끝난 상태에서, 캐나다 동부에 있는 뉴브런즈윅주 멍크턴(Moncton) 대학교에서 여름 학기, 온타리오주 북부에 있는 서드베리(Sudbury) 대학교에서 가을 학기, 모교인 맥매스터 대학교에서 여름 학기를 가르쳤다. 정식으로 학위를 받고 나서는 미국 오하이오주 옥스퍼드라는 도시에 있는 마이애미 대학교에서 가을 학기, 캐나다 매니토바(Manitoba) 대학교에서 1년, 앨버타Alberta 대학교에서 2년을 가르친 다음 1980년 캐나다 중부에 있는 리자이나 대학교(University of Regina)에 정착하고 곧 정년이 보장되는 정교수직(tenure)을 받게 되어 계속해서 26년을 가르치고 2006년 말에 은퇴했다. 리자이나 대학교에 재직

중 몇 번의 안식년을 맞아 서울대, 서강대, 밴쿠버의 브리티시 컬럼비아 대학교(UBC) 등에서도 가르칠 수 있었다.

8. 붕(鵬)새의 비상(飛翔)

리자이나 대학교에 정착하면서 가르치는 일과 저술에 전념하게 되었는데, 열몇 권의 저술 중 특히 두 책이 나에게 특별히 의미가 있어 이를 기록하지 않을 수 없다. 물론 처음으로 낸 책으로는 학위를 끝내고 나서 토론토 교포신문에서 주필로 있던 친구 김영호의 부탁으로 '해방과 자유를 위한 종교'라는 제목으로 종교 칼럼을 연재하다가 그것을 모아 낸 책『길벗들의 대화』(1983)가 있다.(이 책은 그 후『열린 종교를 위한 단상』등 다섯 번 다른 제목의 개정판으로 나오다가 마지막으로 김영사에서 2012년『종교란 무엇인가』라는 제목으로 나왔다.)

그다음 나온 것 역시 교포신문에 연재한 것을 책으로 냈는데,『도덕경』풀이(현암사, 1995)였다. 이 책이 독자들의 호응을 받자 출판사로부터 『장자』풀이도 써달라는 부탁을 받았다. 『장자』는 연재물이 아니라 한꺼번에 쓴 책인데, 일단 풀이를 쓰기 시작하고 나서 완전히 장자에 빠졌다. 그때의 감흥을『장자』풀이 서문 첫머리에 이렇게 밝혔다.

캐나다에 와 살면서 얼큰한 김치찌개를 먹을 때마다 이렇게 맛있는 음식을 먹어보지 못하고 한평생을 마치는 이곳 서양 사람들은 참으로 불쌍하다는 생각을 하였습니다. 그런데 처음 『장자』를 접한 이후, 그리고 지금껏 이곳 캐나다 학생들과 『장자』를 읽을 때마다 이렇게 신나는 책을 읽어보지 못하고 일생을 마치는 사람은 김치찌개의 맛을 모르고 한평생을 마치는 사람보다 훨씬 더 불쌍한 사람이 아닌가 하는 생각을 떨칠 수 없게 되었습니다. 김치찌개가 제게 가장 맛있는 음식이듯이 한마디로 『장자』는 저에게 가장 신나는 책입니다. 이것이 제게는 더할 수 없이 행복한 '운명적 해후'인 듯합니다.

일단 불이 붙으니 그야말로 앉으나 서나 『장자』 생각뿐이었다. 일주일에 여섯 시간 수업에 들어가는 최소한의 시간을 제외하고는 불철주야 신들린 듯 오로지 『장자』하고만 있은 셈이다. 잘 때도 『장자』를 보다가 책을 베개 밑에 넣어두고 함께 자고 일어나서도 제일 먼저 『장자』 책을 꺼내 보고, 학교로 버스 타고 가면서도 『장자』에 대해 생각하였다.

한번은 수업에 들어가 내가 지금 장자 귀신이 쓴 듯한데 너희들 중 혹시 축귀(exorcism)하는 학생이 있냐고 농담을 하니, 짓궂은 학생 하나가 장자하고 자니 어떻습니까 하는 질문을 했다. 아무튼 『장자』를 읽고 생각하고 풀이를 쓰면서 2천몇백 년 전 어떻게 이런 생각을 할 수 있었을까? 하늘의 계시를 받았다는 것 이외에 달리 설명할 길이 없는 것처럼 느껴졌다.

제1편 「소요유」에서부터 붕새의 비상을 눈에 보일 듯 극적

으로 이야기한다.

> '북쪽 깊은 바다'에 물고기 한 마리가 살았는데 (…) 그 크기
> 가 몇천 리인지 알 수 없었습니다. 이 물고기가 변하여 새가
> 되었는데, 이름을 붕(鵬)이라 하였습니다. 그 등의 길이가 몇
> 천 리인지 알 수 없었습니다. 한번 기운을 모아 힘차게 날아
> 오르면 날개는 하늘에 드리운 구름 같았습니다. 이 새는 바다
> 기운이 움직여 물결이 흉흉해지면, 남쪽 깊은 바다로 가는데,
> 그 바다를 예로부터 '하늘 못(天池)'이라 하였습니다.

이 거침없는 비상은 변혁을 이룬 인간이 이를 수 있는 초월
과 자유를 상징한다. 『장자』 전체를 통해 '나는 나를 여의었다
(吾喪我)', '마음을 굶기다(心齋)', '앉아서 잊어버리다(坐忘)'를
비롯, 기막힌 우화들을 통해 나의 의식이 바뀔 때 이런 경지에
이를 수 있음을 말해주고 있다. 처음 『장자』를 대했을 때의 감
격을 나는 "더할 수 없이 행복한 운명적 해후"라고 표현했는데,
실로 나의 삶을 바꾸는 또 하나의 순간이었다.

9. 『예수는 없다』가 일으킨 광풍

저술 이야기를 하면서 특별히 『예수는 없다』 출간에 대해 말
하지 않을 수 없다. 이 책의 출판에 대한 반응은 '바람'을 넘어

'광풍'에 가까운 것이었다.

캐나다 최대의 개신교 교단인 캐나다 연합교회에서 새로 빌 핍스라는 총회장을 선출했는데, 이분이 1997년 11월 2일 일간지 《오타와 시티즌Ottawa Citizen》과 인터뷰를 했다. 이 인터뷰에서 예수가 부활했다고 믿는가 하는 기자의 질문에 그는 내 속에 살아 계신 예수가 중요하지 역사적으로 무덤에서 걸어나왔다는 식으로 부활했다는 예수는 믿지 않는다고 하고, 예수가 하느님의 아들이라고 믿는가 하는 질문에 예수가 하느님의 아들이라고 믿지만 당신과 나도 하느님의 아들이라는 식으로 대답했다. 성경의 근본적인 진리는 하느님이 우리와 세상을 조건 없이 사랑하신다는 것이라고 강조하는 등의 발언을 했다.

이 발언에 대해 캐나다 연합교회 본부에서는 우리 총회장이 그런 발언을 할 수 있는 것은 당연하고 환영할 일이라 했지만 캐나다 극보수파 교회들에서, 특히 캐나다의 한인 교회들에서는 야단이 났다. 토론토에서 나오는 한국 신문에 이를 반박하는 이들의 글이 올라왔다. 나는 이런 상황을 보면서 한국 교포들이 캐나다에 살면서도 아직 기독교가 어느 방향으로 가고 있는지 잘 알지 못한다는 사실을 감지하고 현재 기독교의 흐름에 대해 간단히 소개했다. 그랬더니 한국 보수 교회 목사인가 장로인가 하는 이가 내 글을 반박하는 글을 썼다.

나는 이 기회에 '새로 등장하는 기독교(newly emerging Christianity)'를 본격적으로 소개하는 것이 좋겠다고 생각하고 교포 신문에 글을 연재하기 시작했다. 글 내용은 1) 신앙은 계속 자라

나야 한다는 것, 2) 성경을 문자대로 읽으면 곤란하고 그 뒤에 있는 깊은 뜻을 알려고 노력해야 한다는 것, 3) 우리만, 혹은 우리 편만 사랑하는 '부족신관(tribal God)'이나 우리의 일거수일투족이나 길흉화복을 관장하는 '관여하는 신(interventionist God)'이라는 생각에서 벗어나 초월과 내재를 동시에 강조하는 범재신론적 신관을 가져야 한다는 것, 4) 빌기만 하면 다 들어주는 예수는 없고, 또 우리 죄를 대신해서 십자가에 달리신 예수를 믿기만 하면 된다는 대속신앙이 아니라 예수님이 가지고 있던 믿음과 같은 믿음을 갖도록 해야 한다는 것, 5) 오늘 기독교가 할 일이 사람들을 끌어모아 독립적 사고를 고사시키는 것이 아니라 이웃 종교들과 대화하고 협력하여 함께 더욱 많은 사람들 사이에서 예수님이 당부하신 '의식의 변화(metanoia)'가 가능해지도록 힘쓰고 나아가 이 세상을 위해 도움이 되는 일을 하자는 것 등이었다. 일종의 신앙의 계단, 성경관, 신관, 기독론, 선교관 등을 내가 가르치는 대학교 저학년들에게 이야기하듯 일반인들이 알아들을 수 있도록 쉽게 써내려 갔다.

한창 연재를 하고 있는데, 목회자들이 광고를 빼겠다고 신문사에 압력을 가해 더 이상 쓰지 못하게 되었다. 마지막 회에 글을 더 이상 못 쓰게 된 사연을 이야기하고 앞으로 좀 더 보완해서 책으로 내겠다는 약속을 하고 글을 접었다. 그러고 신문에 났던 글을 다듬고 보완해서 완성된 원고를 한국의 현암사에 보냈다. 현암사에서는 원고를 받고 한국 기독교 실정에 맞을까 염려와 두려움 때문에 망설이다가 드디어 2001년 5월 30일에 책을 냈다.

처음 내가 생각한 책 제목은 유대인들이 바벨론으로 포로가 되어 가서 예루살렘을 생각하며 울었듯 나도 내 잔뼈가 굵은 기독교를 생각하며 충정으로 글을 쓴 것이라는 뜻에서 '시온을 기억하며 울었도다'(시편 137:1)였다. 그러나 출판사로부터 그러면 무슨 수필집 같아서 곤란하다고 하며 다른 제목을 생각하라고 했다. 가능한 제목 열 개 정도를 보냈더니 그중에서 『예수는 없다』가 편집부 만장일치로 채택되었다고 했다. 덜컥 겁이 나서 "그런 예수는 없다"로 하면 어떻겠는가 했지만 그렇게 하면 '김이 빠진다'고 하여 '그런'을 넣지 않기로 했다. 그 대신 영어 제목은 "No Such Jesus"로 하고 첫 장을 넘기면 왜 '그런 예수'인가 하는 해설을 달았다. 그런데도 책 뒤표지에 몇 줄짜리 추천사를 써준 어느 교수는 이런 불경한 제목을 단 책에 자기 이름을 올릴 수 없으니 빼달라고 하여 빼드리기까지 했다.

출판되자마자 놀랍게도 책에 대한 반응이 대단했다. 어느 신문에서는 전면으로 서평을 싣고, 기타 신문사에서도 길게 기사화해주었다. 마침 그 여름 안식년을 맞아 서울대로 가르치러 가는데, 나가는 길에 미국 LA에 들러 불자들과 기독교 교인들 각각 150명씩이 모인 집회도 열게 되었다. 한국에 도착하자 인터뷰 요청이 쇄도했다. 어느 날은 4대 일간지에서 한꺼번에 이 책에 대한 서평이나 인터뷰 기사가 나오기도 했다. 이메일을 통해서도 독자들, 목회자들이 반응을 해왔다. 신학교나 교회나 기독교 계통의 모임에서뿐 아니라 불교 계통의 사찰이나 모임으로

부터의 강연 요청도 많았다.《서울신문》전면 2회에 걸쳐 실린 정양모 신부님과의 대담,《한겨레21》에서 주선한 김경재 목사님과의 대담, 여러 신문사 기자들을 두고 한 문경 한산사 월암 스님과의 대담 등 대담 기사도 나왔다. 향린교회 고 홍근수 목사님은《인물과 사상》이라는 잡지에 호의적인 서평도 쓰시고 나를 불러 설교단에 세우시기도 했다. 몇몇 목사님들은 목사들이 이 책을 기피할 것 같지만 다 그런 것이 아님을 말해주고 싶다며 이메일을 보내기도 하고, 어느 어느 목사님은 책을 사서 교직들에게 다 나누어 주었다고도 했다. 책에 빨간 줄을 긋고 노트를 만든 것을 내게 보여주는 목사님들과 신학 교수들도 있었다. 미국의 어느 유명 신학교 한국인 교수는 자기 생각도 내 생각과 많은 부분 일치하지만 자기는 그걸 글로 쓰면 파면이라 쓸 수 없을 뿐이라고 말해주기도 했다.

　대부분의 반응은 친근한 비유와 쉬운 글로 이루어진 이 책을 통해 눈뜸을 경험했다는 식이었는데, 보수 기독교에서 새길교회 등 열린 교회로 교적을 바꾸었다고 하는 사람, 기독교를 버리려다가 새롭게 이해하고 다시 교회에 나가게 되었다는 사람, 종교를 바꾸었다는 사람, 심지어 순복음교회에 다니다가 성공회 교인이 되었다가 다시 비구니가 되었다는 사람도 있었다. 나로서는 우연한 계기로 쓰게 된 이 책이 이렇게 엄청난 반향을 일으켰을 뿐 아니라 이에 동조하는 사람들이 의외로 많다는 것을 발견하고 계속 놀라는 순간이었다.

10. 심층으로 내려가라

내가 리자이나 대학교에서 가르친 과목 중에 '세계 종교에서 찾아보는 신비주의(Mysticism in World Religions)'라는 과목이 있었다. 한국에서 '신비주의'라고 하면 뭔가 부정적인 면이 연상되는 것이 보통이다. 연예인들이 대중 앞에 나타나기를 꺼린다거나 사이비 종교에서 이상스러운 행동으로 사람들을 기만하는 것쯤으로 생각하는 사람들이 많다. 그러나 신비주의란 세계 여러 종교에서 나를 잊어버리고 절대자와 하나 되는 것을 강조하는 가장 심오한 가르침이라 할 수 있다. 나는 신비주의라는 말의 부정적 오해 때문에 '심층 종교'라는 말을 대신 쓰고 있었다.

그러던 중 어느 날 문득 종교를 불교, 기독교, 유교, 이슬람, 유대교, 힌두교 등 각각의 전통에 따라 분류하는 대신 이 모든 종교의 심층에서 발견되는 가장 심오한 차원의 '심층 종교'를 복을 빌어서 복받으려는 것을 주 관심으로 여기는 기복적 차원의 '표층 종교'와 대비시키고 이를 간단명료하게 정리해서 일반인들에게 널리 알리는 것이 좋겠다는 생각을 하게 되었다. 전에 내가 30대에 쓴 책에서는 종교를 '열린 종교'와 '닫힌 종교'로 분류했는데, 이보다는 더 실감나게 '심층 종교' vs '표층 종교'로 나누고 이 둘의 차이를 구체적으로 명시하여 사람들에게 열심히 말하는 것이 내 은퇴 후의 사명 같은 것이 아닐까 하는 생각이 들었다. 그 순간 표층 종교와 심층 종교의 차이를 다음과 같이 간결하고 이해하기 쉽게 정리해보았다.

가장 두드러진 차이 몇 가지를 들면, 첫째, 표층 종교는 지금의 나를 위하는 데 최대의 관심을 기울이는 종교인 데 반해 심층 종교는 지금의 나를 죽이고 내 속에 있는 참나를 찾으려는 것을 목표로 한다. 둘째, 표층 종교는 무조건적인 믿음을 강조하고 심층 종교는 이해와 깨달음을 중요시한다. 셋째, 표층 종교는 신이 하늘에 있고 인간은 땅에 있다고 하여 신과 인간을 분리하지만, 심층 종교는 신의 초월과 함께 우리 속에도 있다고 하는 내재도 강조하고 내 속에 있는 신이 결국 나의 참나라고 생각한다. 넷째, 표층 종교는 경전을 문자대로 읽지만 심층 종교는 경전의 문자 너머에 있는 속내를 알기 위해 힘쓴다. 다섯째, 표층 종교는 자기 종교만 진리라고 주장하지만 심층 종교는 모든 종교를 진리를 찾아가는 길벗이라 여긴다. 여섯째, 표층 종교는 현세에도 복을 받고 내세에도 영생복락을 누리겠다고 하지만 심층 종교는 지금 여기에서 풍성한 삶을 사는 것, 사랑과 자비를 베푸는 것을 중요시한다.

　이런 생각을 가지고 캐나다 몬트리올에 있는 맥길 대학교, 토론토 대학교 내의 임마누엘 칼리지, 오하이오 주립 대학교(Ohio State University), 밴쿠버 신학대학원(Vancouver School of Theology) 등에 가서 강연도 하고, 1994년부터 코로나19가 퍼지기 전까지 매 여름마다 밴쿠버 '길벗 모임'에서 길게는 10주, 6주, 4주 연속 강의를 계속했다. 은퇴 후에는 한국에서 '지식협동조합 아하!'를 설립하여 봄과 가을 학기에 정기적으로 강의하고,

그 외에 서울대 등 몇몇 대학교, 신학교, 신학대학원, 교회, 불교 사찰, 불교 단체, 《불교평론》, 천도교 집회, 원불교 원음방송, 국회, 고려대 경영대학원, 대덕단지에 있는 KIST, 몇몇 도서관, 대전시립박물관, 김영사, 광주 GIST, 참여연대, 서울시민대학, 기타 시민단체, 한국종교발전 포럼, 나비 등 독서모임, 전남여고 동창회 공부 모임 등에 초청되어 서울은 물론 부산, 광주, 경기도 광주 대전, 대구, 순천, 창원, 거창, 원주, 제주, 포천, 춘천, 강릉, LA, 토론토, 호주 시드니, 일본 등지에 가서 길게는 매주 한 번씩 몇 년, 몇 달간, 짧게는 주말 집회나 하루 모임에 가서 이런 내용을 강연이나 강의를 통해 알리고, 책이나 기타 신문 잡지 칼럼이나 기고문으로 이런 생각들을 개진해왔다.

처음에는 다섯 가지 정도만 쓰려고 했는데 길어졌다. 쓰다 보니 열 가지가 되었다. 마지막 열 번째 글을 쓰고 나니 십우도(十牛圖)의 마지막 그림, 동자가 저잣거리로 나가 도움의 손을 편다는 입전수수(入鄽垂手)가 생각난다. 물론 내가 9번까지의 단계를 다 거쳐서 이른 결과라고 하는 것은 결코 아니다.

아무튼 오늘의 내가 있게 된 정신적 여정의 대략이 그려진 것 같기도 하고, 나의 오늘에 이르도록 해준 징검다리들을 다시 두드려보는 듯한 기분이 들기도 한다. 읽어주신 독자들에게 감사한다.

6

떠나신 분들을

생각하며

작은 거인 정대위 박사님

오늘 소개해드리고 싶은 분은 제가 가까이서 모시고 존경해 마지않는 정대위(鄭大爲, 영어명 David Chung) 박사님이십니다. 아마 잘 모르시는 분들도 계시겠지만, 꼭 기억해야 할 분이라 생각됩니다.

정 박사님은 1917년 10월 31일 만주 용정에서 독립운동 지도자 정재면(鄭在冕) 목사님과 어머니 차신면 여사의 외동아들로 태어났습니다. 만주에서 중국인 소학교를 졸업하고 18세에 평양 숭실학교를 졸업했습니다. 졸업 때 친구들과 어느 식당에서 식사 중 안창호 선생을 만나 훌륭한 목사님이 되라는 말을 들었는데 그것이 그의 일생을 움직이는 힘이 되었다고 합니다. 졸업 후 일본으로 유학 가서 24세에 윤동주의 모교이기도 한 교토의 도시샤(同志社) 대학교 신학과를 졸업하고 귀국 후 잠시 예천 등지에서 목회를 하다가 28세에 한신대 교수가 되었습니다. 1947년 캐나다 연합교회 장학금으로 한국 최초의 유학생

중 한 분이 되어 캐나다 토론토 대학교 내 임마누엘 신학교로 가서 2년 동안 학위를 끝냈는데, 그때 그의 관심은 인류학이었습니다. 한국으로 돌아오려고 하는데, 그때는 일본으로 가는 배편이 6개월에 한 번씩 있어, 기다리는 동안 캐나다 로키산맥 서쪽 자락에 있는 레벨스톡(Revelstock)이라는 곳 일본인 교회에서 약 반 년간 목회를 했습니다.

귀국 후 초동교회 목사, 한신대 교수로 일하면서 아버지가 세운 《한국일보》(지금의 《한국일보》와 다름) 논설위원 겸 제작부장으로 활동했습니다. 1951년에는 백낙준 문교부 장관의 추천으로 유네스코와 관계를 맺고 한국의 상황을 유네스코에 보고하는 일을 했지요. 이때 토론토 유학 시절 배운 인쇄 기술을 활용, '우리의 맹세'가 찍힌 초중등학교 교과서를 인쇄하는 책임자로 일하기도 했습니다.

6.25로 부산에 피란 갔을 때 우연히 레벨스톡 교회 교인이었던 캐나다 부대 부대장을 만나 그 자리에서 그 부대 군목 일을 맡기도 했습니다. 그 부대에서 나오는 탄피나 나무 상자 등 군수품 폐품으로 그 당시 재직했던 한신대학교에 크게 도움을 주었습니다. 1953년부터 3년간 유네스코 한국 위원회 총장을 역임하면서 프랑스 파리에서 근무하는 동안 유네스코 어느 분이 인류학을 공부하려면 제3세계의 문헌을 많이 보관하고 있는 미국 예일대가 좋다는 조언에 따라 예일 대학교 대학원 종교학과로 진학, 1959년 인류학과 비교종교학적 방법을 사용하여 한국에서 기독교가 급성장한 이유를 밝히는 논문으로 박사학위(Ph.

D)를 받았습니다.

서울대에 인류학과가 생길 것이니 오라는 말을 듣고 급히 귀국했지만 학과 설립이 늦어져 우선 서울법대에서 예일대 동문으로 나중에 서울대 총장이 된 유기천 법대 교수와 문화인류학 강좌를 개설하고 가르치다가, 용정에서 아버님과 함께 독립운동 하던 아버님의 제자분들이 세운 건국대학교에서 삼고초려가 아니라 팔고초려 총장으로 추대하겠다고 하여 8년간 총장으로 봉직하게 되었습니다. 예일대 동문인 연세대 백낙준 박사의 권유로 다시 학문의 길에 들어서기로 하고 서독 함부르크 대학교 초빙 교수로 갔다가 미국 하버드 대학교로 가는 길에 캐나다 토론토 딸네 집에 들렀다가 캐나다 수도 오타와 소재 칼턴 대학교 종교학과의 초청을 받아 미국행을 포기하고 그 대학으로 가서 14년간 봉직했습니다. 1983년 은퇴 후 4년간 한신대학교 총장으로 봉사하고 다시 캐나다로 와서 살다가 상처한 후 용정 살때의 유치원 친구와 재혼하여 캐나다 밴쿠버 근교 바닷가 화이트록(White Rock)으로 이사하여 7년간 사시고 2003년 7월 25일 오후 3시 45분 밴쿠버 근교 포트 코퀴틀럼에서 86세를 일기로 돌아가셨습니다.

돌아가시고 영결식에서 제가 추도사를 했는데, 그 추도사에 정 박사님의 면모와 저와의 인연이 그려져 있어 그 추도사를 여기 옮깁니다.

추도사

 오늘 우리는 우리들이 평소 존경하고 사랑하던 정대위 박사님을 마지막으로 떠나보내야 하는 슬픔을 억누르며 여기 모였습니다. 그러나 한편으로 이 자리는 더없이 훌륭한 한 삶의 아름다운 마감을 축하하는 축제의 자리도 될 수 있다는 생각도 듭니다.

 정 박사님이 돌아가시는 것을 보며, 제 머리를 스친 생각은 그야말로 찬연하게 빛나던 촛불이 마지막까지 아름답게 타고, 조용히 그 불꽃을 거두셨구나 하는 것이었습니다. 이력에서 소개된 것처럼, 정 박사님은 한국사의 어두운 격동기에 여러 가지 중요한 직책을 맡으셔서 많은 사람들에게 길을 밝히는 빛이셨습니다. 캐나다 한인 사회의 지도자 이상철 목사님, 반병섭 목사님, 국회의원이 되신 한신대 이우정 교수님 등 그의 가르침을 받은 많은 제자들이 사회의 훌륭한 지도자로서의 역할을 담당하고 있다고 하는 사실 자체가 이를 웅변적으로 말해주고 있습니다.

 여기 계신 분들 모두 정 박사님과 특별한 인연을 맺고 아름다운 추억을 가슴에 간직하고 계시리라 믿습니다. 이왕 제게 이런 기회가 주어졌으니, 죄송하지만 정 박사님과 관계된 제 개인적인 경험 두어 가지를 말씀드려 정 박사님의 학문적 성취와 인격적 깊이를 되새겨 보고 싶습니다.

 사실 저는 정 박사님의 직접적인 제자가 되는 특권을 누리지는 못했습니다. 정대위 박사님은 1959년 예일 대학교 대학원에서 『그리스도와 문화Christ and Culture』라는 명저를 낸 세계적인 학자 리처드 니버(H. Richard Niebuhr) 교수의 지도로 종교학 박사학위를 취득함으로써 한국인 중 최초로 정식 종교학 전공 박사학위를 받으셨습니다. 서울대학교를 생각하고 서둘러 귀국하셨는데, 건국대에 총장으로 오시라는 끈질긴 권유를 거절하지 못하고 그곳으로 가셨습니다. 그때 서울대에 그대로 계셨더라면, 저도 정 박사님의 제자가 될 수 있었을 텐데 하는 아쉬움을 정 박사님과 여러 번 이야기한 적도 있습니다. 사실 동서와 고금을 넘나드시는 그 깊고 넓은 학문적 전문성과 개방성, 일상어처럼 자유자재로 구사하시는 중국어, 일본어, 영어, 프랑스어, 독일어뿐만 아니라 고전 언어인 희랍어, 히브리어, 라틴어, 심지어 산스크리트어에 이르기까지 능통하시는 등 우리 시대 최대 석학께서 한국 종교학계의 중심에 계시지 못하고 신학자들 사이에서 겉도셨다는 것은 제 개인의 불운일 뿐만 아니라 한국 종교학계 전체를 위해서도 안타까운 일이었음에 틀림이 없습니다.

제가 직접 제자는 못 되었어도 글을 통해 정 박사님의 학문적 성취를 오래전부터 알고 있었습니다. 그러다가 박사님이 1991년에 나온 자서전 『하늘과 바다 그리고 먼 길』을 제게 보내주셔서 읽어보고 정 박사님의 학문뿐 아니라 그 삶 자체에 매료되었습니다. 《토론토 한국일보》의 청탁으로 그 책 서평을 쓰면서 "하늘과 바다와 땅을 장엄하고 아름답다고 보시는 분은 그 마음이 정녕 장엄하고 아름답지 않을 수 없을 것이라"는 말로 정 박사님께 대한 저의 존경의 염을 표하기도 했습니다. 정 박사님도 그 후 제가 쓴 『길벗들의 대화』라는 책에 제가 부탁을 드리지도 않았는데 친히 서평을 쓰셔서 "현대의 고전으로 일독만이 아니라 재독 삼독을 권하고 싶다"는 말씀으로 저의 학문적 방향이 박사님과 같음을 인정해주셨습니다.

그러다가 정 박사님과 사모님이 1996년 밴쿠버 근교 화이트록으로 이사 오셨습니다. 밴쿠버에 있던 '길벗 모임'의 이일성 선생 부부, 윤명중 의사 부부를 비롯한 길벗들, 그리고 저희 내외와 가까이 지내시게 되었습니다. 어느 날 길벗 모임에 참석하신 후 댁으로 모셔다 드렸는데, 거기 책꽂이에 있던 예일 대학교 박사학위 논문을 제게 보여주셨습니다.

기독교가 한국에 들어와 급속도로 성장하게 된 이유가 무엇인가 하는 것을 한국 종교사 전체의 맥락에서 철저하게 분석한 그 논문은 그 자체로 훌륭한 연구이지만, 한국 종교학 역사에서 중요한 이정표가 되는 역작이기도 하다는 생각이 들었습니다. 그것이 출판되지 않고 그대로 서가에서 잠자고 있는 것이 너무나도 큰 손실이라 여겨져, 마침 안식년이었던 제가 그 기간 동안 이 논문을 출판하는 데 시간을 보낼 마음이 생겼습니다. 옛날 타자기로 찍어 글자가 진하다가 흐리다가 한 원본을 영문학을 전공한 제 큰아들이 다시 컴퓨터로 옮기면서 문장을 다듬고, 본문에 나오는 독어나 프랑스어 인용문은 제가 재직했던 대학의 독문과 교수와 프랑스어를 모국어로 하는 제 학생이 영어로 옮기도록 했습니다. 원고를 뉴욕 주립 대학교 출판부에 보내고,

그 후 3년간 정 박사님의 중요한 일과는 제게 그 책의 진행 과정을 문의하는 것이었습니다.

드디어 2001년 초 책이 David Chung, 『*Syncretism: The Religious Context of Christian Beginnings in Korea*(혼합주의: 한국에서의 기독교 시작에 대한 종교적 맥락)』라고 학위 논문의 본래 제목을 약간 수정한 제목으로 나왔고, 그해 5월 마침 브리티시컬럼비아 대학교 한국학 학회에 참석했던 세계 여러 곳의 한국학 학자들과 함께 의미 있는 출판 기념회도 했습니다. 보스턴에 사는 사모님의 아들 식구들도 참석했는데, 그때 같이 온 두 딸 중 맏딸이 저의 며느리가 되었습니다.

2002년 11월 북미종교학회 한국 분과에서는 이 책을 가지고 분과 토의를 하기도 했습니다. 지금 한국 종교나 한국 기독교사를 다루는 학자들은 거의 예외 없이 정 박사님의 이 책을 참고하고 거기에서 중요한 부분을 인용하고 있습니다. 정 박사님으로서도 일생 최대의 역작을 출판하여 학계에 크게 기여하실 수 있음을 더없이 기뻐하셨고, 옆에서 이를 도와드리고 지켜본 저도 기쁘기 그지없었습니다.

그뿐 아니라 지난 7년간 시간이 날 때마다 정 박사님 내외분을 모시고 나가 화이트록 바닷가를 걷기도 하고 식사도 같이 하고, 50여 년 전 토론토 대학교 대학원 학업을 끝내시고 한국으로 귀국하시기 전 배편을 기다리시며 잠시 일본인 교회에서 목회를 하셨던 캐나다 로키산맥 기슭의 조그만 도시 레벨스톡과 그 부근 오카나간 계곡으로 이틀간 차를 타고 함께 노래도 부르며 여행도 하고, 플로리다 올랜도에서 열린 북미종교학회(AAR)에 사모님과 함께 모시고 가서 학회도 참석하고, 같이 디즈니월드에 구경 가기도 했습니다.

밴쿠버 길벗 모임에 정기적으로 참석하시기도 하고, 신년 하례식에는 모임 회원들의 세배도 받으시고, 마지막 거동이 불편하시게 되었을 때는 저희 집 근처 양로원으로 옮기시게 하여 돌보는 등, 가까이 모시면서 정 박사님으로부터 학문적으로나 인격적으로 정말 많은 것을 직접 배우고 느꼈습니다.

뵐 때마다 비상하신 기억력, 번뜩이는 유머감각, 깊고 예리한 통찰력, 그러면서도 자상하신 마음 쓰심에 깊은 감명을 받았습니다. 저로서는 사실 어느 면에서 이런 것이 사제지간의 인연 못지않게 귀중한 인연이 아니었나 여겨집니다. 이 자리에서 다시 한번 저에게 주어진 이런 특권에 대해 정 박사님과 사모님께 감사를 드립니다. 지금도 저희가 몇 시에 방문하겠다고 말씀드리고 차를 몰고 가면 그 시간 아파트 4층 창문 밖 베란다에서 저희들을 기다리며 서 계시다가 손 흔드시던 모습이 눈에 선합니다.

물론 이런 아름다운 모습은 저에게만 아니라 정 박사님을 아시는 모든 분들 마음에 깊이 각인되어 있을 것입니다. 모든 사람들에게 대한 정 박사님의 이런 평소의 모습이 그의 자서전 표지에서 아름답게 표현되어 있기에 여기 옮겨봅니다.

"꿈과 희망으로 닦인/먼 길 걸어와/내 인생의 사랑방에서/질화로 온기로 정(情)을 나누던/고운 님들께 말해주오/하늘은 늘 아름답고/바다는 늘 장엄하고/땅은 늘 감사하고/사람들은 늘 사랑스럽다고."

우리는 기독교에서 가르치는 부활의 약속도 알고 있고, 『장자』에서 말하듯 삶과 죽음은 사계절의 순환처럼 자연스러운 현상으로 받아들여야 한다는 것도 배워 알고 있습니다. 그런데도 오늘 우리의 마음이 이처럼 허전한 것은 "사람들은 늘 사랑스럽다" 하시며 우리 모두를 사랑으로 대해 주시던 정 박사님의 인자한 미소와 따뜻한 손길이 평소 우리에게 그만큼 의미 있었던 까닭이 아닌가 여겨집니다.

그렇지만 정 박사님, 저희들은 오늘 슬퍼하고만 있는 대신, 박사님이 남기신 그 위대한 삶의 자취로 인해 오히려 기뻐하며 축하드리려 합니다. 박사님 책 서문에 제가 박사님을 '작은 거인'이라고 하였습니다만, 실로 많은 후학들에게 학문적 거인이신 박사님의 어깨에서 더욱 멀리 볼 수 있는 일이 가능하도록 해주시고 떠나십니다. 박사님의 업적과 모본을 값진 것으로 계승 발전시키는 것은 저희들의 몫이오니 저희들에게 맡기시고 이제 편히 쉬실 때이옵니다. 부디 고이 잠드소서.

2003년 7월 28일
박사님을 따르고 모시던 강남 드림

안명(安命)임을 알면서도
— 심재룡 교수를 생각하며

나이가 들어가니 과거를 회상하는 일이 많아집니다. 오늘 컴퓨터 파일에서 무엇을 찾다가 보니 서울대 철학과 심재룡 교수가 2004년 61세로 세상을 떠나고 그 부인이 심 교수를 아는 친구들에게 심 교수와 관계된 글을 써달라고 부탁하여 그 후에 그 글들을 모아 책으로 내었는데, 제가 그것을 위해 쓴 글이 있었습니다. 그 글을 나누어봅니다.

내가 심재룡 교수를 처음 만난 것은 1961년 봄 그 당시 동숭동에 있던 서울대학교 문리과대학에 입학해서다. 그때 그의 이름은 일본식으로 된 광웅(光雄)이었다. 그는 철학과에, 나는 종교학과에 적을 두었지만 우리는 학문적으로 관심사가 비슷하여 여러 과목을 같이 들으며 서로 가깝게 접할 기회가 비교적 많았다.

그때는 모두가 가난했다. 특히 나나 심 교수는 더했던 것 같다. 나는 학교 갈 때 점심으로 미국에서 온 구제품 옥수숫가루

로 만든 옥수수떡을 가지고 갔는데, 나중에 둘 모두 학위를 끝
내고 서울에서 다시 만났을 때 심 교수 왈, 자기도 그 '맛있는 옥
수수떡'을 자주 얻어먹었다고 했다. 학교 다니면서 동숭동 낙산
자락에 있던 그의 집을 몇 번 방문했던 기억이 있고, 인천에서
올린 그의 결혼식에 참석하기도 했다.

졸업 후 우리는 각각 제 갈 길로 갔다. 그가 경향신문사 기자
로 있을 때 그 앞을 지나면서 몇 번 찾아간 기억도 있다. 세월이
좀 지나 나는 캐나다로, 그는 하와이로 유학, 공교롭게도 같이
불교를 전공으로 하여 박사학위를 받았다. 서울 문리대 동기로
서강대 길희성 교수, 인하대 김영호 교수, 심 교수, 나, 우연인지
필연인지 다 같이 불교학으로 학위를 받게 되어 나로서는 이들
에게 특별한 동료의식이라 할까 동류의식 같은 것을 느끼며 살
아왔다.

나는 캐나다에서 교편을 잡고, 기회 닿는 대로 한국을 방문
했다. 방문할 때마다 서울대학교를 찾았고, 그때마다 심 교수
를 만났다. 그의 대학원 세미나에 참석해 이야기해보기도 했으
니, 학생 때 옥수수떡을 나누어 준 보답을 톡톡히 받은 셈이라
고 할까. 교수 식당에 가서 점심도, 밖에서 저녁도 여러 번 대접
받았고, 또 갈 때마다 자기가 직접 쓰거나 번역한 책들을 준 것
은 물론 일본에서 나온 선(禪)불교 강좌 전집, 중국 학자가 풀이
한 『장자』, 장순용의 『십우도』, 캐나다로 돌아가는 비행기에서
읽으라며 니엔쳉(Nien Cheng)의 영문 소설 『상하이의 삶과 죽음
Life and Death in Shanghai』, 박완서의 『한 말씀만 하소서』, 유홍준의

『나의 문화유산답사기』 등 가볍게 읽을 책들도 갈 때마다 한 권씩 챙겨주었다.

그가 가고 새삼 내 연구실 책꽂이를 둘러보니 그가 준 책들이 수두룩하다. 모두 그의 학자적 업적과 함께 그가 보여주었던 우정의 징표들인 셈이다. 이번에 내가 내는 불교 관계 책에, 그의 세심한 우정을 기념하기 위한 노력의 일환으로, 할 수 있는 대로 그의 책을 인용하거나 각주에서 그의 책을 참고하라고 했다.

샌프란시스코에서 있었던 미국 종교학회, 워싱턴에서 있었던 한인 학자 회의, 조은수 교수가 주최한 미시간 대학교에서의 한국학회 등에서 같이 지낸 일도 오래 기억에 남겠지만, 가장 인상 깊었던 일은 그가 2000년 여름 부인, 딸 소담, 아들 우람과 함께 캐나다 밴쿠버를 방문했을 때이다. 우리 식구와 함께 밴쿠버 바닷가 공원에서 같이 피크닉도 하고, 같이 페리를 타고 밴쿠버 아일랜드로 가 빅토리아와 부차트 가든도 보고, 사진도 많이 찍고 했다.

그가 나중에 보내준 사진들에는 아직도 그만의 특유한 웃음을 띠고 내 옆에 서 있는데, 지금 이 글을 쓰면서도 그의 티 없이 맑은 웃음이 보이고 부드러운 목소리가 들린다. 캐나다 방문을 마치고 한국으로 돌아가기 전 내게 선물로 준 개량 한복은 그 후 내가 학교에서 특별한 행사가 있을 때마다 입고, 그것으로 그를 생각하기도 했다.

심 교수의 주선으로 2004년 7월 심 교수와 함께 일본에서 열리는 불교와 기독교 대화를 주제로 하는 학회에 참석하기로 되어 있었는데, 결국 자기는 신병 치료 관계로 참석할 수 없겠다고 전해왔다. 안타까운 마음이었지만 그의 회복을 빌면서 나 혼자 갈 수밖에 없었다. 나는 캐나다에서 일본으로 가는 길에 한국에 들렀다가 그가 제3차 항암치료차 서울대 병원에 입원했다는 소식을 들었고, 아직 백혈구 조사만 하고 항암주사를 맞기 전이어서 방문이 허락된다기에 얼른 가 무균실에서 만났다. 머리카락은 없어졌지만, 그 특유의 낙천성과 유쾌한 유머감각이 가시지 않고 있어서, 나도 어느 정도 안심이 되었다. 손자가 얼마나 귀여운가, 부인이 방금 사 가지고 온 특수 건강 신발이 신기하다, 딸이 일부러 미국에서 나와 이렇게 같이 있으니 든든하다, 회복되면 다시 밴쿠버에 가겠다 등등. 그리고 몇 가지 농담도 곁들였다. 병실을 나와 차를 타러 가는 길에 6월의 뜨거운 햇볕을 맞으며 그의 회복을 다시 빌었다.

나는 그 길로 일주일간 일본 나가노에서 열린 학회에 참석하고 캐나다로 돌아왔다. 가끔 전화로 안부를 묻는 정도였다. 그러나 부인으로부터 상태가 호전되지 않는다는 안타까운 소식을 접할 뿐이었다. 그가 준 개량 한복이 옷장에 걸려 있기에 아침에 옷을 입으려 옷장을 열 때마다 그가 생각나, 그럴 때마다 어떻게 지내는지 궁금해 전화로 안부를 물었다. 마지막으로 부인으로부터 코마 상태에 들었다는 소식을 접하고 나서는 이제 더 이상 좋지 못한 소식을 들을까 전화도 하지 못하고 있었다.

그러던 어느 날 밤 꿈에 심 교수가 어린 아들딸을 데리고 지프차같이 뚜껑이 없는 자동차로 밴쿠버 우리 집을 방문했다. 같이 어디로 놀러 가자고 하다가…… 아침에 뭔가 이상스러워 전화로 안부를 물어보려는데, 직접 부인에게 전화 걸기가 무서워 길희성 교수에게 전화를 걸었다. 바로 그날 운명했다고 한다. 가는 길에 밴쿠버에 들른 것인가? 꼭 4개월 전 그 무덥던 날 만났었는데…….

사람에게는 여러 가지 친구가 있다. 어릴 때부터의 오랜 친구, 골프 모임 등 사교 단체의 친구, 사업상의 친구, 종교 단체에서 만난 친구 등등. 그러나 오래된 친구이면서 동시에 학문적으로 같은 길을 가는 친구, 더구나 열린 마음으로 상대를 이해해 주려는 자세를 가진 친구는 흔하지 않다. 심 교수는 내게 그렇게 흔하지 않은 친구 중 하나였다. 『논어』 첫머리에 "유붕자원방래(有朋自遠方來)면 불역락호(不亦樂乎)아"라고 한 것처럼 그런 친구가 찾아오는 것은 기뻤는데, 이렇게 때아닌 이별은 나에게 충격이었다.

길희성 교수와 전화할 때 내가, "He is too young to die(그는 죽기엔 너무 젊다)"라고 하니 "Nobody is too old to die(누구도 죽을 만큼 나이가 많지 않다)"라고 대답했다. 그렇다. 장자가 말한 것처럼 우리는 우리에게 주어진 삶을 성실히 살다가 언제 그 삶이 일단 끝나더라도 이를 순순히 받아들이고 끌어안는 '안명(安命)'의 자세를 취해야 할 것이다. 그러나 그것을 알면서도 한 친구를 잃음이 이렇게 슬픈 것은 웬일인가?

『강아지똥』 권정생 선생님

한때 저는 '오강남이 만난 사람들'이라는 책을 내볼까 하는 생각을 한 적이 있습니다. 앞의 분들에 이어 또 한 분에 대해 이야기할 마음이 생겼습니다.* 바로 '한국의 페스탈로치'로 알려진, 아니 그보다 더 훌륭하신 권정생 선생입니다. 권정생 선생의 파란만장한 생애와 수많은 저술은 인터넷에 보면 자세히 나와 있기에 저는 여기서 저와 관계되는 것, 제가 들은 것을 중심으로 쓰려고 합니다.

『강아지똥』과『몽실 언니』의 작가 권정생 선생은 1937년 일본 도쿄에서 태어났습니다. 해방 다음 해인 1946년 귀국, 극한의 가난과 전신 결핵 같은 병마로 온갖 고생을 다 하다가 1969년『강아지똥』으로 아동문학상을 수상하면서 동화작가, 소설가,

---

* 페이스북에는 김하태 박사님, 변선환 박사님, 한스 큉 박사님에 대한 글도 있었는데, 지면 관계로 여기서는 생략했습니다.

시인으로 살다가 2007년 71세로 세상을 떠났습니다.

제가 권정생 선생을 알게 된 것은 저의 이종사촌 형 민영진 박사 덕택입니다. 대한성서공회에서 한국어 성경 번역을 책임 지고 있던 형은 한국말 성경에 가능한 한 순수 우리말을 많이 사용할 마음이었는데, 어느 분이 한국 토종말을 가장 잘 구사한 책으로 권정생 선생의 『초가집이 있던 마을』을 추천해주어 읽 어보았다고 합니다. 그 책에 형의 어머니가 쓰시는 경상도 말이 고스란히 나온다고 하면서 나보고도 읽어보라고 책을 보내왔 습니다. 그 형의 어머니이신 나의 이모님과 이모님의 언니 되는 우리 어머니는 경상북도 안동군 일직면 원리에서 자라나셨습 니다. 이모님은 결혼하셔서 대전에서 사셨기 때문에 형은 경상 도 사투리를 쓰지 않았지만 이모님은 계속 사투리를 쓰셨던 것 입니다.

제가 이 책을 보고 놀란 것은 이 책에 경상도 사투리가 나올 뿐 아니라, 바로 권정생 선생의 초등학교이자 나의 초등학교인 일직국민학교 학생들의 이야기였다는 점이었습니다. 6·25 이 후 일직국민학교에 대한 일지를 읽는 것 같았습니다. 학교가 불 타 학생들이 주변 서당이나 교회당 같은 곳에서 수업 받던 일이 라든가, 학교 북서쪽 모퉁이에 조성된 무궁화 동산 이야기라든 가, 제가 다닐 때의 학교 사정을 고스란히 적어놓고 있었습니 다. 권 선생은 저보다 나이는 네 살 위이지만 어릴 때 떠돌아다 니다가 일직국민학교 옆 동네 조탑동에 자리 잡고 학교에 다니 느라 저보다 선배인 것 같기도 하고 후배인 것 같기도 합니다.

정확한 졸업 연도를 물어보지 않아서 모르겠지만, 확실한 것은 제가 학교 다닐 때는 서로 알지 못했다는 점입니다.*

이 책이 우리 초등학교 때의 이야기만이 아니라 남북의 분단 현실을 개탄하며 왜 이렇게 나누어져 싸우고 있는가 하는 것을 어린아이와 북에서 피란 내려온 어른의 대화를 통해 심각하게 반성하게 하는 이야기로, '어른들이 읽어야 하는 동화'이기도 합니다.

권정생 선생은 수 없이 많은 동화와 시와 소설을 썼지만 저에게 가장 인상 깊은 책을 들라면 위에서 말한 책과 그가 직접 저에게 준 『강아지똥』, 그리고 제가 직접 사서 본 『우리들의 하느님』, 『한티재 하늘』입니다. 『강아지똥』은 담벼락 밑에서 진흙과 섞여 보잘것없는 존재라고 생각하던 강아지똥이 민들레꽃을 피우는 데 소중한 거름이 된다는 이야기인데, 이 세상에 쓸모없는 것은 하나도 없다는 『장자』나 모든 것이 서로 연결되었다는 불교의 화엄철학을 어린아이라도 이해할 수 있는 이야기로 풀어내고 있는 셈입니다.

『우리들의 하느님』은 일직 교회의 종지기로 교회 문간방에 살면서 기독교와 접하게 되었지만, 기존 관념에 얽매이지 않은 평신도의 관점에서 기독교 신앙을 되새겨 보게 하는 데 가장 훌륭한 책이라 생각됩니다. 지금도 생각나는 한 대목은 "만약 내

* 2021년에 나온 『일직초등학교 백년사』라는 책에 보니 저보다 일 년 먼저 졸업한 제30회 졸업사진에 나와 있습니다.

가 교회를 세운다면 초가지붕에다 바닥에 앉아 예배드리고 가끔씩은 이웃집 무당 할머니를 불러 이야기를 듣기도 하겠다" 하는 것입니다. 지금 그 책이 어디 꽂혀 있는지 찾을 수 없어 직접 인용은 못하겠지만 그런 내용이 있는 것만은 틀림이 없습니다. 책 전체를 통해 그는 철저히 자본주의 가치관을 비판하는 데 초지일관이었습니다. 그래서 이 책은 국방부의 불온서적으로 지정되기도 했습니다. 저는 버틀러 보던(Tom Butler Bowdon)이 쓴 『내 인생의 탐나는 영혼의 책 50 *50 Spiritual Classics*』을 번역했는데, 그 말미에 부록으로 제 스스로 추천하고 싶은 책 50권의 목록을 붙였습니다. 그 목록 1번이 바로 이 책이었습니다.

『한티재 하늘』은 안동 남쪽에서 안동읍으로 가자면 한티재가 있는데, 한티재 하늘 자체를 이야기하는 것이 아니라 그 부근 삼밭골이라는 동네 이야기입니다. 한문으로 평팔동(坪八洞). 제 아버지 고향이기도 한 곳으로 저의 본적지가 캐나다로 오기 전까지 안동군 일직면 평팔동 1113번지로 거기에 해주 오(吳)씨 집성촌이 있습니다. 이 소설에는 주인공이 따로 없고 거기 사는 모든 사람들이 주인공입니다. 1896년 동학 혁명 즈음을 기점으로 하여 평범한 사람들의 애환을 담담한 필치로 써내려 간 소설로 눈물 없이 읽을 수 없는 책입니다. 저는 권 선생님께 여기 나오는 경상도 안동 사투리 해설집을 만들어주며 다음 책 부록으로 넣으면 어떻겠느냐고 말씀드리기도 하고, '곤두랍다', '널진다,' '하근스럽다' 등 아직 사용되지 않은 사투리들도 다음 책에 넣었으면 좋겠다고 제안하기도 했습니다.

권정생 선생이 제게 한 말에 의하면 본래 여섯 권을 구상해서 1970년대 등장인물의 딸이 흑인과 결혼해서 미국 가는 이야기까지도 생각했는데, 2권을 끝내고 건강 악화로 뜻을 이루지 못할 것 같다고 했습니다. 이 책을 내고 억울한 생각이 들기도 했는데, 자기는 죽어라 오랜 시간 공들여 쓴 것을 독자들이 단숨에 다 읽었다고 했을 때라고 하는 농담도 했습니다.

　책 이야기는 이것으로 일단 끝내고 직접 만나본 이야기를 해 볼까요. 1999년 5월 24일 이현주 목사님 부부, 판화가 이철수 부부, 우리 부부가 안동 권정생 선생 집으로 찾아갔습니다. 다섯 평 오두막집에 들어가 앉으니 서로 무릎이 부딪히지 않을 수가 없었습니다. 방 한쪽은 완전히 책으로 가득했습니다. 찐 감자를 내어놓는데, 먹을 수도 없고 안 먹을 수도 없는 난처한 입장이었습니다. 그 길로 안동시의 문화관으로 가서 방을 얻어 밤새도록 이야기꽃을 피웠습니다. 이현주 목사와는 한때 같은 동화작가로, 이철수 화가와는 『몽실 언니』 삽화가로 연결된 사이였는데, 서로 형 동생 하며 대화를 하였습니다. 권정생 선생은 촌철살인의 한마디씩으로 좌중을 압도했습니다.

　그 후로도 저는 캐나다에서 가끔씩 전화로 안부도 묻고 또 한국에 나갈 일이 있으면 이철수 화가와 함께 권정생 선생을 찾았습니다. 같이 안동댐으로 놀러가 헛제사밥을 먹기도 하고, 제가 초등학교 때 소풍 갔던 고운사로 함께 가기도 했습니다. 고운사 갔다 오다가 마침 운산에 장이 서서 거기서 권정생 선생은 기념으로 큰 손톱깎이를 사주셨는데 아직 잘 쓰고 있습니다.

2007년 5월 17일 돌아가셨다는 부음을 이철수 화가 부인으로부터 들었는데, 장례식 날 저는 마침 서울에서 강연하기로 되어 있어서 참석하지 못했습니다. 아직도 서운한 마음입니다. 돌아가신 후 권정생 선생을 존경하는 어느 분과 함께 선생이 사시던 빈 오두막집을 찾아갔는데, 방 앞에 놓여 있는 방명록을 보니 방문객들의 이름이 빼곡 쓰여 있었습니다. 그 집에서 돌아서 나오는 길에 어느 남녀가 그 집을 향해 가는 것도 보았습니다. 집에서 나와 그 옆 제가 살던 동네 초등학교 후배 집에 들렀는데, 권정생 선생이 돌아가신 다음 그 부근 사람들이 두 가지로 크게 놀랐다고 했습니다. 하나는 장례식에 참석하는 사람이 그렇게 많았다는 것, 둘째는 남겨놓은 돈이 그렇게 엄청났다고 하는 것.

선생이 남긴 유언장에 "인세는 어린이로 인해 생긴 것이니 그들에게 돌려줘야 한다. 굶주린 북녘 어린이들을 위해 쓰고 여력이 되면 아시아와 아프리카의 굶주린 아이들을 위해서도 써달라"고 하였습니다.

어느 분은 권정생 선생을 두고 성인(聖人)이라 하기도 합니다. 엄격히 성인인지 아닌지는 모르겠지만, 다 찌그러져가는 오막살이에 살면서도 권력은 말할 것도 없고, 명예나 금전 같은 모든 것에서 초탈한 자유인임에는 틀림이 없습니다. 원고료를 받는데, 원고 몇 장 쓰고 집 앞 농부가 여름 내내 땀 흘려 지은 배추를 한 수레 끌고 가서 받는 돈과 같은 돈을 받는다니 양심이 허락지 않아 차라리 원고료를 주지 않는《녹색평론》같은 데

글 쓰는 것이 편하다고도 하였습니다. MBC 텔레비전에서 〈느낌표〉라고 하는 프로그램에 책 소개를 하면 그 책이 100만 부 정도까지 팔리기도 하는 것이 보통인데, 이 프로그램에 참여해 달라는 요청도 거절했습니다.

아무튼 보잘것없는 것으로 알았지만 민들레꽃을 피운 강아지똥처럼 우리 곁에서 우리의 삶을 아름답게 피어나게 한 그런 인물이 우리 곁에 있었다고 하는 사실이 더할 수 없이 큰 의미를 지닌 것 아닌가 하는 생각을 금할 수 없습니다.

존 셸비 스퐁 신부의 부음을 듣고

오늘(2021년 9월 13일) 제가 좋아하던 신학자이자 종교 지도자 중 한 분인 존 셸비 스퐁 신부가 타계하셨다는 부음을 접하게 되었습니다. 스퐁 신부님은 1931년 6월 16일 생으로 2021년 9월 12일에 돌아가셨으니 90년 3개월을 사셨습니다. 그는 일생 동안 기독교가 새로워져야 한다는 것을 역설하고 이를 알리는 것을 사명으로 삼고 산 분이라 할 수 있습니다.

미국 성공회의 주교였지만 주교로서뿐만 아니라 여러 대학에서 강연, 강의도 열심히 하셨습니다. 은퇴하고 하버드 신학대학에 가서 일 년간 강의하기도 하고 그 외에 뉴욕의 유니언 신학대학원, 예일 신학대학원, 에든버러, 옥스퍼드, 케임브리지 등에 가서도 새로운 기독교를 설파했습니다.

그가 가장 힘차게 주장하는 것은 성경을 문자적으로 읽으면 안 된다고 하면서 문자주의를 경고한 것이라 할 수 있습니다. 문자주의를 고집하는 것을 근본주의(Fundamentalism)라고 하는데, 그가 쓴 책 중에 많이 알려진 책으로『근본주의로부터 성경

구해내기』(1991)가 있습니다.

또 많이 알려진 책으로는 『기독교 변하지 않으면 죽는다』(1999)와 『새 시대를 위한 새 기독교*A New Christianity for a New World*』(2002)인데 여기서 그는 분명하게 유신론의 종언(Demise of Theism)을 고하고 있습니다. 그가 고쳐야 한다고 하는 12개 조항은 신론, 기독론, 창조론, 동정녀 탄생, 기적 이야기, 십자가 대속론, 부활, 승천, 사후 상벌론 등등입니다.

스퐁 신부는 "이것이 나의 마지막 책"이 될 것이라고 하면서 다섯 권의 '마지막' 책을 더 썼습니다. 그중 다음 세 권은 정말로 명저라고 하지 않을 수 없습니다. 저는 이 책들을 첫 페이지부터 끝까지 줄을 그어가며 다 읽었습니다.

2013년에 나온 『아름다운 합일의 길 요한복음』은 「요한복음」 해설서로서 「요한복음」에서 가장 중요한 메시지는 신과 인간의 합일을 강조하는 신비주의라는 것입니다. 여러 시기에 걸쳐 여러 저자가 쓴 「요한복음」에 나오는 니고데모니 나사로니 하는 인물이나 기적 같은 사건이나 기타 이야기들은 모두 가상적인 것으로 오로지 '나와 아버지는 하나'라는 신비주의를 강조하기 위한 배경 설치에 불과하다는 것입니다.

2016년에 나온 『유대인 예배력에 따른 예수의 의미 마태복음』도 「마태복음」 해설서입니다. 「마태복음」은 유대인을 위해 쓰인 책으로서 유대인의 눈으로 보면 명백한 메시지를 초대 교회 이후 유대인들이 사라지고 이방인들이 들어오면서 「마태복음」을 문자적으로 읽게 되었다는 것입니다. '호랑이 담배 피울 때'라고 하면 한국 사람들은 당연히 그것이 오랜 옛날을 뜻하는 말이라고 알지만, 이런 사정을 모르고 문자적으로 읽으면 호랑이도 담배를 피운다, 언제부터 피우게 되었을까, 호랑이는 폐암에 걸리지 않는가 하는 등 쓸데없는 것을 연구하는 데 시간을 허비하는 것과 마찬가지로, 유대인들이라면 '하느님의 아들'이라고 할 때 당연히 훌륭한 사람 정도로 알아들을 수 있었는데, 그리스 사람들은 그것을 형이상학적으로 받아들여 신과 그 아들이 동질이냐 아니냐 하는 것 등을 따지는 데 시간을 허비했다는 것입니다. 말하자면 기독교는 지난 2000년 동안 대속설 같은 엉뚱한 교리를 붙들고 살아왔다는 것입니다.

마지막으로 2018에 나온 『믿을 수 없는 것: 왜 고대 신조나 종교개혁이 오늘 산 믿음이 생기게 할 수 없는가 *Unbelievable: Why Neither Ancient Creeds Nor the Reformation Can Produce a Living Faith Today*』라는 책은 기독교에서 옛 신조를 반대하여 루터가 16세기 초 종교개혁을 일으키고, 종교개혁 이후 200년이 지나 인간의 지식이 폭발적으로 증가했는데, 아직도 그때의 언어를 그대로 사용해서는 믿음이 생길 수가 없기에 다시 근원적(radical) 개혁으로 재무장해야 한다는 취지를 밝히고 있습니다. 옛날에는 간질병이 있으면 악귀가 든 때문이라 설명했지만 뇌과학이 발달한 지금도 그렇게 믿을 수 있겠는가 하는 것입니다.

이 책 서문에 보면 이 책이 정말로 마지막 책일 수밖에 없다고 했습니다. 스퐁 신부는 책이 완성될 즈음인 2016년 9월 10일 아침에 갑자기 쓰러졌습니다. 뇌졸중이었습니다. 뇌졸중 이후

꼭 5년 만에 돌아가신 것입니다.

스퐁 신부는 술술 읽히는 문장과 차근차근 따라가기 쉽게 풀어주는 명쾌한 내용의 저작들을 통해 많은 사람들에게 이 시대 기독교 신앙의 의미를 되찾게 하는 데 크게 도움을 준 분으로 기독교 사상사에 기록될 분이라 여겨집니다.

틱낫한 스님과 그리스도교

요 근래 한스 큉 교수, 존 셸비 스퐁 주교가 타계하셨는데, 어제(2022년 1월 22일)는 세계적으로 큰 영향을 끼친 베트남 출신 틱낫한 스님이 95세를 일기로 입적하셨다는 소식을 접했습니다. 세 분 모두 제게 영감을 주신 분들입니다. 두 분에 대해서는 전에 이야기한 적이 있기에 오늘은 틱낫한 스님에 대해 몇 자 적고 싶습니다.

저는 스님이 쓰신『살아 계신 붓다, 살아 계신 예수*Living Buddha, Living Christ*』(1997, 2013)라는 책과『귀향*Going Home*』(2001)이라는 두 책을 한국어로 번역한 인연으로 그 후 틱낫한 스님을 정신적으로 가까이 모신 셈입니다.『살아 계신 붓다, 살아 계신 예수』라는 책 제목에서 보듯 스님은 부처님과 예수님이 인류 역사에 핀 두 송이 아름다운 꽃이라고 존경하며 부처님과 예수님상을 그의 제단에 함께 모신다고 할 정도였습니다.
또『귀향』에서는 그를 찾아오는 여러 전통의 종교인들을 향해 그들 자신의 종교로 되돌아가 그 심층을 맛보라고 일러주고 있습니다.

2021년 불광출판사에서 번역되어 나온 브라이언 피어스(Brian J. Pierce) 가톨릭 신부님의 책『지금 이 순간에 대한 탐구 깨어 있음*We Walk the Path Together*』은 틱낫한 스님의 가르침이 그리스도인들의 삶에도 적용될 수 있음을 강조하는 책입니다. 그리스도인들이 죽음 이후의 삶을 과도하게 염려하여 윤리적 측면을 지나치게 강조하느라 지금 여기에서 발견할 수 있는 '자유와 환희'를 만끽할 수 없는 위험에 처해 있는데, 틱낫한 스님의 '마음챙김(Mindfulness)'을 통해 지금 여기서 천국을 맛보는 삶을 살 수 있다고 했습니다. 누구나 틱낫한 스님의 책을 직접 읽어보시면 피어스 신부님의 말에 동의하실 것입니다.

틱낫한 스님은 돌아가셨지만 그의 가르침은 오래도록 많은 사람들을 이끄는 등불이 되리라 생각합니다. 스님의 명복을 빕니다.

7

그 밖의
생각들

노년을 생각한다

노년 문제를 다루는 어느 모임에서 노년에 대해 글을 쓰라는 부탁을 받아 몇 가지 생각나는 것을 적어보았습니다. 부모님을 모시고 있는 젊은이들이나 노년에 접어든 분들, 이른바 골든 에이지(golden age)에 속하는 분들이 읽으면 좋지 않을까 생각해봅니다. 노인학에 대해 특별히 연구한 바도 없는데 쓰라고 하셔서 생각나는 것을 가벼운 마음으로 쓴 것이니 심각하게 생각지 마시고 가볍게 읽어주시기 바랍니다.

1. 경로사상의 근거

우리 속담에 '늙으면 아이 된다'는 말이 있는데, 왜 그럴까? 여러 이유가 있겠지만, 지금 가장 그럴듯한 이유로 머리에 떠오르는 것은 아이들이 보호받아야 하는 것처럼 어른도 늙으면 어쩔 수 없이 보호받아야 하기 때문에 나온 말이 아닐까 하는 것이다. 아이들이 혼자서 살 수 없듯 늙은이들도 혼자서 살기 힘들어진다는 뜻으로 이해하고 싶다는 이야기다.

어린이와 노인이 다 같이 사랑과 보살핌의 대상이 되어야 한다는 데는 이의의 여지가 없다. 그러나 이런 공통점에도 둘 사이에 나타나는 비극적 차이점은 어린이들은 일반적으로 그런 사랑과 관심의 초점이 되는 반면, 노인들은 대체적으로 일반에게서 고립되고 경원시되는 현상이다. 특히 북미에서 노골적으로 나타나는 현상이라고 하는데, 이것을 가리키는 '에이지즘(ageism)'이라는 말까지 생겼다. '레이시즘(racism)'이 인종에 따른 차별을 가리키고 '섹시즘(sexism)'이 성에 따른 차별을 뜻하는 것처럼 에이지즘은 나이에 따른 차별을 의미한다.

그러나 사실 늙은이들을 공경하고 보살피는 일은 동서양을 막론하고 쉬운 일이 아니다. 그러기에 유교에서 효(孝)를 가장 중요한 덕목으로 가르치고, 유대교와 그리스도교 십계명에도 자녀를 사랑하라는 말은 없지만 특별히 "네 부모를 공경하라"는 조항을 삽입해놓았던 것 아닐까. 자녀를 사랑하라는 말은 강조하지 않아도 '내리사랑'이라는 말이 있듯 대부분 저절로 되게 마련이지만, 부모를 공경하는 일은 비장한 각오와 노력 없이는 힘들다는 사실을 반증하는 것이라 볼 수 있다.

늙으면 아이 된다. 특별한 관심과 세심한 배려로 노인들을 보살핌이 우리의 임무일 뿐 아니라, 사회와 국가가 특별히 관심을 가져야 할 분야임을 일깨워주는 말이라 생각된다.

2. 쓸모없는 노인?

전통적으로 경로사상을 강조하던 한국 사회에서 요즘 노인들을 사회적 부담으로 생각하고 노인들을 '쓸모없는 노인'으로 취급하는 경우까지 있다고 한다. 그런데 노인들이 정말로 쓸모없는 존재들인가? 중국 도가 경전『장자』에 보면 장자의 적수 혜자가 장자에게 말한다.

> "위(魏)나라 임금이 준 큰 박 씨를 심었더니 거기서 다섯 섬들이 박이 열렸네. 거기다 물을 채웠더니 너무 무거워 들 수가 없었지. 쪼개서 바가지를 만들었더니, 깊이가 없이 납작해서 아무것도 담을 수가 없는데 크기만 하고 달리 쓸모도 없어 깨뜨려버렸네."

여기에 대해 장자가 대답한다.

> "자네는 어찌하여 다섯 섬들이 박으로 큰 술통을 만들어 강이나 호수에 띄워놓고 즐길 생각을 못 하고, 깊이가 너무 얕아서 아무것도 담을 수 없다고만 걱정했단 말인가? 자네는 아직도 작은 [일만 생각하는] '쑥 같은 마음'을 가지고 있네 그려."

한 가지 고정된 관점으로 보면 쓸모가 없을 수 있지만, 관점을 달리하면 더 큰 쓸모가 있을 수 있다는 이야기이다. 이 세상에 쓸모없는 것이란 없다는 장자의 기본 가르침이다. 자잘한 쓸모를 보는 데서 그치지 말고 더 큰 쓸모를 보라는 이른바 '무용지대용(無用之大用)'이다.

나무 하나를 예로 들어보자. 나무를 실용주의적, 경제적 가치만으로 따지지 않는다면 그것이 더 큰 가치를 지닐 수 있음을 발견하게 된다. 나무는 그 밑에서 한가로이 낮잠을 잘 수 있도록 안식을 제공하는 것 외에도, 새들이나 벌레도 쉬게 하고, 풀도 자라게 하고, 경관을 아름답게도 하고, 산소를 뿜어 환경을 정화하기도 하고 물을 품고 천천히 흐르게 하는 녹색 저수지 노릇도 하는 등 얼마든지 좋은 역할을 하고 있다. 재목으로 쓸 때 얻는 경제적 가치가 유일한 척도라고 여기면 쓸모없어 보일 나무도 조금 다른 각도에서 보면 그 쓸모가 엄청날 수 있다는 뜻이다.

오늘처럼 다양화된 세상에서 노인들을 경제적 관점에서 쓸모없다고 여기는 외눈박이 시각을 버리기만 하면, 노인들이 가정적으로나 사회적으로나 정신적으로나 학문적으로나 혹은 우리가 지금 알지 못하는 그 어떤 방법으로든 사회를 위해서 공헌할 길이 있을 것이다. 공원에서 벤치를 따뜻하게 하는 이(bench warmer)의 역할이 다일 수는 없다. 풍부한 경험을 쌓은 우리의 소중한 자산을 그냥 낭비하는 어리석음을 범하지 말아야 할 것이다. 어떤 쓸모가 있을 수 있을까. 우리 사회가 다 함께 진지하게 고민할 문제다.

3. 노년의 특권

인생의 황금 시기를 보통 65세에서 75세까지라 한다. 지금은 100세 시대라고 하니 75를 상한선으로 고정하면 안 될 것 같다. 그런데 보통 65세에 은퇴하고 나면 자기의 존재감을 잃어버리는 이들이 가끔 있다. 노인들 주변에서, 그리고 노인들 스스로, 노인들을 쓸모없는 인간, 잉여 인간으로 취급하는 오해와 편견을 어떻게 불식시킬 수 있을까?

경제적 이유로 그런 취급을 받는다면 이런 암울한 경제적 처지를 개선하기 위해 정부의 노인복지 정책이 무엇보다 선행되어야 한다는 것은 불문가지이다. 그러나 그와 함께 노인 스스로가 노인이 된다는 것이 무엇을 뜻하는지를 자각하고 자존감이라고 할까 노년이 누릴 수 있는 삶의 의미랄까 하는 것을 새롭게 점검할 필요가 있는 것 또한 엄연한 사실이다.

오늘 초점을 맞추고 싶은 점은 노년 시기야말로 이상적으로 영위하기만 하면 온갖 번잡한 세상사에서 해방되어 여유를 즐기고 정신적 완성을 향해 시간을 보낼 수 있는 시기라는 것이다. 이런 자각을 가지고 임한다면 노년기는 어느 의미에서는 가장 생산적이고 창조적인 시기가 될 수 있다.

힌두교 경전인『마누법도론Code of Manu』에 따르면 인간의 삶에 네 단계가 있다고 한다. 첫째, '학생'의 단계로서 8세에서 12세 정도까지 집을 떠나 스승과 함께 살면서『베다Veda』등 경전을 읽고 배운다. 둘째, '재가자'의 단계로서 결혼하고 자식을 기르고 집안을 돌보는 등 사회에서 주어진 임무를 수행하는 데 헌신한다. 셋째 '숲속 거주자'의 단계로서 자식이 다 자라고 가장으로서 사회에서 할 의무를 끝냈으면 숲으로 들어가 명상도 하고 신을 예배하며 시간을 보낸다. 넷째는 '출가 수행자'의 단계이다.

여기서 주목할 것은 재가자의 단계를 지나면 속세의 일에서 벗어나 정신적으로 의미 있는 일에 종사하게 된다는 것이다. 특히 제4단계를 산스크리트어로 'sannyāsa'라고 하는데 어원을 보면 모든 것을(sam) 아래로(ni) 내려놓다(āsa), 다시 말해 세속적인 것에서 완전히 떠나 오로지 영적인 가치만을 추구한다는 뜻이다. 노년이 되면 이처럼 모든 물질적이거나 사회적인 이해관계를 떠나서 자유스러워진다는 것이다.

물론 인도 사람들도 대부분 제2단계까지만 가고 3, 4단계는 다음 생으로 미룬다고 한다. 아무튼 노인의 이상적인 단계는 물질적 사회적 제약에서 벗어나 자유를 향유하는 단계라는 것을 말해주고 있다는 것만은 분명한 사실이다. 한국 노인들로서 이런 단계에 이르는 것이 현실적으로 가능할까?

공자님도 자기 자신의 정신적 발달 과정에 대해 15세에 학문에 뜻을 두고, 30에 일어서고, 40에 불혹(不惑), 50에 지천명(知天命), 60에 이순(耳順), 70에 종심소욕불유구(從心所慾不踰矩)라고 하였다. 특히 노년기의 마지막 단계라 볼 수 있던 70세에 이르면 자기 마음이 원하는 대로 해도 올바름에서 벗어나는 일이 없는 경지에 이른다고 했다. 세속의 이해득실을 떠나 완전히 자유스러운 경지다. 노인 됨이 다다를 수 있는 이상적인 상태가 아닌가?

　미국 하버드 대학교를 거쳐 에머리 대학교 교수로 있던 종교 심리학자 제임스 파울러의 연구가 있다. 그에 따르면 인간이 살아가면서 신앙적으로 완숙한 경지에 이르는 데에 모두 6단계를 거치게 된다고 한다. 제1단계에서 3단계까지는 근본적으로 문자주의적 신앙이다. 제4단계에 가서 드디어 당연시해오던 신앙 형태를 심각하게 반성하고 통찰하면서 새로운 발견에 스스로를 열어놓는다. 제5단계를 거쳐 마지막 제6단계 '보편화하는 신앙(universalizing faith)'의 단계는 65세 이상의 이른바 후기 성인(成人)기(Late Adult Era)에 이른 사람들이 도달할 수 있는 성인(聖人)의 경지이다. 어떤 외적 걸림이나 거침이나 울타리에 구애되지 않고 자유와 무애(無礙)의 사람이 되는 것이다.

　이 마지막 단계에 도달한 사람으로 파울러는 마하트마 간디, 마틴 루터 킹, 테레사 수녀, 전 UN 사무총장 다그 함마르셸드, 히틀러 암살을 기도하다가 실패하여 처형당한 신학자 디트리히 본회퍼, 유대인 사상가 아브라함 헤셸, 미국의 사랑받는 신비 사상가 토머스 머튼 같은 이들을 든다. 여기서 다시 주목할 것은 인생에서 그렇게 중요한 정신적 성숙에 있어서도 연륜이 필요하다는 것이다. 특히 제5단계는 중년기 이후에 가능한 단계이고 제6단계는 젊어서 처형당한 본회퍼를 제외하면 결국 노년기에 이르러서야 성취한 단계라 할 수 있다.

　노년기는 건설적으로 임하기만 하면 이런 특권을 누리는 시기가 될 수 있다는 사실을 상기할 필요가 있을 것 같다.

4. 노년기의 여유

네덜란드의 사상가 하위징아(Johan Huizinga, 1872-1945)는 '호모 루덴스(Homo Ludens, 놀이하는 인간)'라는 이론으로 유명하다. 호모 사피엔스(homo sapiens, 이성적인 인간), 호모 파베르(homo faber, 공작하는 인간), 호모 렐리기오수스(homo religiosus, 종교적 인간) 등의 이론이 있지만 하위징아는 여기에다 호모 루덴스야말로 인간을 특징짓는 가장 중요한 용어라 주장하였다. 그에 따르면 놀이는 인간 문화의 근원적 요소라는 것이다. 놀이에서 풍부한 상상력과 창조성을 얻을 수 있고, 이런 놀이 속에서 문학, 예술 등 문화적 결실들이 이루어지기 때문이다. 그런데 이런 놀이는 실용성이나 이해득실을 따지는 등 생존을 위해 몰두하는 데서는 거의 불가능하고 오로지 이런 데서 벗어나 '자유시간 혹은 여가시간'을 즐길 수 있는 환경에서 가능하다고 보았다.

일생을 통해서도 어느 순간 일시적으로 일상사의 염려에서 벗어나 놀이를 즐길 수도 있지만, 본격적으로 놀이를 즐길 수 있는 시기는 아무래도 은퇴하고 난 노년기일 것이다. 그런 의미에서 창조적이고 자발적인 행위로서의 놀이는 노인들이 누릴 수 있는 특권이고, 노인들은 이런 여유와 특권을 최대한 활용하여 무언가 뜻 있는 일을 이루어낼 수 있다고 보아야 할 것이다. 이것은 나이가 듦에 따라 소유(having) 모드의 삶에서 벗어나 존재(being) 모드의 삶을 즐길 확률이 높다는 뜻일 수도 있다.

5. 노년에 이를 수 있는 새로운 경지

한국에서 떠도는 말로 노년을 즐기려면 돈, 건강, 친구, 딸, 취미, 할 일 등이 필요하다고 한다. 물론 이런 조건들이 갖추어지면 살 만하다고 할 수 있다. 그러나 이런 것들은 필요조건이라 할 수 있지만 충분조건은 아닐 것 같다. 충분조건은 무엇일까? 달력장만 넘기면서 나이만 든다고 다 훌륭한 노인, 노년을 즐길 수 있는 건 아니다. 계속 정신적인 성숙의 단계를 오르면서 깨달음의 경지를 깊이 해나가야 한다. 노인이라도 앞에서 말한 그런 이상적인 노년 상태에서 삶을 즐기고 가정과 사회와 세상을 위해 보람된 일을 하려면 일정한 조건을 갖추어야 한다. 가장 중요한 조건이 무엇일까? 필자 나름대로 지적해본다.

그리스도교 4복음서에 들지 못한 복음서로 「도마복음」이 있다. 그 복음서 제4절에 다음과 같은 말이 나온다.

> 예수께서 말씀하셨습니다. "여러 날을 보낸 늙은이도 7일밖에 안 된 갓난아기에게 생명이 어디 있는가 물어보기를 주저해서는 안 됩니다. 그리하면 그 사람은 살 수 있을 것입니다. 먼저 된 사람 중 많은 사람들이 나중 될 것이고, 모두가 결국은 하나가 될 것입니다."

여기서 난 지 7일밖에 안 된 갓난아기란 유대인의 관례에 따르면 제8일에 할례를 받게 되는데 아직 할례를 받기 이전의 갓난아기란 뜻이다. 할례를 받으면 남녀의 구별이 정해지지만 아직 할례를 받지 않은 상태라서 남녀 구별이 공식적으로 공인되기 전, '둘을 하나로'(22절) 유지하고 있는 완벽한 상태를 말한다. 갓난아기란 이런 하나 됨의 상징이다. 『도덕경』에서도 "덕을 두터이 지닌 사람은 갓난아기와 같다"(제55장)고 했다.

「도마복음」에서도 『도덕경』에서도 갓난아기란 자연적인 육체적 갓난아기라기보다 영적으로 새로 태어나서 영적으로 갓난아기가 된 사람, 그리하여 남녀, 선악, 미추, 시비 등의 이분법적 사고에서 벗어나 만물이 하나임을 새롭게 깨달은 사람이라 보아야 할 것이다.

연대기적으로 햇수를 많이 보낸 늙은이들은 나이를 아무리 많이 먹었어도 그런 나이 먹음만으로는 완전한 경지에 이르기에 충분하지 못하다. 영적으로 새로 태어난 사람에게서 이분법적 사고를 초월한 초(超)이분법적 사고를 가지고 일중다(一中多) 다중일(多中一), 일즉다(一卽多) 다즉일(多卽一), 상입(相入) 상즉(相卽)의 원리에 따라 궁극적으로는 모두가 하나 됨을 깨달아야 한다는 이야기다. 그래야만 참나를 발견한 참삶을 살 수 있는 늙은이가 된다는 뜻이다.

『장자』에서는 완전한 인간, 자유로운 인간이 되기 위해서 거쳐야 할 과정 세 가지를 구체적으로 이야기한다. 첫째는 오상아(吾喪我). 내가 나를 여의었다는 것이다. 지금의 나 중심주의적 내가 죽고 새로운 나로 다시 태어난다는 것이다. 둘째, 심재(心齋)다. 마음을 굶긴다는 뜻이다. 이것도 내가 가진 일상적 의식을 없애고 새로운 의식으로, 새로운 눈으로 세상을 본다는 뜻이다. 셋째, 좌망(坐忘)이다. 앉아서 내가 지금 가지고 있는 상식적이고 이분법적인 의식을 모두 잊어버린다는 이야기다. 결국이 셋은 모두 우리의 일상적인 의식을 변화시킨다는 '의식의 변화'를 이야기하고 있다. 우리가 노년으로서 참된 인간으로 완성되기 위해서는 이런 의식의 변화를 거쳐야 한다는 것을 말해주고 있다.

나의 참나를 깨닫지 못했다면, 만물이 일체라는 것을 실감하지 못하고 무조건적인 배타주의 옹고집으로만 일주한다면, 의식의 변화를 이루지 못하고 자기의 고정관념을 절대화한다면, 그리하여 내가 할 수 있는 일이 무엇인가, 내가 할 일이 무엇인가 어렴풋이라도 깨닫지 못한다면, 그저 평범한 노인으로 삶을 마감할 수밖에 없다.

물론 이런 새로운 의식, 완전한 깨달음에 이르러 거창하게 역사와 사회를 바꾸는 일에 공헌할 수 있다면 좋겠지만 모든 사람이 다 그럴 수는 없다. 「도마복음」에 의하면 천에 한 사람, 만에 두 사람 정도가 이런 경지에 이를 수 있다고 했다. 그야말로 가물에 콩 날 정도다.

그러나 시대가 달라졌다. 97퍼센트 이상이 문맹이던 시대에는 그랬을지 몰라도 지금처럼 문맹률이 0퍼센트에 가까운, 누구나 원하기만 하면 배움이 가능한 세상에서는 가마솥에 콩 튀듯이 나올 수 있을지 모른다. 독일 신학자 도로테 죌레는 이런 현상을 '심층 종교의 민주화'라 했다.

설령 이런 최고의 의식수준에 오르지는 않아도 연륜에 따라 정치적·종교적 독선이나 고정관념을 버리고 새로운 생각에 자기를 열어놓는 자세를 취하는 노인들이 많아진다면 그것도 좋은 일일 것이다. 또 살아가면서 얻은 지혜를 활용하여 작은 일을 통해 뭔가 사회에 봉사할 수 있음을 자각하는 정도만 해도 훌륭하다고 보아야 할 것이다. 캐나다 밴쿠버 공항이나 여러 병원에 가보면 나이 많은 할머니나 할아버지들이 안내를 맡아 자원 봉사하는 것을 볼 수 있다. 이들도 완전한 성인의 경지는 아니더라도 어느 정도 노년에 다다를 수 있는 새로운 의식의 단계에 이른 사람들이라 말할 수 있을 것이다. 우리가 목표로 하는 것도 일단 이 정도 수준이라 할 수 있지 않을까?

종교학은 오늘 한국 사회를 위해 무엇을 할 수 있을까?

2015년 추계 한국종교학 대회의 주제가 "종교, 인성, 교육" 이었는데, 거기에서 제가 기조연설을 했었습니다. 제 페친 상당 수가 신학자와 목회자인 것 같습니다. 이런 분들이, 그리고 신학자나 목회자뿐만 아니라 생각하시는 모든 분들이, 한국 사회의 인성을 고양시키는 데 함께하면 좋겠다는 생각에서 이 글을 축약해서 조심스럽게 올려봅니다.

제 글이 기본적으로 종교학자들을 염두에 두고 쓴 것이어서 신학자나 목회자 분들의 사정에 꼭 맞을지 모르겠습니다만 이 나라 인성에 관심이 있으신 분들로서 혹시라도 생각거리를 드리는 것이 된다면 기쁘게 생각합니다. 본문에 있던 각주는 모두 생략하였습니다.

인성이 사라진 한국 사회

1) 한국 사회의 건강 상태

1990년대 중반 '한국병'이라는 말이 유행했습니다. 한국의 정치, 사회, 문화 각 방면에서 발견되는 부조리하고 불합리한 상태를 지적하는 말이었습니다. 당시 한국 사회에 대한 일종의 진단이었습니다. 이런 말이 나온 것은 어떻게 하든 이런 상태에서 벗어나기 위해 노력해야 한다는 당위성을 강조하기 위한 것이라 볼 수 있습니다. 그런데 그 이후 오늘 이런 한국병이 많이 호전되었는가 물어보면 얼른 긍정적인 대답이 나오지 않는 것이 슬픈 현실입니다.

저는 한국이 오히려 지금 그 어느 때보다 심각한 병을 앓고 있다고 봅니다. 그 근본 원인 중 하나가 미국에서 들어온 천민 자본주의 정신이라 생각합니다. 한국이 지금 경제! 경제! 하면서 '경제'를 강조하고 있지만 이것은 사람들의 삶의 질을 향상시키려는 참된 의미의 경제가 아니라 천박한 미국식 경영 기법에 의한 축재 기술을 의미한다고 합니다.

『미국의 민주주의De la democratie en Amerique』 저자 알렉시 드 토크빌(Alexis de Tocqueville)이 1831년 쓴 편지에 이런 말이 있습니다. "미국민의 국민성을 깊이 파고들어 가면, 그들은 이 세상 모든 것의 가치를 오직 단 하나의 질문, 즉 그것이 얼마나 많은 돈을 벌어 올 것인가에 대한 답에서 찾아왔음을 알게 된다." 실제로 미국을 지탱해온 것은 맹목적으로 개인의 부를 축적하려는 개인주의적 집념이었다고 합니다.

이런 배금주의 사상이 현재 '경제'라는 이름으로 한국을 먹구름처럼 덮고 있는 게 아닌가 여겨집니다. 몇 가지 예를 들면, 모든 것을 금전적 가치로 평가하는 것이 일상화되어 사람을 평가할 때도 그 사람의 수입이 얼마인가가 중요한 기준이 되고, 결혼 상대를 구할 때도 경제력을 중요한 조건으로 봅니다. 유산 때문에 부모 자식이나 형제자매 간에 불화가 끊이지 않고, 극단의 예이기는 하지만 보험금을 타기 위해 자기 부모를 살해하는 경우까지 있습니다. 배금주의가 가져온 비극입니다.

이런 비뚤어진 경제 제일주의 때문에 한국은 지금 OECD 회원 국가 중 자살률 1등으로 회원국 평균 자살률의 2.6배, 터키 자살률의 17배라는 불명예를 가지고 있습니다. 더욱 놀라운 것은 다른 회원국에서는 자살률이 줄어드는 데 반해 한국은 해마다 증가하고 있다는 사실입니다. 특히 경제 문제로 인한 노인들의 자살이 급속도로 증가하고 있다고 합니다. 그뿐 아니라 행복지수 최하위, 불만지수 상위, 부패지수 1위, 출생률 최하위라는 통계까지 나와 있는 형편입니다.

삶은 본래 괴로움입니다. 부처님은 이를 두고 "일체개고(一切皆苦)"라고 하였고 예수님은 "수고하고 무거운 짐 진 자들"(마 11:28)이라 하였습니다. 인간이 보편적으로 지닌 이런 실존적 한계상황에 덧붙여 한국 사회는 더욱 절박한 현실적 아픔을 안고 있는 셈입니다.

2) 소인배 공화국에서의 비인간화

저는 이제 이 문제를 좀 다른 각도에서 보고 싶습니다. 한국 사회의 이런 부조리한 현상의 더욱 근본적인 원인은 '인성'의 실종에서 찾을 수 있다고 봅니다. 사람이 '사람됨(humanity)'을 포기했기 때문이라는 이야기입니다. 여기서 잠깐 유교 용어를 빌리면 한국이 '소인배' 공화국이 되었고, '비인간화'한 사회가 되었다는 것입니다.

공자님은 인간으로서 해야 마땅한 올바른 일, 곧 의(義)를 위해 사는 사람을 군자(君子)라고 하고, 자기의 사적인 이해관계에 따라 자기에게 이익이 되는 일, 곧 이(利)를 위해 살아가는 사람을 소인(小人)이라고 했습니다. 지금 세계가 거의 의(義)보다는 이(利)를 좇고 있는 것이 사실입니다. 특히 경제적으로 부유하다는 신자본주의 국가에서는 경제적 가치를 최고의 가치로 떠받들고 경제지수(GNP)에만 신경을 쓸 뿐 이른바 '행복지수(GNH)' 같은 것은 거의 무시하는 것이 현실이기도 합니다. 이것이 세계적 추세이기는 하지만, 지금 경제 대국으로 발돋움하려고 혼신의 노력을 경주하고 있는 한국에서 이렇게 경제적이(利)를 추구하려는 의욕이 더욱 극심하지 않은가 하는 생각이 듭니다.

주위를 보면 대부분의 사람들이 '사람은 사랑하고 물질은 이용'하라는 기본 원칙과 반대로 '물질은 사랑하고 사람은 이용'하고 있는 실정입니다. 경제가 사람을 위해 있는 것이 아니라 오히려 사람이 경제를 위해 있는 것으로 믿는 사람들이 많습니다. 경제라는 신(神)을 섬기며 그 신의 표정 하나하나에 따라 희비를 되풀이합니다. 공자님의 시각에서 보면 지금 우리 대한민국은 대의(大義)를 위해 사는 군자나 대인의 나라이기보다 모두 경제적 이해관계에 올인하는 '소인배 공화국'인 셈입니다.

맹자님도 마찬가지입니다. 맹자님이 양나라 혜왕을 찾아갔더니 왕은 "선생께서 이렇게 불원천리하고 오셨으니 우리나라에 이(利)를 주시겠지요"라고 했습니다. 이에 맹자님은 왕을 향해 왕이 이(利)를 말하면, 지금 말로 해서, 장관·공무원·국민들이 모두 이(利)를 좇을 것이고 그렇게 되면 "나라가 위태로워질 것"이라고 하면서, 왕은 어찌하여 인의(仁義)를 말씀하지 않고 "하필 이를 말씀하십니까(何必曰利)?"라 했습니다.

맹자님은 한 걸음 더 나아가, 우리 인간은 모두 '네 가지 실마리(四端)'를 갖고 태어났다고 했습니다. 측은지심(惻隱之心), 수오지심(羞惡之心), 사양지심(辭讓之心), 시비지심(是非之心)입니다. 맹자님은 우리에게서 이 네 가지가 우리 속에 있어야 하는데, 이 중 하나라도 갖추지 못하면 우리는 "非人也(인간이 아니다)!"라고 단언했습니다.

우리 주위에서 지금 남의 아픔을 보고 측은히 여기는 마음을 가진 사람들이 얼마나 됩니까? 저를 포함하여 일반인들은 물론 정치인, 종교인, 경제인, 사회지도자들 중 진정으로 남의 아픔을 나의 아픔으로 여기고 '함께 아파함(compassion)'의 마음을 지닌 이들이 몇이나 될까 모르겠습니다. 자기의 잘못을 부끄러워하고 싫어하는 마음, 겸손하고 양보하는 마음, 옳고 그름을 분간하는 마음은 또 어떻습니까? 국회 청문회를 보면 위장전입을 하고 부동산 투기를 했지만 그것을 부끄러워하고 싫어하는 태도를 보이는 이도 별로 없고, 그것이 옳은 일인지 나쁜 일인지조차 분간하지 못하는 것 같습니다. 어느 면에서는 그렇게 반칙이나 편법으로 사는 것을 '능력'이라 부러워하기까지 합니다.

요즘은 좀 좋아졌습니다만, 서울에서 자동차를 타고 가보면, 거의 모두 "양보는 곧 죽음이다" 하는 식으로 한 치의 양보도 없이 끼어들고, 이런 신념을 아침저녁 출퇴근하면서 실천하고 확인합니다. 이런 운전 문화가 지배하는 사회에 사양의 마음을 기대할 수 있을까, 이런 물음을 놓고 우리 스스로를 냉철히 돌이켜보면 우리는 지금 모두 비인간화(非人間化)된 사회에 살아가고 있는 인간 아닌 인간, 좀비들인 셈입니다.

종교학, 그리고 종교학이 할 수 있는 일

오늘 한반도에 사는 한민족이라면 모두 힘을 합해 이렇게 배금주의가 팽배한 사회를 참으로 인간을 귀하게 여기는 휴머니즘의 사회로 변화시키는 일, 소인배 공화국을 군자 공화국 내지 대인 공화국으로 바꾸는 작업, 비인간화된 우리 스스로를 다시 인간이 되게 하는 인간화(人間化) 과업을 해나가야 한다고 믿습니다.

이런 현실을 보면서 종교학이, 혹은 종교학에 종사하는 사람

들이 무엇을 할 수 있을까 고민하게 됩니다. 이 문제를 구체적
으로 거론하기 전에 종교학이 무엇인가 간단하게나마 알아볼
필요가 있을 것 같습니다.

1) 종교학이란

종교학을 독일어로 'Religionswissenschaft'라고 합니다. 종교
에 대한 과학적 접근이라는 뜻입니다. 종교학을 시카고 대학교
에서는 'History of Religions'라고 합니다. 종교를 이해하는 데
각 종교 전통을 역사적으로 이해하는 것이 중요함을 강조하는
셈입니다. 영국에서는 주로 'Comparative Religions'라고 하는
데, 여러 종교 전통들을 비교함으로 종교의 기본 구조와 성격을
이해하자는 것이라 생각할 수 있습니다. 이 세 가지 강조점을
종합적으로 엮으면 종교학이 대략 무엇을 어떻게 하는 학문인
가 어렴풋하게라도 그 윤곽이 그려지리라 생각됩니다.

다시 말해 종교학은 첫째, 신앙 고백적이어서는 안 된다는
것입니다. 종교 현상을 자기 개인적 신앙의 잣대로 재단해서는
안 됩니다. 오늘 왜 번개가 치는가 하는 질문에 하늘이 진노하
기 때문이라는 식의 설명은 종교학적으로 의미가 없습니다. 이
런 신앙 고백적 설명이 아니라 기상 현상은 기상학적 원리에 따
라 설명해야 하는 것처럼 종교 현상을 연구할 때도 엄격한 과학
적 판단에 따라야 합니다.

둘째, 어느 종교를 연구할 때 그 역사적 문맥이 중요하다는
것입니다. 종교를 연구할 때 현재에 나타난 현상뿐 아니라 그

종교의 역사적 맥락을 캐보아야 한다는 뜻입니다.

셋째, 종교학은 적어도 두세 가지 종류 이상의 종교 전통에 깊은 이해를 가지고 서로 비교하면서 종교 현상의 더 깊은 차원, 더욱 보편적 구조를 연구하는 것입니다.

저는 이 세 가지 중에서 오늘 특별히 마지막 세 번째 특성을 강조하고 싶습니다. 종교학의 창시자로 인정받고 있는 맥스 뮐러는 "한 종교만 아는 사람은 아무 종교도 모른다"고 했습니다.

2) 종교학의 공헌

위에서 언급한 종교학의 특성을 생각하면서 종교학이 한국 사회를 위해 어떻게 공헌할 수 있을까 좀 더 구체적으로 생각해 봅니다.

말할 필요도 없이 종교학은 여러 종교를 체계적으로, 역사적으로 비교 연구하게 됩니다. 여러 종교를 깊이 연구하다가 얻을 수 있는 결론 중 하나가 바로 종교는 '궁극 변화를 위한 수단'이구나 하는 것입니다. 종교에 있어서 가장 중요한 대목은 '변화(transformation)'입니다. 전통적인 용어로 하면 해탈, 깨침, 새사람이 되는 것, 눈을 뜨는 것, 성인(聖人)이 되는 것 등입니다. 지금의 바람직하지 못한 상태에서 더욱 완전한 상태로 이행하는 것, 해방, 자유, 놓임입니다. 종교란 우리가 이런 상태로 나가도록 하는 수단을 말해주고 있습니다.

대부분의 경우 종교학자는 직접 종교 지도자가 되어 종교인들을 인도하는 위치에 있지 못합니다. 종교학자가 각 종교 전통

속에서 이렇게 '변화를 위한 수단'을 발견했으면 이를 종교 지도자들이나 일반 종교인들에게 알려줄 필요가 있습니다. 그래서 종교인들이 각자 자기들의 종교 안에서 이런 변화를 경험하도록 도와줄 수 있습니다.

이를 좀 쉽게 이해할 수 있도록 예를 듭니다. 종교학자는 사람들을 에베레스트산 꼭대기로 직접 인도해 가는 사람들은 아닙니다. 그러나 에베레스트산 꼭대기에 올라갔다 온 여러 사람들의 이야기를 할 수 있는 대로 많이 듣고 그들이 남긴 기록을 연구해서 그들이 어떤 장비를 가지고 어떤 루트를 통해서 어떻게 올라갔는가 하는 것은 알게 되었습니다. 이런 정보와 지식을 가지고 에베레스트에 오르겠다고 하는 사람들에게 조언할 수 있습니다. 예를 들어 잠옷 바람으로 슬리퍼를 신고 오르겠다는 사람이 있으면 이는 불가능하다는 이야기를 해줄 수 있습니다.

한 가지 예만 더 듭니다. 종교학자는 환자들을 직접 치료해주는 의사가 아닙니다. 그러나 오랫동안 훌륭한 의사들이 환자들에게 써주어 효험이 많았다고 인정된 처방전을 많이 보고 나름대로 분석해왔습니다. 그리고 어느 처방전이 치료에 더욱 효과가 있다는 것도 어느 정도 알게 되었습니다. 이런 지식을 습득하였으면 병을 고치려는 환자가 돌팔이 의사가 처방해주는 잘못된 약을 복용하겠다면 그것은 바람직하지 못하다고 말해줄 수 있습니다. 잘못된 정보를 가지고 있는 의사들이 잘못된 처방을 하는 경우에도 역사적으로 검증된 약들이 포함된 처방전을 이야기해 줄 수 있습니다. 심지어 환자보다 돈에 더 큰 관심을 가지고 고의적으로 위험하고 비싼 약을 처방하는 의사가 있다면 이런 의사들의 위험성을 환자들에게 알려줄 수도 있습니다.

종교학자가 오랜 세월 여러 종교를 연구하여 종교가 '변화의 수단'이라는 것을 알게 되었다면, 변화와 관계없는 것을 가르치는 종교, 심지어 변화를 방해하거나 더욱 악화시키는 일을 자행하는 종교가 있다면, 이를 사람들에게 알려줄 필요가 있다고 봅니다.

히틀러 암살에 가담했다가 사형당한 독일 신학자 본회퍼가 한 말입니다. 미친 운전기사가 난폭 운전을 하면서 길 가는 사람들을 치어 죽이고 있으면 신학자는 그 죽은 사람들을 위해 장례식을 치러주는 것에 만족해야만 하는가. 그 자동차에 직접 뛰어들어 운전사를 밀쳐내야 하는 것 아닌가. 종교학자도 그렇게 과격한 행동을 해야 하는가 하는 것은 논의해야 할 문제이지만 적어도 종교학자가 개인적으로 종교 현상을 이해하는 것에만 만족하고 있어야 하는가 물어보지 않을 수 없습니다.

나가르주나(龍樹)가 한 사람인가 두 사람인가? 『대승기신론(大乘起信論)』이 중국 위작인가 아닌가? 삼위일체 교리는 언제 어떻게 생겨났는가? 하는 등의 문제를 가지고 씨름하는 것도 중요한 일입니다. 그러나 그것만이 종교학의 영역인가 하는 데 의문을 제기할 수밖에 없는 것이 제 생각입니다. 종교 전통들이라는 무궁한 광맥에서 찾아낸 진수들을 널리 알리고 일반 종교인들이 이를 누릴 수 있도록 해 주는 것이 종교학, 그리고 종교학에 몸담고 있는 이들의 의무요 사명이라 생각합니다.

되풀이됩니다만, 제가 이런 말씀을 드리는 것은 인구의 40퍼센트가 종교인이라는 한국에 왜 이런 부조리한 현상이 상존하는가 의아하지 않을 수 없기 때문입니다. 답은 오늘 한국 종교가 전반적으로 제 구실을 못 하고 있는 데 그 원인이 있지 않은가 하는 것입니다. 흔히 말하는 것처럼 이제 종교가 사회를 걱정하는 것이 아니라 사회가 종교를 걱정하는 형국입니다. 이럴 때 종교학자의 역할이 무엇인가 근본적으로 묻지 않을 수 없습니다. 물론 각 종교 지도자들이 나서서 자기반성이나 자기비판을 통해 자정능력을 발휘할 수 있지만, 개별 종교는 그 근본 성격상 그런 일에 익숙하지 않습니다. 이런 성격의 종교를 그냥 방치할 수만은 없습니다. 함석헌 선생님이 지적한 것과 마찬가지로 "종교는 그 종교를 믿는 자만의 것이 아니다. 시대 전체, 사회 전체의 종교다. 종교로서 구원 얻는 것은 신자가 아니요, 그 전체요, 종교로서 망하는 것도 교회가 아니요 그 전체"이기 때문입니다.

3) 종교의 심층화 과정

그러면 종교가 제 구실을 하도록 도와주기 위해서 종교학, 혹은 종교학자들은 어떤 일을 해야 할까 묻게 됩니다. 저는 종교학자들이 현재 우리 주위에서 발견되는 표피적이고 표층적인 종교성을 심화시키는 데 앞장서야 한다고 생각합니다.

그 첫째 예가 신학자이면서도 세계 종교에 깊은 조예를 가지고 종교 간의 화해와 평화를 위해 애쓴 한스 큉의 제안입니다.

그는 지난 1993년 시카고에서 열린 세계 종교 회의(Parliament of the World's Religions)에서 공자님의 말씀, "내가 원하지 않는 것은 남에게도 하지 말라(己所不欲 勿施於人)"(『논어』 제15편)나 예수님의 말씀, "남에게 대접을 받고자 하는 대로 너희도 남을 대접하라"(마 7:12)라고 하는 뜻의 황금률이 모든 종교의 핵심이 된다는 사실을 감안할 때 이를 '지구적 윤리'로 삼을 것을 선언하고 모든 종교들이 이를 받아들이고 실행하는 것이 바로 '지구적 책임'이라 주장했습니다. 이런 일에 종교학자들도 적극 참여해야 한다고 생각합니다.

둘째, 큉의 제안도 훌륭하지만 저는 한 걸음 더 나아가야 한다고 봅니다. 제가 보기로 종교학자는 각 종교에서 가르치는 더 깊은 심층을 소개해야 할 필요가 있다고 생각합니다.

저는 각 종교에 표층과 심층이 있다고 보는 입장입니다. 표층과 심층의 차이가 무엇인가 여러 가지로 논의할 수 있지만, 여기서는 간단히 한 가지만 언급하고자 합니다. 표층 종교는 지금의 나, 류영모 선생님의 용어를 빌리면 제나, 몸나를 중심으로 돌아가는 종교이고, 심층 종교는 지금의 나를 부인하고 참나(眞我), 큰나(大我), 얼나를 찾음으로써 참된 자유를 얻으려는 종교라 할 수 있습니다. 표층 종교는 종교적 행위가 지금의 내가 잘되기 위한다는 목적 하나에 초점을 맞춥니다. 자연히 기도나 헌금 등 모든 종교 행위가 모두 내가 잘되기 위한 수단이라 생각합니다. 자기중심주의에 입각한 행동입니다. 근본적으로 기복 종교입니다. 요즘 그리스도교의 경우 번영 신학(prosperity theology)입니다.

그러나 심층 종교는 "너 자신을 알라"라는 소크라테스의 충고대로 지금의 나는 진정한 내가 아니라는 자각 아래 나의 진정한 정체성을 추구하려고 노력합니다. 부처님의 무아(無我, anāt-man)의 가르침을 따르려 하고, "누구든지 나를 따라오려거든 자기를 부인하고 자기 십자가를 지고 나를 따를 것이니라"(마 16:24)고 한 예수님의 말씀처럼 껍데기 나, 자기중심주의, 욕심을 버리고 내 속에 있는 신성(神性, Divinity)을 찾는 것입니다. 그리고 이 신성이 궁극적으로 나의 본래적 인성(人性, humanity)임을 깨닫는 것입니다.

이런 가르침을 가장 간결하게 가르치고 있는 종교 전통으로 저는 동학을 예로 들고 싶습니다. 동학의 시천주(侍天主) 사상은 우리는 모두 우리 속에 신성을 모시고 있다는 것을 이야기하고, 인내천(人乃天)의 가르침은 내 속에 있는 그 신성이 바로 나의 참나, 대아, 진아, 얼나라고 말합니다. 나아가 나만 신성을 모시고 있고 나만 한울님이 아니므로 내 이웃을 한울님 섬기듯 섬기라는 사인여천(事人如天)에 이르게 됩니다. 인성을 회복하게 해주는 가르침입니다.

제가 최근에 알게 된 성덕도도 현세의 물질적 유익 같은 것을 구하거나 비는 일은 미신이므로 '미신타파'를 외치며 오직 '자성반성(自性反省)'을 통해 우리 속에 있는 '청정심(淸淨心)'을 찾아 인간성을 완성하려 한다는 점에서 인성회복을 위해 뭔가 공헌할 수 있지 않을까 생각합니다.

우리 주위에서 발견되는 이 두 가지만을 소개했지만, 이런 가르침이 거의 모든 종교 심층에 깔려 있는 기본 가르침이라고 생각합니다. 종교학자들은 종교 전통들 속에 감추어진 이런 금광을 캐내어 시간이나 기타 조건의 제약 때문에 직접 캐는 데 참여하지 못하는 사람들에게 나누어줄 필요가 있을 것입니다. 더 많은 사람들이 자기의 참다운 신성 내지 인성을 발견하게 되면 떳떳하고, 당당하고, 늠름하고, 의젓하고, 의연하고, 꿋꿋한 인격으로 설 수 있을 것입니다. 이것이 인간이 누릴 수 있는 청복(淸福)이고 이런 청복을 누릴 수 있는 사회가 지금 우리가 당면한 여러 불미스러운 일들이 가시고 사람이 사람 구실을 하고 사람이 사람 대접받는 아름다운 사회일 것입니다.

교육

마지막으로 교육에 대해 한마디 드리고 싶습니다. 1980년대 초부터 하버드 대학교는 학부과정 모든 학생들에게 '윤리적 사유(Moral Reasoning)'라는 과목을 필수과목으로 이수하도록 하였습니다. 미국에서 "부정한 거래, 불의한 범법 행위, 환자보다는 돈에 더 관심이 많은 의사들, 연구 자료를 날조하는 과학자 등에 대한 이야기"가 수없이 들려오는데, 그 엉터리들 중 더러가 바로 하버드 졸업생이라는 사실 때문에 이런 과목을 설치한 것이라고 했습니다. 그 과목 중 하나가 신학자 하비 콕스가 맡았던 '예수와 윤리적 삶'이었습니다. 아리스토텔레스나 칸트, 존 스튜어드 밀, 데카르트 등을 가르치는 과목과 함께 개설된 이 과목은 한 학기 수강생 수가 700-800백 명이 될 정도로 큰 호응을 얻었습니다.

저는 한국의 각 급 학교에서도 세계 종교나 예수, 석가, 공자, 노자 등 인류의 정신적 길을 밝혀준 종교적 지도자를 가르칠 종교 과목의 개설이 절대적으로 필요하다고 생각합니다. 아시겠지만 미국이나 캐나다 대부분의 대학에는 종교학과가 있어서 세계 종교를 학문적으로 연구할 수 있는 길이 있습니다. 한국도 아무 종교도 모르든가 한 종교만 알고 있는 종교 문맹이 줄어들 수 있도록 학교에서 종교의 뜻을 살펴보는 교육이 필수적이라 믿습니다.

'필요의 계층(hierarchy of needs)' 이론으로 유명한 휴머니스트 심리학자 에이브러햄 매슬로(Abraham Maslow, 1908-1970)는 인간의 목표를 자아실현(self-actualizing) 내지 자아 초월(self-transcendence)이라고 보고 이를 실현한 사람은 절정 체험(peak experience)을 하게 되는데, 이것이 교육의 목표라고 했습니다. 이런 절정 체험도 본질적으로 종교적 체험이라 할 수 있습니다. 너무 고매하고 이상적인 목표인지 모르지만, 지금 교육이 입시와 취업, 경쟁과 출세를 중심으로 돌아가는 한국 현실에 대한 일종의 해독제로서의 역할은 할 수 있지 않을까 합니다.

크리슈나무르티(Jiddu Krishnamurti, 1895-1986)도 특이한 교육

관을 가지고 있습니다. 그는 여러 곳에 학교를 설립하고, 참된 교육을 실현하기 위해 힘썼는데, 그에 의하면 참된 교육이란 직업을 얻는 데 필요한 지식이나 기술을 익히는 것이 아니라 우리가 참으로 하고 싶은 일이 무엇인가 알아내고 우리의 가능성을 최대한으로 계발하는 창조적 인간이 되도록 하는 것입니다. 이렇게 될 때 진정한 만족감과 열성을 가지게 되는데, 이것이 바로 참된 '성공'이라고 보았습니다. 명예, 돈, 성공이 구원을 가져다준다고 생각할지 모르지만, 사실 이런 것을 바라는 욕심이 우리를 괴로움과 슬픔으로 내몬다고 역설합니다.

결국 교육 부면에서도 인성의 회복을 위해서는 종교학 내지 영성적 통찰이 중요하다는 사실을 인지하게 된다고 볼 수 있습니다.

나가면서

인성이 되살아나서 한국이 사회적으로나 정신적으로 아름답고 평화스러운 나라가 되도록 서로 머리를 맞대고 연구하는 것이 이 자리에 모이신 여러 전문가 분들을 비롯하여 의식 있고 양심 있는 모든 이들의 공통 과제라 생각합니다. 인성을 이야기하면서 종교적인 면을 등한시할 수 없다는 것, 그렇기에 종교를 연구하는 분들의 사명이 막중하다는 것을 다시 한번 강조하고 싶습니다. 감사합니다.

종교 다원주의를 위한 여러 가지 비유들

부처님 오신 날 절을 찾아가 소란을 피우는 일부 개신교인들을 보면서 오늘은 오래전 캐나다 종교학회에 제출했던「종교 다원주의를 위한 몇 가지 유비적 모델(Some Analogical Models for Religious Pluralism)」이라는 논문의 요지를 요약해서 올리고자 합니다. 사실 요즘은 종교 다원주의라는 말이 곡해되기 쉬워 별로 쓰지 않고, 상호성(mutuality), 수납성(acceptance)이라는 말을 씁니다만, 편리를 위해 다원주의, 다원성이라는 말을 그대로 쓰겠습니다. 곡해 없으시기 바랍니다.

서론

오늘날의 문화적 특성 중 하나는 종교 다원주의라 할 수 있다. 이제 종교 개혁 시대에 통용된 "누가 지배하느냐에 따라 그의 종교가 결정된다(cujus regio, ejus religio)"고 하는 것이 통하지 않는다.(종교 개혁 시대에는 영주가 가톨릭이면 거기 사는 모든 사람이 가톨릭교인이고, 영주가 개신교면 거기 사는 모든 사람들이 개신교인이 되는 것을 두고 한 말.) 우리 주위에는 여러 종류의 신앙을 가진 여러 종류의 사람들로 가득하다.

이와 같은 다종교 현상에 대해 깊이 생각해보지 않는 사람들의 반응은 일반적으로 배타주의로 표출되기 일쑤다. 캐나다 학자로서 하버드 대학교 세계종교연구소 소장을 지낸 월프레드 캔트웰 스미스(Wilfred Cantwell Smith) 교수는 이런 배타적 태도에 대해 다음과 같이 언급했다.

> 대부분의 종교 제도는 외부인들에게는 어리석거나 심지어 괴상하게 여겨지지 않는다면 적어도 기이하게 여겨지기 마련이다. (…) 그러나 이제 이런 무지에서 벗어날 때가 되었다.

이제 많은 사상가들이나 종교학자들은 이런 배타적 태도, 혹은 종교철학자 존 힉(John Hick)이 말하듯 우주가 지구를 중심으로 돌고 있다고 믿었던 천동설의 '프톨레마이오스식 시각(Ptolemaic perspective)'처럼 모든 종교가 내 종교를 중심으로 돌아간다는 식의 믿음은 오늘처럼 다문화적이고 다종교적인 세상에서는 바람직하지도 않고 지탱할 수도 없다는 데 동의하고 있다. 예를 들어 영국의 역사가 아널드 토인비는 "오늘날 살아 있는 사람 중에 어느 한 종교가 다른 모든 종교보다 더 위대하다고 확언할 수 있을 정도로 알고 있는 사람은 아무도 없다"고 하고, "내 종교가 유일한 진리 종교라고 믿는 배타적 마음은 죄 된 마음 상태로 그 죄란 바로 교만의 죄다"라고 했다.

자기 종교가 진리의 전매권을 가지고 있다고 믿는 것은 아직까지 실질적으로(de facto) 널리 퍼져 있지만, 그것은 법적으로(de jure) 무지하고, 나이브하고, 미숙하고, 자기중심적이고, 오만하고 심지어 위험하기까지 한 것이다. 올더스 헉슬리는 "다른 모든 형태의 제국주의와 마찬가지로 신학적 제국주의도 영구적 세계 평화에 위협이 된다"고 했다.

현세의 다원주의적 성격에 대한 새로운 인식과 이런 상황에서 요구되는 새로운 시각은 세계적으로 유명한 미르체아 엘리아데가 다음과 같이 명쾌하게 밝히고 있다.

실로 우리는 이미 전지구적(planetary) 문화에 접근하고 있고, 머지않아 아무리 국지주의적인(provincial) 역사가나 철학자나 신학자라 하더라도 다른 대륙 출신의 동료들이나 다른 종교 신도들과의 대화를 통해 자신의 문제를 생각하고 자신의 신념을 형성하지 않을 수 없을 것이다.

필자는 이 글에서 종교적 다원주의를 위해 학습 효과를 위한 방편(heuristic device)의 일환으로 몇 가지 유비적 모델을 제시하고 검토해보고자 한다. 이 모델들은 각기 다른 종교들이 가지고 있는 상반된 진리주장(truth-claims)에도 불구하고 이들이 서로 병립될 수 있음을 암시하려는 목적에서 제시해보는 것이다. 이

중 몇 가지는 고전적 내지 일반적인 것이고 몇 가지는 요즘 것이나 필자 자신의 것이다.

처음부터 밝히는 것은 이런 비유들이 모든 종교적 배타주의의 문제를 다 해결할 수 있는 무결의 열쇠가 아니라는 점이다. 이런 비유들은 지구를 중심으로 해와 달 등이 돌아간다는 천동설처럼 내 종교를 중심으로 다른 종교들이 돌아간다는 생각에서 벗어나 태양을 중심으로 행성이 돌아간다는 지동설을 주장한 코페르니쿠스의 시각(Copernican perspective), 모든 종교는 진리를 중심으로 돌아간다는 사실을 일깨우는 데 도움이 되면 좋겠다는 마음으로 제시해보는 것이다. 모든 비유는 사실과 모든 점에서 완벽하게 들어맞는 것이 아니다. 이를 좀 어려운 말로 하면 tertium comparationis, 비유에는 커버되지 않는 사각 지대가 있다는 뜻이다. 다음에 열거하는 비유들을 살피면서 이를 염두에 둘 필요가 있을 것이다.

유비적 모델들

1) 길(Paths)

종교 다원주의에 가장 많이 쓰이는 비유 모델은 '길'이라는 비유다. 모든 주요 종교들은 모두 산 정상을 향해 올라가는 각기 다른 길들이라는 것이다. 비록 출발점과 과정을 다르지만 모두 산꼭대기에서 만나는 것이니 길이 다르다고 서로 다투지 말라는 뜻이다.

　이 비유는 주로 힌두교 사상가들이 많이 사용하는 것이다. 대표적 예로 힌두교 성자 라마크리슈나(Ramakrishna, 1836-1886)를 들 수 있다. 그는 다음과 같이 말했다.

> 신은 서로 다른 신도들이나 시대나 국가에 알맞게 여러 가지 종교를 마련해주었다. 모든 교설들은 오로지 각기 다른 여러 가지 길일 뿐이다. 어느 한 가지 길 자체는 결코 신일 수 없다. 실로 누구든 어느 한 길을 마음을 다한 헌신으로 따르면 그는 신에 이를 수 있다. 아이싱을 입힌 케이크를 위부터 먹든 옆에서 먹든 다 같이 단맛을 맛볼 수 있을 것이다.

> 다투지 말라. 그대가 그대 자신의 믿음과 의견에 확고하게 서 있듯 다른 사람들도 역시 그들의 믿음과 의견에 서 있을 수 있는 자유를 허하라.

　이 말을 인용한 종교학계의 거장 휴스턴 스미스는 다음과 같이 말했다.

> 종교들이 신학이나 의전이나 교회조직 같은 산기슭에 머물러 있는 한 그들은 서로 멀리 떨어져 있을 수밖에 없다. 그러나 그 종교들이 신도들을 산꼭대기를 향해 인도하는 역할을 하는 한 그들은 모두 수납 가능한 것이다. 종교들 간의 다름

은 비통해할 일이 아니라 오히려 다양한 인류의 종교적 모험에 공헌할 수 있는 것이다. (…) 문제는 산을 오르는 것인데, 다른 사람들을 자기들의 길로 데려오려고 산 아래만 빙글빙글 돌아다니고 있는 사람들은 산을 오르는 사람들이 아니다.

이 비유는 많이 인용되기는 하지만 완벽하지는 않다. 우선 지적할 수 있는 것은 모든 종교가 산꼭대기를 향하고 있다고 전제하는 것은 무리라는 것이다. 어떤 종교는 산꼭대기에 올라가는 것을 자기들의 종교적 목표로 삼고 있을 수 있지만, 어떤 종교는 오히려 강가나 바닷가, 혹은 넓은 들을 달리거나 숲속을 거닐며 즐기는 것이 자기들의 종교적 목표를 달성하는 것이라 여길 수도 있기 때문이다. 이 비유를 좋아하지 않는 사람으로 토머스 머튼을 들 수 있다. 그러나 다른 종교의 다른 방식을 존중하라는 근본 취지는 이해할 수 있다.

2) 색깔(Colors)

내 종교만 진리라는 생각을 벗어나게 도와줄 수 있는 두 번째 비유로 여러 다른 종교들은 다른 색깔들이라는 비유가 있다. 다른 색깔들은 "무색의 빛이라는 분화되지 않은 빛의 근원(one undiferentiated source of uncolored light)"에서 나온 각각 다른 색깔이라는 뜻이다. 이것 역시 힌두 전통에서 이야기되는 것이지만 근래에 와서 스위스 출신 사상가 프리조프 슈온(Frithjof Schuon, 1907-1998)에 의해 더욱 정교하게 다듬어졌다. 슈온은 궁극실재로서의 분화되지 않은 무색의 빛이 문화적, 역사적, 사회적인 프리즘을 통과하면서 여러 가지 색깔로 분화되어 나왔는데, 이 것이 바로 개별 종교라고 하고 있는 셈이다. 이렇게 각각 다른 종교지만 각각의 색깔들은 '모든 형식, 모든 상징, 모든 종교, 모든 교설' 등의 바탕이 되는 무색의 '신비스러운 근원(numinous source)'으로 우리를 이끌어 주는 역할을 하는 한 모두 인류에게 공헌하는 것이라 본다.

슈온은 종교들을 현교적 종교(顯敎, exoteric religion)와 밀교적 종교(密敎, esoteric religion)로 구분한다. 종교들은 현교적 차원에 서는 빨강, 초록, 노랑 등 모두 다 다른데, 이런 다름을 억지로 하나로 만들 수도 없고 그럴 필요도 없다고 했다. 반면 밀교적 차원에서는 여러 종교들이 다양한 색깔들처럼 무색의 빛의 근원으로 인도한다는 점에서 일치한다고 본다. 그런 일치를 그는 '초월적 일치(transcendent unity)'라고 했다.

종교들이 각각 다른 길이라는 비유와 각각 다른 색깔이라고 하는 비유는 이른바 종교적 평행주의(parallelism)의 입장이라 볼 수 있다. 각 종교는 제 갈 길을 가거나 제 나름대로의 색깔을 띠고 있으니, 남의 종교에 간여하지도 말고 개종시키려 하지도 말라는 것이다. 오로지 더 좋은 그리스도인, 더 좋은 불교인, 더 좋은 힌두교인이 되라고 하는 셈이다.

이 두 가지 비유는 긍정적인 면도 있지만 한 가지 중요한 문제를 내포하고 있다. 이 비유들은 여러 종교 전통들 간의 상호 영향이나 배움 같은 것의 가능성을 인정하지 않는다는 점이다.

"모든 길은 그 자체로 충분하다. 이런 길들 중 하나에 들어섰으면 그 길을 따라갈 것이지 그 길에서 나와 다른 곳을 둘러보는 것은 시간과 정력의 낭비일 뿐이다" 하는 식이다.

신학자 폴 틸리히도 각 종교인은 "각자의 종교의 깊이로 꿰뚫고 들어감"을 강조하고 종교 간의 개종을 반대했다는 점에서 평행론자에 가깝지만, 그를 순수한 평행론자라 할 수는 없다. 그는 "not conversion, but dialogue(개종이 아니라 대화)"라고 하여 개종은 반대했지만 대화를 중요시했기 때문이다.

3) 장난감

종교 간의 평화와 협력을 진작시키는 일에 도움이 될 수 있는 유비적 모델들을 예거하고 있는데, 이번에는 종교를 '장난감'으로 비유하는 것이다. 종교를 장난감이라고 하니 종교를 폄훼하는 것이 아니냐 생각할 수 있지만, 사실 이것은 불교의 중요한 경전, 『법화경』에 나오는 이야기이다.

어느 집에 부자 아버지와 그 아들들이 살고 있었다. 그 집에는 문이 하나밖에 없었다. 어느 날 그 집에 불이 났다. 아버지는 집에서 나왔는데 아이들은 아직 집에 남아 있었다. 아이들은 "불이 났다"라는 말이 무슨 말인지도 모르고, 따라서 아버지가 부르는 소리도 귀넘어들었다.

"그래서 아버지는 '방편(方便, upaya)'을 사용하기로 했다. 아이들의 기호를 잘 아는 아버지는 아이들에게 '아이들아 너무나도 이쁘고 귀하고 남이 부러워할 장난감들이 있다. (…) 소가 끄는 수레, 염소가 끄는 수레, 사슴이 끄는 수레인데 모두 너희들이 가지고 놀 수 있도록 내가 문 앞에 준비해놓았다. 어서 집에서 나와라. 그러면 너희들이 원하는 대로 그것들을 주겠다."

그러자 아이들은 불타고 있는 집에서 급히 나왔다.

이 이야기는 정각을 얻은 부처님이 사람들에게 하나의 '방편'으로 성문승(聲聞乘), 연각승(緣覺乘), 보살승(菩薩乘)이라는 수레를 주었다는 것을 비유적으로 말해주고 있다. 여기서 '승(乘, yana)'이란 탈것, 수레를 의미한다. '대승(大乘)'이 큰 수레라는 것과 같다.

성문승의 가르침이든 연각승의 가르침이든 보살승의 가르침이든 이런 것들은 아이들을 구해내기 위한 각각의 방편들이라는 사실이다. 아이들은 그들의 육체적 정신적 성장 과정에서 각기 다른 장난감을 필요로 한다. 장난감은 그 자체로 목적이 아니다. 그것은 어디까지나 아이들을 성장시키기 위한 수단이다.

이를 좀 더 확대 해석하면 세 가지 장난감 수레가 궁극 진리가 아니고 아이들을 우선 불타는 집에서 나오도록 하는 수단인 것처럼, 종교란 것도 그 자체로 궁극 진리가 아니고 인류가 궁극실재를 인식하도록 하여 고통에서 벗어나도록 인도하기 위한 수단이라는 의미일 수 있다. 여러 가지 장난감이 있듯 여러 가지 종교가 있을 수 있다. 모두 인류를 정신적 성숙으로 인도하는 데 도움이 된다면 유익하다고 볼 수 있다.

한 가지 부언할 점은 아이들이 크면 어릴 때 가지고 놀던 장난감을 가지고 놀지 않는다. 평생을 어릴 때 가지고 놀던 장난감 자동차 하나에 매달려 있으면 곤란하다. 크면서 진짜 자동차를 몰고 다닐 수 있어야 한다. 장난감의 참된 기능은 아이들이 그 장난감으로 자라나 더 이상 장난감을 필요로 하지 않는 성숙의 경지에 이르도록 해주는 것이다. 법화경 용어로 하면 '일불승(一佛乘)'에 이르는 것이고, 바울에 의하면 "내가 어렸을 때에는 말하는 것이 어린아이와 같고 깨닫는 것이 어린아이와 같고 생각하는 것이 어린아이와 같다가 장성한 사람이 되어서는 어린아이의 일을 버렸노라"(고전 13:11)의 경지에 이르러야 한다는 뜻이다. 필자가 언제나 주장하듯 표층 종교에서 출발하지만 결국은 심층 종교로 심화되어야 한다는 뜻일 수 있다.

4) 지도(Maps)

내 종교만 유일한 진리라고 주장하는 독선에서 벗어나 종교 간의 대화와 협력의 방향으로 나가는 데 도움이 될 수 있는 비유 네 번째로 들고 싶은 것은 '지도'다. 여러 가지 종교는 여러 가지 문화적 사회적 맥락에서 만들어진 다양한 지도들이라고 보는 것이다. 이 비유에 따르면 여러 가지 지도가 거리의 단위라든가 지정학적 구별을 위한 국가들의 색깔이라든가 학교나 교회, 사찰, 온천 등을 표시하는 지도 제작법의 차이로 인해 다다르지만 그것들이 사람들에게 목적지로 가는 데 도움을 주는 한 모두 수용 가능하다는 뜻이다.

물론 지도를 제작하는 사람들은 지형지물에 대한 정확한 지식을 가지고 있어야 한다. 엉터리 지도 제작자가 만든 지도는 사람들을 엉뚱한 곳으로 잘못 인도할 수 있다. 따라서 지도 제작자가 올바른 지도를 만들었다는 것이 역사적으로 증명될 필요가 있다.

역사적으로 많은 사람들을 그들이 의도한 목적지로 인도하는 데 어느 정도 성공했고 지금도 성공하고 있는 지도인데도, 그것이 우리가 우리 식으로 만들어지지 않았다고 하는 이유 하나만으로 무조건 배척하는 것은 곤란하다. 오히려 각각의 지도를 가지고 서로 대화하고 연구해서 각자의 지도에서 빠진 것, 있을 수 있는 잘못을 수정, 보완하고, 보다 정확하고 일목요연하게 이해하기 쉬운 지도를 만드는데 함께 힘쓰는 것이 더 중요하다.

5) 손가락(Fingers)

종교 다원주의를 위한 '손가락' 비유는 선불교(禪佛教)에서 힌트를 얻은 것이다. 선불교에서는 종교에서 가르치는 교설이나 상징이나 의식(儀式)이나 형식 등 모든 것이 '달을 가리키는 손가락(標月指)'이라 한다. 손가락은 우리의 시선을 달로 향하게 하여 우리가 달을 보는 기쁨을 누리도록 하는 것이 목적이다. 손가락 자체가 우리의 시선을 독점해서 우리가 손가락만 보고 달을 보지 못하게 된다면 그것이야말로 문제다. 달을 본다는 목적에서 떠나 손가락의 길이나 굵기나 색깔이나 거기 난 털의 숫자 같은 것에 대해 얼마나 많이, 그리고 얼마나 정확히 알고 있느냐 하는 것은 중요하지 않다.

이처럼 종교도 우리가 궁극 의미를 체험하도록 도와주는 것이 가장 중요한 기능이다. 이런 최종의 목적을 떠난 교리 논쟁이나 진리 주장은 의미가 없다. 의미가 없을 뿐 아니라 오히려 방해가 될 수 있다고 보기도 한다. 예를 들어 부처님이나 조사(祖師)들이라도 우리의 주목과 헌신을 모두 앗아가 우리가 달을 보는 데 걸림돌이 된다면 그런 부처, 그런 조사는 구도의 길에서 만나면 죽여버리라고 한다. 이른바 '살불살조(殺佛殺祖)'라는 것이다.

선불교에서 달을 본다는 것은 깨침의 경험, 궁극실재에 대한 직관과 통찰을 갖게 됨을 의미한다. 이런 경지에 이르게 되면 손가락을 가지고 논쟁하는 것은 의미 없는 일이다. 물론 아직 달을 보지 못하고 있는 사람들에게 그 손가락이 달을 보도록 올바른 방향으로 가리키는가, 혹은 연못이나 호수에 비친 달을 가리키고 있는가 서로 대화하고 서로 배워야 할 것이다.

이와 비슷한 이야기는 중국 고전『장자』에도 나온다. 이른바 '득어망전(得魚忘筌)'이다. 물고기를 잡았으면 물고기 잡는 틀은 잊어야 한다는 뜻이다. 이처럼 득의망언(得意忘言), 곧 본뜻을 알아차렸으면 말은 잊어야 한다는 것이다. 종교의 궁극 목표가 정해지고 거기에 합의하였으면 각자 그 목표를 향한 수단은 다를 수 있음을 인정하고, 쓸데없는 논쟁으로 누가 더 잘났다고 떠들 필요가 없다는 것이다. 궁극 진리는 말 너머에 있는 것이다.『도덕경』에 나오는 가르침처럼, "아는 사람은 말하지 않고, 말하는 사람은 알지 못한다.(知者不言 言者不知)"(제56장)

며칠 전에 '낮에 나온 반달'을 보았다. 진짜 달을 볼 수 있었
으면……

6) 약(Medicines)

종교 간의 대화와 협력을 증진시키는 데 도움이 되는 비유
그 여섯 번째는 종교를 '약'으로 보는 것이다. 종교를 약으로 비
유하는 것은 종교사에서 오랜 전통이다. 영어로 구원이라는 말
이 'salvation'인데, 이 말은 어원적으로 완전하게 됨, 건강하게
됨이다. 여러 가지 종교들은 여러 가지 영적 증상에 대한 각기
다른 약 처방(prescriptions)이라 보는 것이다.

이 비유는 불교에서 강조하고 있다. 부처님을 용한 의원이
라 보는 것이다. 부처님은 모든 병에 한 가지 약만 처방하는 '돌
팔이 의사'가 아니라 아픈 사람들에 대한 정확한 진단의 결과를
토대로 약을 처방하는 의원이라는 것이다. 이른바 '응병여약(應
病與藥)'이다. 나가르주나에 의하면 "부처님은 상황이 요구하는
데 따라서 아트만(self, substance)을 긍정하기도 하고 부정하기도
했고, 긍정과 부정을 동시에 하기도 하고, 둘 다를 부정하기도
했다."

이 비유는 왜 이렇게 많은 종교가 있는가, 심지어 한 종교 안
에서도 다른 가르침들이 있는가 하는 것을 이해하는 데 도움이
된다. 저명한 종교학자 휴스턴 스미스 교수에 의하면 "종교가
모든 사람들의 필요에 부응해야 하기 때문에 비록 같은 전통 안
에서도 거의 무한한 다양성으로 퍼져 나가는 것 이외에 다른 선

택지가 없다"는 것이다.

이 비유를 적용하면 종교 전통들을 만들어 가는 사람들은 우주와 우리의 삶에 대해 깔끔하고 논리적이며 일관성 있는 사상 체계를 세우는 데 관심이 있는 것이 아니라 여러 가지 구체적인 영적 질병들을 고치는 데 적합한 여러 가지 약을 처방하는 데 관심이 있었다고 볼 수 있다. 세상에 여러 가지 병이 있는 한 여러 가지 처방이 있을 수밖에 없는 것이다. 어느 한 처방전만이 절대적으로 옳고 나머지는 모두 틀렸다는 생각은 있을 수 없다.

7) 음식(Foods)/식당(Restaurants)

각각 다른 종교들은 각각 다른 음식을 제공하는 식당에 비유될 수 있다. 라틴어 속담에 "De gustibus non est disputandum"이란 것이 있다. 입맛에 관해서는 논쟁이 있을 수 없다는 뜻이다. 어느 한 식당이 모든 음식에 대해 혼자 전매특허를 받았다고 주장할 수는 없다. 그 식당에서 전문으로 하는 음식과 손님들의 입맛이 잘 맞아야 하는데, 손님의 입맛은 대체로 비슷하기는 하지만 다 같을 수는 없다. 한 식당이 모든 손님의 입맛을 만족시킬 수 없다.

좀 더 좁혀서 같은 식당이라 하더라도 손님들의 입맛이 각각 다르므로 어느 한 가지 음식이 맛있는 음식이다, 제일 좋은 음식이다 단정적으로 말할 수 없다. 지나 서미나라(Gina Cerminara)라는 분은 이런 비유를 소개한다.

큰 뷔페식당이 있다고 하자. 50-60가지의 음식이 진열되어 있다. 손님들이 줄을 서서 각자 자기가 좋아하는 음식을 골라 접시에 담았다. 각각 다른 이유로 다른 음식을 골랐다. 손님들의 접시에 담긴 음식을 보면 똑같은 경우는 드물다. 그런데 그 누구도 "나만 옳은 음식을 골랐다. 당신은 가서 내가 골라 담은 것과 같은 것으로 골라 담으라"고 소리치지 않는다. 그런데 오늘날 종교 상황을 보면 많은 사람이 자기가 선택한 종교만 유일하게 옳은 종교요 남의 종교는 그릇되다고 주장하는 실정이다.

이 비유는 종교적 배타주의가 비합리적일 뿐 아니라 남에게 성가신 일이라는 것을 말해주고 있다. 자격 있는 요리사가 준비한 음식이 맛도 좋고 영양학적으로도 적절하다면 각자 자기의 성향과 필요에 따라 선택하면 되는 것이지 어느 한 가지를 남에게 강요하면 곤란하다. 물론 분명히 영업적 이익만 생각하고 건강을 해치는 음식을 파는 식당이라고 판명된 경우라면 그런 식당의 음식은 피해야 할 것이다. 그런 의미에서 우리 스스로도 음식에 대한 기본 지식을 갖출 필요가 있다.

8) 언어(Languages)

서로 다른 종교들은 서로 다른 언어들과 같다고 보는 견해다. 이 세상에 절대적으로 올바르고 참된 언어는 없다. 모든 언어들은 특정 집단의 사람들이 저들의 생각을 표현하기 위한 수단으로 작용할 능력이 있다. 다른 언어들보다 모국어를 더 친숙하게 느끼는 것은 당연한 일이다. 그러나 그렇다고 해서 내가 사용하는 언어가 유일하게 올바르고 진실한 언어이고 다른 모든 언어는 올바르지 못하다고 주장하는 배타주의적 입장을 취할 수는 없다. 심지어 외국어를 배워 사용할 수도 있다. 무슨 언어를 사용하든지 그 언어가 표현하려 하는 깊은 뜻을 알아내는 것이 중요하다.

독일의 문호 괴테가 "하나의 언어만 아는 사람은 아무 언어도 모른다"고 했는데, 종교학의 창시자 맥스 뮐러는 "하나의 종교만 아는 사람은 아무 종교도 모른다"고 했다. 내 모국어, 내 종교를 귀하게 여기지만 내 언어, 내 종교를 더 잘 이해하기 위해서라도 외국어, 이웃 종교를 알아보는 것이 중요하다. 이웃 종교를 배척할 것이 아니라 이웃 종교와의 대화가 절실한 이유다.

9) 어머니(Mothers)

종교를 어머니에 비유할 수 있다. 내 어머니가 나에게는 가장 아름답고 훌륭한 어머니다. 복잡한 거리나 시장에서 어머니 손을 놓치면 길을 잃을 수도 있고, 나쁜 사람의 속임수에 넘어갈 수도 있고, 심지어는 죽임을 당할 수도 있다. 내 어머니는 그야말로 길이요 진리요 생명이다. 그렇다고 모두가 다 내 어머니의 손을 잡으라고 할 수도 없고, 또 다른 모든 어머니는 무조건 나쁜 어머니라고 할 수도 없다. 내 종교가 나에게는 최고일 수 있지만, 그렇다고 모두 내 종교로 들어오라고 할 수도 없고 다른 종교는 무조건 안 된다는 주장도 불가능하다. 각자 자기 어머니와 자식 간의 아름다운 관계가 이루어질 수 있도록 서로 독려하는 일이 필요하다.

나가면서

    진리냐 아니냐를 판가름하는 잣대가 내 것이면 진리, 네 것이면 무조건 엉터리라 하던 종래의 관행은 이제 지각 있는 사람들에게 배척당하고 있다. 내 것, 네 것 구분하는 대신 인류의 보편적 행복과 안녕에 기여하는가 여부 등으로 판단해야 할 것이다. 모든 종교는 특별히 사악하거나 변질되거나 표피적인 종교가 아닌 이상 모두 현재 인류가 당면하고 있는 문제를 해결하기 위해 함께 일하는 동역자들이라 보아야 할 것이다.

책을 마치며

끝까지, 혹은 일부분이라도 읽어주신 여러분께 감사드립니다. 지금까지 제 생각의 단편들을 보시면서 머리를 끄덕거릴 부분들도 간혹 있고, 옆으로 흔드실 곳도 있었을 것입니다. 부디 긍정하시든 부정하시든 이 글들을 통해 여러분 생각들을 다시 점검해보시는 기회가 되었기 바랍니다.

페이스북에 올렸던 글을 이미 보신 분들 중에는 댓글을 다신 분들도 있으실 것입니다. 새롭게 보시는 분들이라면 어느 경로를 통해서라도 대화와 소통이 계속될 수 있었으면 좋겠습니다.

끝으로 코로나 시대 독자 여러분의 육체적·정신적 건승을 빕니다. 감사합니다.

오강남

참고 문헌

•

본문에 언급한 책 가운데 읽어볼 만한 책들을 소개한다. 한국에 번역 소개
된 책의 경우 한국어판을, 번역본이 없는 경우 영어판을 소개하였다.

Chung, David, *Syncretism: The Religious Context of Christian Beginnings in Korea*,
SUNY Press, 2001

Borg, Marcus J., *Putting Away Childish Things*, HarperOne, 2011

Rifkin, Jeremy, *The Emerging Order: God in the Age of Scarcity*, Ballantine Books,
1979

Spong, John Shelby, *Unbelievable: Why Neither Ancient Creeds Nor the Reformation
Can Produce a Living Faith Today*, HarperOne, 2019

Tillich, Paul, *Christianity and the Encounter of the World Religions*, Columbia Univ
Press, 1963

Vosper, Gretta, *Amen: What Prayer Can Mean in a World Beyond Belief*, HarperCol-
lins, 2012

_____, *With Or Without God: Why the Way We Live is More Important Than What
We Believe*, HarperCollins, 2008

Zucherman, Phil, *What It Means to Be Moral: Why Religion Is Not Necessary for
Living an Ethical Life*, Counterpoint, 2019

노렌자얀, 아라, 홍지수 옮김,『거대한 신, 우리는 무엇을 믿는가*Big Gods: How Religion Transformed Cooperation and Conflict*』, 김영사, 2016

노자 원전, 오강남 풀이,『도덕경*道德經*』, 현암사, 1995

달라이 라마, 이현 옮김,『달라이 라마의 종교를 넘어*Beyond Religion: Ethics for a Whole World*』, 김영사, 2013

레비, 나오미, 최순님 옮김,『아인슈타인과 랍비*Einstein and the Rabbi: Searching for the Soul*』, 한국기독교연구소, 2020

로슬링, 한스 외, 이창신 옮김,『팩트풀니스*Factfulness: Ten Reasons We're Wrong About the World--and Why Things Are Better Than You Think*』, 김영사, 2019

리프킨, 제러미, 신현승 옮김,『육식의 종말*Beyond Beef: The Rise and Fall of the Cattle Culture*』, 시공사, 2002

──────, 안진환 옮김,『글로벌 그린 뉴딜*The Green New Deal: Why the Fossil Fuel Civilization Will Collapse by 2028 and the Bold Economic Plan to Save Life on Earth*』, 민음사, 2020

무르티, T. R. V.,『불교의 중심 철학*The Central Philosophy of Buddhism: A Study of Madhyamika System*』, 경서원, 1995

보그, 마커스 J., 존 도미니크 크로산 지음, 김준우 옮김,『첫 번째 바울의 복음 *The First Paul: Reclaiming the Radical Visionary Behind the Church's Conservative Icon*』, 한국기독교연구소, 2010

──────, 김준우 옮김,『기독교의 심장*The Heart of Christianity: Rediscovering*』, 한국기독교연구소, 2009

불트만, 루돌프, 이동영 옮김,『예수 그리스도와 신화*Jesus Christ and Mythology*』, 한국로고스연구원, 1994

스즈키, 데이비드, 오강남 옮김,『데이비드 스즈키의 마지막 강의*The Legacy: An Elder's Vision for Our*』, 서해문집, 2012

스퐁, 존 셸비, 김준우 옮김,『기독교 변하지 않으면 죽는다*Why Christianity Must Change or Die: A Bishop Speaks to Believers In Exile*』, 한국기독교연구소, 2001

──────, 변영권 옮김,『아름다운 합일의 길 요한복음: 어느 유대인 신비주의자의 이야기*The Fourth Gospel: Tales of a Jewish Mystic*』, 한국기독교연구소, 2018

──────, 변영권 옮김,『유대인 예배력에 따른 예수의 의미 마태복음*Biblical Literalism: A Gentile Heresy*』, 한국기독교연구소, 2020

암스트롱, 카렌, 배국원, 유지황 옮김, 『신의 역사*A History of God: The 4,000-Year Quest of Judaism, Christianity and Islam, Ballantine Books*』, 동연출판사, 1999

오강남, 『불교, 이웃 종교로 읽다』, 현암사, 2006

_____, 『살아 계신 예수의 비밀의 말씀』, 김영사, 2022

_____, 『세계 종교 둘러보기』, 현암사, 2013

_____, 『예수는 없다』, 현암사, 2017

_____, 『종교란 무엇인가』, 김영사, 2012

_____, 『진짜 종교는 무엇이 다른가』, 현암사, 2019

윌버, 켄, 조옥현, 윤상일 옮김, 『에덴을 넘어*Up from Eden: A Transpersonal View of Human Evolution*』 한언출판사, 2009

장자 원전, 오강남 풀이, 『장자莊子』, 현암사, 1995

죌레, 도로테, 정미현 옮김, 『신비와 저항*Mystik und Widerstand: Du stilles Geschrei*』, 이화여자대학교출판문화원, 2007

주커먼, 필, 박윤정 옮김, 『종교 없는 삶*Living the Secular Life: New Answers to Old Questions*』, 판미동, 2018

카워드, 해럴드, 오강남 옮김, 『종교다원주의와 세계종교*Pluralism in the world religions: a short introduction*』, 대한기독교서회, 1993

캅, 존, 이경호 옮김, 『생각하는 기독교인이라야 산다*Becoming a Thinking Christian*』, 한국기독교연구소, 2002

콕스, 하비, 오강남 옮김, 『예수 하버드에 오다*When Jesus Came To Harvard: Making Moral Choices Today*』, 문예출판사, 2004

킴볼, 찰스, 김승욱 옮김, 『종교가 사악해질 때*When Religion Becomes Evil: Five Warning Signs*』, 현암사, 2020

틱낫한, 오강남 옮김, 『귀향*Going Home: Jesus and Buddha as Brothers*』, 모색, 2001

_____, 오강남 옮김, 『살아 계신 붓다, 살아 계신 예수*Living Buddha, Living Christ*』, 솔바람, 2013

틸리히, 폴, 남성민 옮김, 『조직신학*Systematic Theology*』, 새물결플러스, 2021

_____, 최규택 옮김, 『믿음의 역동성*Dynamics of Faith*』, 그루터기하우스, 2005

프라이, 노스럽, 김영철 옮김, 『성서와 문학*Great Code: The Bible and Literature*』, 숭실

대학교출판부, 1993

──────, 임철규 옮김, 『비평의 해부Anatomy of Criticism』, 한길사, 2000

하라리, 유발, 전병근 옮김, 『21세기를 위한 21가지 제언21 Lessons for the 21st Centu-ry』, 김영사, 2018

헉슬리, 올더스, 조옥경 옮김, 오강남 해제, 『영원의 철학Perennial Philosophy』, 김영사, 2014